개(犬)를 통해 보는 역사문화 읽기

개들이 있는 세계사 풍경

개(犬)를 통해 보는 역사문화 읽기

개들이 있는 세계사 풍경

초판인쇄 2013년 12월 30일
초판발행 2013년 12월 30일

지은이 이강원
펴낸이 채종준
기 획 지성영
편 집 한지은
디자인 윤지은
마케팅 송대호

펴낸곳 한국학술정보(주)
주 소 경기도 파주시 문발동 파주출판문화정보산업단지 513-5
전 화 031-908-3181(대표)
팩 스 031-908-3189
홈페이지 http://ebook.kstudy.com
E-mail 출판사업부 publish@kstudy.com
등 록 제일산-115호(2000. 6. 19)

ISBN 978-89-268-5390-0 03990

이담
Books 는 한국학술정보(주)의 지식실용서 브랜드입니다.

책에 대한 더 나은 생각, 끊임없는 고민, 독자를 생각하는 마음으로 보다 좋은 책을 만들어갑니다.

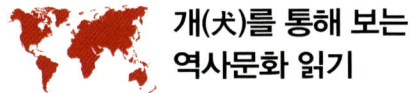

개(犬)를 통해 보는
역사문화 읽기

개들이 있는
세계사 풍경

이강원 지음

이담 Books

바늘 가는 곳에 실이 간다는 속담이 있다. 도저히 분리할 수 없는 두 존재의 필연적인 운명을 나타내는 말이다. 그런데 이 속담과 같이 사람이 가는 곳에는 누군가 항상 따라 다녔다. 사람의 유일한 친구인 개가 속담 속의 실과 같은 역할을 한 것이다.

이 책은 바늘과 실의 관계와도 같은 사람과 개의 관계를 역사라는 재미있는 밀가루 반죽을 재료 삼아 풀어냈다. 사람과 개의 역사는 생각하기에 따라 전혀 다른 것 같고, 아무런 관계도 없어 보일 수 있다. 하지만 개와 사람은 지난 수천여 년 동안 늘 같이했기 때문에 수많은 사건들이 하나의 실타래처럼 연결되어 있다. 다만 무감각한 사람들은 이를 모를 뿐이다.

그래서 용기를 내어 지금까지 아무도 관심 없었고, 누구도 글로 쓸 생각이 없었던 사람과 개가 서로 공유하는 역사 이야기들을 다루어 보았다. 이번 글을 작성하는 데는 다행히 큰 어려움은 없었다. 어린 시절부터 역사서를 가까이하며, 시간 날 때마다 탐독한 것이 개 이야기와 역사 이야기를 섞어 글을 쓰는 데 무리 없도록 해 주었다.

이 분야에 대한 나의 도전은 처음이 아니다. 작년 8월 31일 『Dog-사람과 개가 함께 나눈 시간들-』이라는 책을 내놓았지만 첫 출판이라는 부담감 때문에 부족함

과 아쉬움이 많았다. 출판을 한 지 1년도 넘었지만 여전히 아쉬움이 크다.

그래서 지난 1년 동안 나름대로 많은 자료들을 준비했다. 그리고 충분한 데이터 확보를 위해 국내는 물론 일본, 홍콩도 방문했다. 또한 개와 역사에 대한 부족한 지식을 채우기 위해 국내외 애견, 역사 관련 서적을 탐독했고, 언론에 보도되는 기사들도 꼬박꼬박 챙겨 보았다.

이 책의 목차를 미리 읽은 독자들이라면 이미 짐작하겠지만, 이 책은 딱딱한 학술서가 절대 아니다. 진지하게 읽고, 읽은 부분을 또 읽어야 겨우 이해가 가는 그런 무거운 책이 아니다. 개를 사랑하는 마음이 있고 선조들의 옛날이야기 책인 역사에 대한 약간의 흥미와 관심만 있다면 누구나 쉽게 한 페이지씩 책장을 넘길 수 있도록 만든 책이다.

평소 읽기 쉽고 재미있는 책이 좋은 책이라고 생각하는 나에게는 보기 싫고, 따분하며, 어렵게 느껴지는 책을 쓸 재주가 없다. 따라서 이 책은 재미있는 책이 최고라는 평소 나만의 단순한 믿음에 철저히 입각하여 작성되었다는 점을 분명히 밝힌다.

이 책은 간단하고 명확한 목표점을 가지고 출발하였다. 사람들이 책을 읽고 자신이 키우고 있거나 키우려 하는 개에 대해 충분히 이해하고, 그렇게 마련된 이해의 기반 위에 개에 대한 사랑과 관심을 더욱 높게 쌓자는 것이다. 이렇게 단순하지만 중요한 목표를 달성하기 위해 이 책은 세상에 태어난 것이다.

부족한 이 책이 세상의 밝은 빛을 보기 위해 오로지 나의 노력만이 있었던 것은 아니다. 국내의 많은 애견인들로부터 많은 정보와 사진을 받았다. 또한 미국, 프랑스, 일본, 몽골 등에 거주하시는 해외 애견인들로부터도 상당한 지원을 받았다.

이 책은 개를 사랑하는 국내외 모든 분들의 진심 어린 성원으로 훨씬 풍성해졌고 치밀해졌다. 도움을 주신 국내외 애견인 여러분들께 진심으로 감사의 인사를 드린다.

바쁜 강의 일정에도 불구하고 평소 학문적 자문과 충고를 아끼지 않으셨던 건국대학교 동물생명과학대학의 한성일 교수님과 건국대학교 수의과대학의 이중복 교수님, 송창선 교수님께도 감사의 인사를 드린다.

그리고 이 책이 나올 수 있도록 많은 격려와 배려를 아끼지 않으셨던 농림수산식품교육문화정보원의 하영효 원장님께도 감사 인사를 드린다.

또한 8월 첫 출판 이후 생각보다 빠른 시간 안에 다시 독자들과 다시 만날 수 있는 자리를 만들어 주신 한국학술정보(주) 관계자 분들께도 감사드린다.

끝으로 개와 역사에 대한 눈을 가질 수 있도록 지도해주시고 만들어 주신 역사학도 출신 아버지와 동물사랑의 숭고한 정신을 가르쳐주신 어머니 그리고 나의

든든한 후원자인 아내와 아이들에게도 감사를 드린다.

　이제 막 새로운 책을 출판했다. 하지만 이 책은 새로운 출판을 위한 또 하나의 시작이다. 다시 자료를 모으고 다듬고 정리하여 세 번째 책을 가지고 빠른 시일 내 독자 여러분을 찾아뵙도록 공부하려 한다.

2013년 12월

인천 바닷가에서 갈매기 소리를 들으며

이강원

차례

CHAPTER

중국의 사자춤/중국의 사자춤에 등장하는
사자는 실제 사자의 모습과는 차이가 있다.
사자보다는 사자개의 모습에 가깝다.

• 2013년 8월 홍콩 역사박물관

1 사자를 닮은 동아시아의 사자개로는 누가 있을까?

불교와 사자의
관계는?

사자(獅子)는 완벽한 포식동물이라고 찬사를 받는 고양잇과 동물 중에서도 가장 뛰어난 맹수다. 그래서 모든 동물들의 으뜸이라는 뜻의 백수(百獸)의 제왕이라고 불린다. 특히 동양 문화권에서는 전통적으로 사자를 이러한 물리적인 강력한 힘 외에도 영험(靈驗)한 기운을 가진 신비스러운 동물로 보기도 했다.

사자라는 한자 이름도 그 이름을 만든 중국인들이 상당히 사자라는 동물을 존중하는 의미를 담아 만들었다는 점을 알 수 있다. 사자의 첫 글자인 사(獅)는 동물을 뜻하는 부수인 개사름록변에 스승을 뜻하는 사(師)를 합쳐 만

개들이 있는 세계사 풍경

든 것이다. 따라서 사자라는 말에는 동물들의 스승, 동물 중에서 최고의 동물
이라는 높은 뜻을 가지고 있다.

동양인들이 사자를 높게 평가하는 배경에는 인도에서 태동하여 중국, 한국,
일본 등의 동북아시아와 동남아시아 전역에 전파되었던 불교(佛敎)의 영향이
크다.

먼저 사자와 관련된 불교 용어 몇 가지를 예시로 들어 설명하겠다. 불교에서
는 석가(釋迦)를 인중사자(人中獅子)라고 한다. 이는 석가를 사람들 중에서 사
자와 같이 대단한 존재라는 의미에서 붙여진 말이다. 또한 석가의 설법을 사자
후(獅子吼)라고 한다. 사자후를 글자 그대로 해석하면 사자의 으르렁거림이나
사자의 열변이라고 할 수도 있겠지만, 사자후는 그런 단순한 뜻이 아니다. 사
자의 포효(咆哮)는 단 한 번만 들어도 주변의 모든 동물들이 굴복하듯이, 석가
의 설법도 능히 사람들을 두려워하게 만들고 굴복시킬 수 있다는 의미에서 나
온 말이다. 인중사자나 사자후에 있는 사자라는 존재는 이렇게 모두 석가를
의미한다.

불교 관련 조형물에서도 사자의 존재는 흔히 볼 수 있다. 국내외 사찰(寺刹)
을 가보면 아래 사진과 같은 석사자상(石獅子像)을 볼 수 있는데, 이는 사자
라는 동물이 불법(佛法)과 진리를 수호하는 신비스럽고 용맹한 동물로 여겨졌
기 때문이다.

사자는 불교에서 최고의 지혜를 상징하는 문수보살(文殊菩薩)을 지키는 역
할도 한다. 문수보살은 보현보살(普賢菩薩)과 함께 부처님 바로 옆에 있으면
서 부처님을 보좌하는 중요한 일을 하는 존재다. 이 정도 같으면 불교라는 종
교는 사자라는 동물에게 파격적인 대우를 하고 있는 셈이다.

불교의 발상지인 인도에서는 사자를 제왕(帝王)과 성인(聖人)의 중간 정도
되는 영적인 기운이 있는 존재로 높게 여긴다. 이렇게 사자를 높게 평가하는 인

▶ **석사자상** : 윗줄 가운데 계신 부처님을 아래에 위치한 사자들이 지키고 있다. _2012년 5월 서울 종로구에 있는 티베트박물관에서 촬영

도인들의 믿음은 21세기인 지금도 지폐를 통해 전해지고 있다.

인도의 지폐에는 인도의 정신적 지도자이며, 독립 영웅인 마하트마 간디(Mahatma Gandhi)의 얼굴이 그려져 있다. 그런데 인도 지폐의 왼쪽 하단에는

개들이 있는 세계사 풍경

작은 사자가, 오른쪽 하단에 있는 작은 원 안에도 사자의 모습이 있다. 지폐 안에 있는 사자의 의미는 불교에서 생각하는 사자와 거의 같은 것 같다. 즉, 사자라는 강력한 존재가 인도라는 나라를 잘 지켜달라는 의미로 볼 수 있다.

또 다른 아시아 국가 지폐에도 사자가 등장한다. 아편전쟁(阿片戰爭) 이후 청나라와 영국 사이에 체결된 난징조약(南京條約)에 따라 1842년부터 영국의 지배를 받아왔다가 1997년 중국으로 반환된 홍콩의 지폐에도 사자가 등장한다.

홍콩 지폐에 있는 사자는 인도의 지폐에 있는 사자보다 역할이 더 크다. 인도 지폐에서는 마하트마 간디가 주연이고, 사자는 조연에 불과하지만 홍콩 달러 지폐에는 사람은 아예 등장하지도 않고 오로지 백수의 왕인 사자만 있다. 그것도 무성한 갈기를 휘날리며 크게 입을 벌려 포효하는 있는 수사자의 머리만 보인다. 홍콩 달러를 보면 지폐에 굳이 사람의 얼굴만 넣을 필요가 있을까 하는 생각이 들기도 한다. 개성 있고 멋진 지폐다.

알렉산더 대왕과 헤라클레스, 그리고 사자와의 관계

●

그런데 불교와 사자의 뿌리 깊은 관계에 대해 의외로 알렉산더 대왕의 역할을 주장하는 일부 학자들도 있다. 알렉산더 대왕(Alexandros the Great, BC 356~323)은 보병 3만과 기병 5천의 마케도니아(Macedonia) 병력으로 그리스에서 페르시아, 아프가니스탄, 이집트는 물론 북인도까지 정복하고 인류 최초의 대제국을 건설한 인물이다.

그러면 알렉산더 대왕과 불교 그리고 사자의 관계는 어떻게 연결되는지 살퍼본다. 그의 가문은 고대 그리스 신화에 등장하는 최고의 역사(力士) 헤라클레스(Herakles)의 후예를 저처했다. 그래서 알렉산더 대왕은 페르시아, 인도 등을 원정할 때 헤라클레스의 상징인 사자의 머리를 마치 자신의 독창적인 헬멧처럼 쓰고 다녔다고 한다.

물론 알렉산더 대왕 가문과 고대 그리스 신화의 영웅 헤라클레스와의 실제 혈연관계 여부는 알 수 없다. 솔직히 헤라클레스와 대왕 가문 사이에는 아무 관련이 없을 가능성이 더 많다. 그렇지만 대왕 가문 측에서 자기 가문이 가지는 신비로움과 신성함을 강조하기 위해 일부로 그렇게 지어냈을 수도 있다. 동서고금을 보면 어느 왕조나 자신들의 정통성을 강조하기 위해 과장된 신화를 활용하는 경향이 있기 때문이다.

알렉산더 대왕과 사자 그리고 불교와의 관계를 풀어 나가기 위해서는 대왕의 선조라고 주장되고 있는 그리스 신화의 최고 역사(力士) 헤라클레스에 대한 얘기부터 먼저 짚고 넘어가는 것이 전체적인 맥락을 이해하는 데 도움이 된다.

그리스 신화에 등장하는 헤라클레스는 최고의 신인 제우스(Zeus)와 인간 여성 알크메네(Alcmene) 사이에 태어난 반신반인(半神半人)이다. 그런데 헤라클레스의 아버지인 제우스는 부인이면서 자신의 누나이기도 한 헤라(Hera)에게 만족을 느끼지 못하고, 다른 여신들과 인간 여성들을 대상으로 바람을 많이 피웠었다. 그 결과 제우스는 이들 사이에서 여러 자식들을 낳았는데 헤라클레스도 그런 제우스의 아이들 중 한 명이었다. 어떻게 보면 제우스라는 신은 천하의 바람둥이라고 말할 수도 있다.

고대 그리스 신화를 현대적 배경에 맞춰 각색한 릭 라이어던(Rick Riordon)의 작품 〈퍼시 잭슨과 올림포스의 신(Percy Jackson & the Olympians)〉에서는 헤라클레스와 같이 아버지가 신인데, 어머니는 인간인 존재를 데미갓(Demigod)이라고 말하고 있다.

그런데 제우스는 자신의 아들인 헤라클레스에게 다른 신들과 같은 영원한 삶을 주기 위해 자신의 아내인 헤라에게 젖을 먹이도록 했다. 헤라는 처음에는 헤라클레스가 누구인지도 모른 상태에서 지극 정성 키우지만 나중에 남편인 제우스의 아이였다는 것을 알고 크게 분노하고, 그를 인간 세상으로 추방한다. 그리고 그 추방 과정에서 헤라클레스가 토해 낸 헤라의 젖은 우주에 뿌려지는데 이것이 나중에 은하수(Milky way)가 되었다.

인간 세상에서 살게 된 헤라클레스는 헤라의 계략에 빠져 자기 처자식을 죽이게 되고, 그 후 자신의 죄를 씻기 위해 12가지 과업을 수행한다. 그 과업 중의 하나가 칼이나 창으로는 아무리 찌르거나 베어도 죽지 않는 사자를 몽둥이로 내려치고 맨몸으로 목을 졸라 죽이는 것이었다. 그는 과업을 달성하기 위해 수십일 동안 사자의 목을 졸라 사자를 죽였다. 그리고 그는 사자의 가죽을 벗겨 뒤집어 쓰고 다녔다. 이후 사자는 헤라클레스의 상징으로 인식되었다.

엄청난 힘을 가진 괴력의 사나이 헤라클레스의 후손을 자처한 알렉산더 대왕은 동방원정을 할 때 사자의 털가죽을 뒤집어쓰기도 하고, 투구에도 사자 형상을 붙이고 다녔다. 이런 그의 행동은 마치 자신이 헤라클레스의 현신(現身)처럼 보이게 하는 효과가 있었을 것이다.

2300여 년 전 고대 인도인들은 엄청난 힘을 가진 알렉산더 대왕을 신적인 존재로 여겼다. 그래서 대왕 가문의 상징이었던 사자도 숭상할 수밖에 없었을 것이다. 이런 영향으로 사자는 인도에서 강력한 힘을 상징하는 존재가 되었고, 후일 불교에도 영향을 미쳤다는 것이다. 물론 알렉산더 대왕과 헤라클레스와 관련된 이 모든 주장들을 그대로 믿기는 어렵지만, 여러 정황상 상당한 설득력이 있어 보이는 것은 사실이다.

▶**사천왕** : 일부 국내 학자들은 사찰에서 볼 수 있는 이런 사천왕(四天王)을 알렉산더 대왕의 선조라고 주장되는 헤라클레스라고 추정하기도 한다. _경주 불국사

동아시아에서는
사자 대신 사자개

그런데 인도에서 중국, 만주, 몽골, 한반도 등 동아시아로 불교가 전파되면서 사자라는 영험한 존재는 현실적인 이유 때문에 사자개로 그 형상이 다소 변화하게 된다. 인도의 경우, 인도 사자(Indian Lion)라는 사자가 과거에도 존재했고 지금도 있기 때문에 인도인들은 사자의 정확한 생김새를 알 수 있었지만, 사자의 실물을 볼 기회가 전혀 없었던 과거 동아시아 사람들은 인도인들과는 경우가 달랐다. 그래서 동아시아에서는 실제 사자에 비해서는 다소 익살스러운 모습을 하고 있는 사자개들이 사자들의 자리를 대신한 것으로 추정된다.

개들이 있는 세계사 풍경

▶인천 차이나타운 돌계단 앞에 있는 사자개 석상

　세계적인 액션 스타인 리렌제(李連杰)가 주연한 영화 황비홍 사왕쟁패(黃飛鴻 獅王爭覇)에는 멋있는 사자춤이 등장한다. 그런데 이런 중국 사자춤에 등장하는 사자의 모습을 보면 진짜 사자와는 상당히 차이가 난다. 어떻게 보면 중국 사자와 진짜 사자는 같은 동물이 아니고 하나도 닮지 않은 것 같아 보인다.

　그뿐만이 아니다. 우리나라 사람들이 자주 가는 중국음식점 입구에는 사자 석상들을 흔히 볼 수 있다. 그런데 그 사자 석상들도 사자춤에 등장하는 사자와 마찬가지로 진짜 사자의 모습과는 상당한 차이가 있고 잠시 후 자세히 설명할 사자개들의 귀여운 모습과 비슷하다.

　중국음식을 좋아하는 필자는 왜 사자석상을 음식점 입구에 두는지 늘 궁금했다. 그러던 2012년 6월 어느 날 마침내 그 궁금증이 풀렸다. 인천의 차이나

타운에 있는 어느 식당에서 자장면을 먹다가 연세가 지긋한 화교(華僑) 주인에게 그 이유를 물어보았다. 음식점 주인은 그 이유를 아래와 같이 자세히 설명해 주었다.

"중국인들은 사자라는 동물을 악귀를 물리치는 역할을 한다고 여긴다. 그래서 집이나 상점 앞에 사자 석상을 두는 경우가 있다. 우리 가게 앞에 사자 석상을 둔 것도 그런 이유다. 이렇게 사자 석상을 두면 나쁜 일이 생기지 않는다. 어떻게 보면 이 사자 석상이 우리 가게를 지켜주는 것이나 마찬가지다."

이렇게 수컷 사자의 풍성한 갈기를 가진 크고 작은 사자개들은 마치 인도에서 사자들이 하던 역할을 동아시아에서 대신했다. 그리고 그 사자개들은 중국의 황실이나 티베트의 불교 사원 등에서 그에 걸맞은 상당한 존경과 대우를 받으며 살아왔다.

중국 황실의
사자개 페키니즈

●

중국에서 가장 대표적인 소형 사자개는 단연 페키니즈(Pekingese)다. 페키니즈는 영국인들이 베이징(Beijing, 北京)을 칭하던 옛 말인 페킹(Peking)에서 기원한 이름으로 페키니즈라는 개가 과거 베이징에서 살았던 개라는 의미에서 붙여진 것이다. 그러나 중국인들은 페키니즈를 귀한 황족들이 키우던 사자개라고 하여 궁정사자개(宮庭獅子犬)라고 높여 불렀다. 페키니즈라는 성의 없는 영어 이름보다는 보다 격식도 있고, 기품도 있는 이름인 것 같다.

사실 불과 백여 년 전에도 존재했던 청조(淸朝) 때만 하여도 페키니즈는 일반인은 감히 범접할 수도 없었던 귀한 개였다. 오로지 청 황실에서나 볼 수 있

▶트라이 칼라 페키니즈 : 흰색, 검은색, 황갈색의 3가지 색상을 가진 트라이 칼라 페키니즈(Tri Colour Pekingnese). 이 개는 매우 귀한 편이다. _2013년 애견협회 주최 도그쇼

었고 키울 수 있었던 개였다. 중국인들이 붙여준 이름 궁정사자개는 그런 상황에 딱 적합한 이름이다.

페키니즈는 중국 역대 어느 황조인지는 불분명하지만 중국 황실에서 키우던 개였다. 이 개는 황실에 드리울 수 있는 액운을 물리치는 역할을 하였다. 그런데 청 황실은 이 페키니즈에게 아주 독특한 특명도 같이 내렸다. 페키니즈를 키우던 황제나 황후가 죽으면, 페키니즈도 같이 죽어서 계속 그 주인을 모시라는 것이었다. 페키니즈는 이렇게 순장(殉葬)을 강요받은 개이기도 했다.

물론 순장을 당하는 페키니즈 입장에서는 끔찍한 일이겠지만, 그 당시 황실에서 페키니즈가 얼마나 귀한 대접을 받았는지 알 수 있는 척도이기도 하다. 페키니즈와 순장에 대한 애기는 다음 차례에 자세히 설명할 예정이니, 여기서는 이 정도로 줄이겠다.

페키니즈의 기원에 대해서는 불교와 관련된 재미난 전설이 하나 전해지고 있다. 아주 먼 옛날 덩치가 크고 갈기가 무성한 수사자와 작은 체구의 암컷 원숭이는 서로 사랑에 빠졌었다. 하지만 그들의 사랑은 현실적으로 이루어지기 어려웠다. 그래서 그들은 부처님을 찾아가서 자신들의 사랑이 이루어지길 간절하게 청하였다.

그런데 그들의 사랑을 가능하게 하는 것은 두 가지 방법이 있었다. 하나는 원숭이를 사자만큼 크게 만들어 주는 방법이었고, 다른 하나는 사자를 원숭이만큼 작게 줄여주는 것이다.

부처님은 그들의 소원을 듣고 원숭이를 크게 만들지 않는 대신 사자를 원숭이의 크기로 작게 만들어 주었다. 이렇게 부처님의 도움으로 수사자와 암컷원숭이는 사랑을 나누게 되었다. 그리고 그들의 사이에는 귀엽고 용맹한 새끼페키니즈가 나오게 된다.

페키니즈는 부모의 특징을 모두 물려받았다. 아빠인 사자로부터는 화려한 갈기를 물려받고, 엄마인 원숭이로부터는 원숭이 특유의 뒤뚱거리는 걸음걸이를 물려받았다. 페키니즈를 보면 특유의 걸음걸이를 하면서 엉덩이를 실룩거리며 뒤뚱거리는 것을 볼 수 있다. 이 전설은 페키니즈의 외모와 습성을 기묘하게 지적한 것 같다는 생각을 들게 한다. 솔직히 이 이야기를 진실이라고 믿기에는 어려운 부분이 많다. 하지만 이런 전설이 전해져 내려오기 때문에 중국인들은 페키니즈를 사자개라고 칭할 수 있는 것 같다.

사자개 페키니즈에게는 사자와 관련된 별명이 하나 더 있다. 북경사자개(北京獅子犬)라는 뜻의 페키니즈 라이언 도그(Pekingese Lion Dog)다. 궁정이라는 제한된 공간이 아니라 북경 전체에 해당되는 사자개라는 뜻인데, 궁정사자개보다 더 멋있는 이름같이 느껴진다.

　　　　　　　　　　　　　　　　　　　　개들이 있는 세계사 풍경

티베트의 역사와 함께 살펴본
작은 사자개 라사 압소

●

이 책이 출간되는 2013년만 해도 많은 티베트 승려들은 조국 티베트의 독립을 위해 계속 분신자살을 하며 국제사회의 여론에 호소하고 있다. 티베트는 국민당 군대와의 오랜 국공내전을 승리로 이끈 중국 공산군이 1949년 10월 침공하여 강점한 이후 중국 영토에 편입되었지만, 오랜 기간 동안 중국과는 엄연히 다른 역사를 가진 독립 국가였다.

티베트의 오랜 역사에서 가장 빛나는 나라는 토번(吐蕃)이다. 토번은 당(唐)제국과 경쟁하며 서기 7~9세기 상당한 국력을 과시했다. 티베트라는 명칭도 과거 토번 제국에서 유래된 것이다. 우리나라의 영어 명칭 코리아(Korea)가 고려(高麗)에서 나온 것과 유사한 것이다.

당제국의 전성기 시절에도 토번에 대해서는 함부로 대하지 못했다. 당은 국경의 무서운 적인 토번을 달래기 위해 문성공주(文成公主)를 토번의 국왕인 손 챈 캄포의 후비(後妃)로 시집보내기도 하였다. 손 챈 캄포는 문성공주와의 결혼 전에 쓰촨(四川) 지역에 25만이나 되는 토번의 대군을 집결시켜 당을 초긴장 상태로 만들기도 했다.

토번 외에도 티베트의 역사에서 서하(西夏)라는 나라도 빼놓을 수 없다. 서하는 칭기즈칸(成吉思汗)의 서역 원정 동참을 거부하다가, 결국 칭기즈칸의 친정(親征)으로 멸망하는 비운을 겪은 나라였다. 서하를 세운 민족은 티베트계 탕구트족이었다.

서하는 중원의 한족들이 세웠던 송(宋)의 대군을 수차례 격퇴하며 송의 안보에 큰 부담이 된 군사 강국이었다. 송은 거란, 여진과도 군사적 충돌 위험이 있었으므로 서하와의 전쟁을 길게 끌고 갈 수는 없었다. 결국 송은 평화를 얻기 위해 매년 막대한 양의 은, 비단, 차를 서하에게 바치는 수모를 겪기도 했다.

동양의 최고 고전인 삼국지연의(三國志演義)에도 티베트에 대한 기록이 있다. 유비(劉備)가 세운 촉(蜀)나라에서 관우, 장비, 조운, 황충 등과 함께 오호대장군이 된 마초(馬超)는 한때 강족(羌族), 저족(氐族)과 연합하여 조조(曹操) 군대를 공격하기도 하였다. 여기서 말하는 강족, 저족은 티베트의 고대 부족 이름이다.

참고로 삼국지연의에서 빼어난 무공과 함께 최고 미남으로 등장하여 은마초(銀馬超)라는 멋진 별명을 가진 마초는 양주자사(涼州刺史)를 역임한 마등(馬騰)의 아들이다. 마초의 어머니는 강족이라고 전해진다. 마초는 이런 인연으로 강족들에게 많은 지지를 받을 수 있었고 그 기반을 통해 조조와 맞설 수 있었다.

티베트의 역사 이야기는 그만 줄이고 다시 사자개 이야기로 들어간다. 페키니즈가 중국 황실의 대표적 사자개라면 티베트(Tibet)의 대표 사자개는 라사 압소(Lhasa Apso)다. 티베트의 라사 압소와 중국의 페키니즈는 소형 사자개로는 쌍벽을 이루는 개라고 생각하면 된다.

그런데 라사 압소가 페키니즈의 라이벌이 되려면 적어도 앞서 살펴본 페키니즈의 전설과 비슷한 수준의 전설은 있어야 할 것 같다. 물론 라사 압소에게도 불교와 관련된 다음과 같은 전설이 전해진다.

티베트의 승려들은 평생 열심히 불공을 드린다. 그런데 그런 티베트 승려 중에서도 살아생전 열심히 불공을 드리지 않고 게으름을 피운 승려들이 있다면, 그 승려들은 사후 곧바로 열반(涅槃)으로 들어가지 못한다고 한다. 이런 게으른 승려들은 속세에서 잠시 다른 동물의 몸을 빌려서 머물게 되는데, 그 동물이 바로 티베트 승려들이 키웠던 라사 압소다.

따라서 독실한 불교 신자들인 티베트인들의 눈에는 라사 압소는 단순한 개가 아닌 존경하는 승려들이 환생한 존재로 보일 수 있다. 따라서 라사 압소라

개들이 있는 세계사 풍경

는 개는 티베트에서 함부로 다룰 수 있는 그런 존재가 아니었다.

라사 압소는 티베트의 지도자인 달라이라마가 중국 황실에 선물하는 목록에 포함되기도 한 개였다. 그만큼 라사 압소는 티베트나 중국에서 귀한 대접을 받는 존재였다. 이 부분에 대한 이야기는 시추 편에서 좀 더 자세히 다루도록 한다.

동아시아 소형 단두종견들의
선조로 추정되는 티베탄 스패니얼

티베트에는 라사 압소 외에도 그와 비슷한 외모를 가진 소형견이 있다. 티베탄 스패니얼(Tibetan Spaniel)이라고 불리는 이 개를 티베트인들은 '작은 사자개' 라고 한다. 아직 이 개는 티베트 외의 다른 나라에는 널리 보급되지 않은 개다. 참고로 이 개의 이름에 붙은 스패니얼(Spaniel)은 스페인에서 기원한 다른 종류의 스패니얼들과는 전혀 관계가 없는 것이다. 그냥 잘못 붙은 이름이라고 보면 된다.

국토 대부분의 지역이 고지대에 위치한 티베트는 겨울이 혹독하기로 유명하다. 따라서 티베트인이나 그곳에 사는 동물은 추위를 극복하기 위해 많은 노력을 해야 한다. 그런데 이 개의 겨울나기는 의외로 간단하다.

티베탄 스패니얼은 겨울이 되면 자신을 키워주는 승려의 넓은 도포자락에 몸을 숨긴다. 그것만으로 이 개는 충분히 추위를 견뎌낼 수 있다. 이 개의 이런 독특한 행동은 개에게만 좋은 것은 아니다. 추운 겨울을 지내야 하는 승려들 입장에서도 작은 난로를 자기 소매 안에 두는 격이 되니 결코 손해 보는 것은 아니다. 이렇게 티베탄 스패니얼은 티베트의 승려들로부터 극진한 사랑을 받고 있는 개다.

애견 전문가들은 티베탄 스패니얼에 대해서는 상당히 오랜 역사를 가진 견종으로 추정하고 있다. 라사 압소, 페키니즈, 시추 등 티베트와 중국에서 기원한 단두종(短頭種) 개들의 공통된 선조로 짐작하기도 한다.

한국에서 국민 애견이 된 시추도
차이니즈 라이언 도그

●

우리나라에서 이제 흔한 개가 된 시추(Shitzu)도 중국에서는 한때 사자개로 대접을 받았던 개였다. 시추의 기원에 대해서는 중국 황실의 사자개 페키니즈와

▶시추 : 2012년 9월 인천의 한 돈가스 가게 앞에서 만난 시추

개들이 있는 세계사 풍경

티베트 불교에서 사자개 역할을 하였던 라사 압소를 교배하여 만들었다는 설이 전해지고 있다.

라사 압소는 과거 티베트의 조정에서 중국 황실에 선물로 증정하였다고 하는데, 이렇게 중국으로 전래된 라사 압소들이 페키니즈와 교배하여 시추를 만들었다는 것이다. 물론 문헌적인 기록이나 물증은 없다. 이렇게 중국, 티베트 양국의 사자개들이 만나 만든 자손이라는 소문이 자자한 시추는 당연히 사자개의 범주에 들어간다.

시추에게도 그런 뜻을 가진 영어 이름이 있다. '차이니즈 라이언 도그(Chinese Lion Dog)' 시추의 영어 이름만 놓고 보면 페키니즈의 영어 이름인 '페키니즈 라이언 도그'보다도 훨씬 더 큰 이름인 것 같다는 생각이 든다.

여기서 잠깐 시추에 대한 칭찬을 한마디 하겠다. 시추는 마음씨 착한 애견의 대명사다. 이 개는 이기적인 성향이 강한 요크셔 테리어(Yorkshire Terrier)나 포메라니안(Pomeranian) 같은 서양이 고향인 소형견들과는 성격이 전혀 다르다.

비록 시추는 식탐이 강해 워낙 먹는 것을 밝히지만, 사람에게 한없이 순하고 다른 개들과도 사이좋게 지내는 것을 보면 마치 천사 같은 느낌도 든다.

살찐 사자개
차우차우

●

중국 북부와 몽골이 원산지인 차우차우(Chow Chow)는 귀엽고 익살스러운 얼굴을 가진 중형견이다. 그런데 이 차우차우라는 이름은 서양인들이 붙인 이름으로 중국인들은 과거 이 개를 송사견(鬆獅犬)이라고 불렀다.

얼핏 이해가 가지 않는 송사견이라는 어려운 이름을 살펴보자. 송(鬆)은 '더

▶**차우차우** : 2012년 5월 건국대 수의대 동아리인 동람이 주최한 애견한마당에 참석한 차우차우

벅머리'라는 뜻으로 차우차우가 가지고 있는 풍성한 털 때문에 붙은 글자다. 그리고 이름 가운데 있는 사(獅)는 사자를 뜻한다. 따라서 송사견이라는 말은 털이 풍성한 사자개를 뜻하는 것이다.

사자개의 범주에 들어가는 차우차우도 사자라는 뜻이 담긴 영어 이름을 가지고 있다. 하지만 차이니즈 라이언 도그나 페키니즈 라이언 도그 같이 멋있는 이름은 아니다. '퍼피 라이언 도그(Puffy Lion Dog)'가 차우차우의 영어식 별명이다. 퍼피(puffy)는 돼지처럼 살이 많이 쪘다는 뜻으로 우리말로 퍼피 라이언 도그를 해석하면 '살찐 사자개'로 해석할 수 있다. 영어 이름이 썩 아름답지는 않게 느껴진다.

차우차우라는 개는 이름에 대한 복(福)이 정말 없는 개다. 차우(chow)라는 영어 단어를 영어사전에서 찾아보면 음식물(food)을 뜻하는 속어(俗語)라고 나온다. 따라서 차우차우라는 개 이름은 먹는 음식과 관련 있는 이름임에 분명하다.

필자의 생각으로는 차우차우라는 이름은 과거 차우차우의 고기가 만주나 중국 일부 지역에서 진미(珍味)라는 소문이 자자하여 식도락가들의 많은 사랑을 받았을 때 영어권 외국인들이 붙여준 이름인 것 같다.

퍼피 라이언 도그라는 차우차우의 별명은 차우차우라는 저질적인 이름보다는 좀 낫지만 그렇다고 결코 좋은 이름은 아니다. 고상하게 보이지도 않고, 우아하게도 보이지 않는 이름이다. 차우차우는 정말 이름 복 하나만큼은 없는 개다.

개들이 있는 세계사 풍경

티베탄 테리어와
우리나라 삽살개의 관계

●

아직 다른 나라에는 널리 알려진 개는 아니지만 티베트에는 티베탄 테리어 (Tibetan Terrier)라는 중형견 크기의 사자개가 있다. 이 개의 역할은 티베트의 초원에서 양이나 염소 같은 가축들을 돌보는 일이다. 원래 하는 역할은 콜리와 비슷한 양치기개다.

그럼에도 불구하고 티베탄 테리어의 이름에는 엉뚱하게도 테리어(Terrier)라는 말이 붙어 있다. 테리어는 원래 토끼, 쥐, 여우 같은 땅에 굴을 파고 사는 작은 사냥감들을 잡도록 특화된 덩치 작은 영국의 사냥개들이다. 따라서 티베탄 테리어는 이렇게 영국에서 태어난 테리어들과는 혈연적으로 아무 관련이 없다. 양치는 개의 무리인 목양견(牧羊犬)으로 분류해야 하는 개다.

티베탄 테리어는 주인에 대한 충성심이 강하고, 경계심도 충만하여 집을 지키는 번견(番犬)으로서도 적격이다. 다만 이 개의 체구가 그리 크지 않아 도둑을 잡거나 늑대 같은 맹수들로부터 양을 지키기 위해서는 자기보다 훨씬 덩치가 큰 티베탄 마스티프(Tibetan Mastiff)의 도움을 받기도 한다.

티베탄 테리어는 티베트의 추위를 극복하기 위해 촘촘한 이중모(double coat) 구조를 하고 있다. 풍성한 이 개의 털은 자신의 눈을 가릴 정도이며 온몸을 덮을 만큼 풍성하다. 따라서 티베트인들은 티베탄 테리어의 털을 버리지 않고 잘라서 티베트의 야생소인 야크(Yak)의 털과 섞어 추운 겨울을 나는 옷이나 담요 같은 것으로 만든다. 티베탄 테리어의 털은 다른 동물들의 털에 비해 특별한 장점이 있다. 이 개의 털은 매우 부드럽고 감촉이 좋으며 방한력도 뛰어나서 티베트 현지에서는 인기가 있다.

티베탄 테리어는 다른 티베트 개들과 함께 귀신을 물리치는 일을 한다고 여겨지고 있다. 그런데 이 개는 다른 사자개들과는 달리 주인에게 행운을 준다고 오래전부터 전해지고 있다. 그러니 티베트인들 입장에서는 티베탄 테리어를 소중하게 다룰 수밖에 없다.

티베탄 테리어는 우리나라에서 힘들게 복원에 성공되어 천연기념물이 된 삽살개와 외모가 많이 비슷하여 한때 국내 애견가들의 많은 관심을 받기도 했다. 어떤 애견인들은 두 개의 혈연적 관계를 궁금하게 생각하기도 하였다.

그러고 보니 삽살개도 우리나라에서 사악한 기운을 내쫓는 축사(逐邪)의 기능이 있다고 여겨지는 개다. 따라서 삽살개와 티베탄 테리어, 이 두 개들의 연관성에 대한 연구도 추가적으로 진행되면 좋겠다는 생각을 해본다.

티베트 승려들의 호위견은
티베탄 마스티프

마지막 사자개로는 우리나라 사람들에게 사자개의 대명사로 알려진 티베탄 마스티프(Tibetan Mastiff)다. 이 개는 현존하는 개들 중에서 가장 비싼 개로 거래되고 있다. 좋은 혈통을 가진 티베탄 마스티프의 경우, 한 마리 가격이 10억 원을 훌쩍 넘기기도 한다.

공식적으로 확인되지는 않았지만 50억 원이 넘는 가격으로 티베탄 마스티프가 거래된 적도 있다고 한다. 개가 이 정도 가격으로 거래된다는 것 자체가 이해하기 어려운 일이지만 중국에서 이 개는 엄청난 가격으로 거래되고 있는 게 사실이다.

티베탄 마스티프가 이런 상상하기 힘든 고가로 거래되는 것은 중국 경제의 급격한 성장으로 인해 중국인 부호가 크게 증가했기 때문이다. 거액을 주고 티베탄 마스티프를 구입하는 중국 부호들의 목적은 이 개를 통해 자신의 부(富)를 과시하는 것일 것이다. 하지만 그들이 이 개를 구입하는 진짜 목적은 티베탄 마스티프가 악귀를 물리치는 능력이 있다고 믿는 오랜 믿음 때문이다.

티베탄 마스티프의 고향은 티베트이지만 특이하게도 몽골에 이 개의 후손들이 많이 남아 있다. 그 이유는 티베트 불교와 관련이 있다. 과거 티베트 승려들이 포교(布敎)를 위해 몽골로 갈 때 덩치 큰 티베탄 마스티프를 호위견으로 데리고 갔다. 이렇게 티베탄 마스티프는 오랜 시간에 걸쳐 티베트 승려들의 보디가드 역할을 했다.

티베탄 마스티프는 혼자서도 능히 늑대와 싸워 제압할 수 있는 엄청난 힘과 용기를 가지고 있는 개다. 그래서 티베트 승려들에게 이 덩치 큰 개는 든든한 보디가드 역할을 하였을 것으로 보인다.

몽골은 과거 티베트 불교의 활발한 포교 활동으로 지금도 불교의 영향이 많이 남아 있다. 그리고 이런 불교의 융성과 관련 있는 티베탄 마스티프의 혈통을 이어 받은 후손들도 많다. 몽골에서 살고 있는 티베탄 마스티프들의 후손은 몽골어로 방카르인데, 이 개는 초원의 강자 몽골군이 전쟁터에 데리고 다니면서 직접 전투에 참여시키거나 경비견으로 삼기도 하는 등 군견(軍犬)으로도 활용하기도 했다.

티베트에서는 티베탄 마스티프를 사원이나 귀족의 저택을 경비하는 경비견의 용도로 키웠다. 티베트 귀족들은 실외에는 덩치 크고 용맹한 티베탄 마스티프를 키웠고, 실내에서는 청각과 후각이 뛰어나며 예민한 성격의 티베탄 스패니얼 또는 라사 압소를 키웠다. 옛날 티베트 귀족들은 이렇게 이중 잠금장치를 하면서 생활하였다.

② 청 황제가 죽으면 따라 죽어야 하는 페키니즈의 슬픈 운명

반인륜적인
악습 순장

●

순장(殉葬). 따라죽을 순(殉)과 장례 장(葬)이 합쳐진 '따라 죽는다'라는 뜻의 무시무시한 말이다. 지배층과 피지배층의 구분이 확실하고 인간의 존엄성이 존중받지 못하던 시절, 주인이 죽으면 죽은 주인을 모시던 첩이나 노예들을 죽여서 같이 묻어 버리곤 했다.

당시 지배층이 노동력의 근원인 노예 같은 피지배계층을 굳이 죽이면서까지 순장을 했던 이유는 의외로 간단하다. 지배계층은 죽어서도 지금 생애와 같이 우월적인 지위가 보장되어야 한다는 그릇된 믿음 때문이었다.

개들이 있는 세계사 풍경

이런 순장은 찬란한 문명을 꽃피웠던 고대 수메르에서도 있었고, 그리스에서도 있었다. 물론 한반도와 중국을 포함한 동아시아에서도 존재했던 악습(惡習)이었다.

유럽에서 순장이 가장 늦게까지 행해졌던 지역은 북유럽(北歐)이었다. 스칸디나비아의 바이킹 중 일부는 부족장과 같은 권력자들이 죽으면 그의 노예들을 죽여 순장하기도 했다. 그런데 바이킹들의 순장은 농경을 행하던 민족들과는 전혀 다른 방법으로 시행되었다.

바이킹들은 땅이 아닌 배 위에서 순장을 하였다. 권력자의 시신이 있는 배에 같이 죽을 노예를 태우고 가서 그들의 목을 졸라 죽이거나 칼로 찔러 죽였다. 그리고 이런 잔인한 의식이 끝나면 그 배에 불을 질러 장례 의식을 마쳤다. 바다의 무법자, 해적다운 순장이다. 바이킹들의 이러한 순장 풍습은 그들이 11세기 들어 기독교로 개종하면서 사라지게 되었다.

삼국시대까지만 해도 한반도에서는 순장이라는 악습이 존재하였다. 이사부(異斯夫)를 시켜 지금의 울릉도인 우산국(于山國)과 독도 등 그 부속 도서들을 신라 영토로 편입시켰던 지증왕(智證王)은 즉위 3년 서기 502년에 당시 신라에서 성행하던 순장을 금지하도록 지시한다. 지증왕의 이런 조치는 생명을 존중하는 불교의 전파로 인한 영향도 물론 있었겠지만, 현실적인 문제인 노동력 감소가 많이 작용한 것 같다.

순장은 신라뿐만 아니라 부여, 가야, 고구려 같은 고대 국가들에서도 있었다. 고구려 동천왕(東川王)이 사망하자 많은 신하들과 백성들은 "나도 동천왕을 따라 죽어 동천왕의 곁에 묻히겠다"고 주장하며 자발적인 순장을 주장한다. 그러자 동천왕의 아들이며 다음 왕인 중천왕(中川王)이 그런 행동을 하지 못하도록 하기도 하였다. 지금 생각하면 도저히 이해하기 어려운 행동들이지만 당시는 그랬다고 한다.

중국은 춘추전국시대(春秋戰國時代) 때부터 순장이라는 악습이 존재하여 계속 이어져 왔다. 순장과 관련된 대표적인 사자성어(四字成語)는 '풀을 묶어 은혜를 갚았다'는 뜻의 결초보은(結草報恩)이다. 춘추좌씨전(春秋左氏傳)에 기록된 결초보은의 주요 내용은 다음과 같다.

진(晉)나라 장수 위무자(魏武子)는 젊은 첩(妾)이 있었다. 그는 자신에게 병이 있다는 사실을 알고 아들 위과(魏顆)에게 "내가 만약 죽으면 첩을 순장시키지 말고 다른 사람에게 재가(再嫁)시키라"고 말한다. 하지만 위무자는 병세가 위중해지고 정신이 혼미해지자 마음이 변하고 만다. 그는 지난 번 말을 번복하고 아들 과에게 다시 "첩을 내가 죽으면 순장시키라"는 무서운 유언을 남기고 세상을 떠난다.

하지만 위무자의 현명한 아들 위과는 아버지의 서로 다른 유언 중 정신이 온전할 때 남긴 유언을 따르기로 결정한다. 즉, 아버지가 총애하였던 첩을 순장하라는 두 번째 유언 대신, 처음 남긴 유언대로 다른 사람에게 재가를 보내버린 것이다. 위과의 이런 판단 덕분에 아버지의 첩은 목숨을 건지게 된 것이다.

그런 일이 있고 시간이 흘러갔다. 진(晉)의 적국인 진(秦)나라가 국경을 넘어 쳐들어 왔다. 침략군의 수장은 두회였다. 그는 맨손으로 호랑이를 때려잡고, 엄청난 크기의 도끼를 휘두르는 용장 중의 용장으로 소문이 난 사람이었다. 하지만 위과는 그런 적장 두회를 사로잡는 엄청난 성과를 거두고 승전의 주역이 된다.

그런데 위과는 매우 쉽게 적장을 잡을 수 있었다. 자신의 추격을 피해 도망가던 적장 두회가 갑자기 풀더미 위에서 넘어졌기 때문이다. 누군가 두회의 도주로에 미리 풀을 묶어 놓아서 말이 넘어지게 만들어 놓았던 것이다.

적장을 사로잡고 큰 공을 세운 위과는 그날 밤 꿈에서 어느 노인을 만난다. 그 노인은 위과에게 자신은 위무자 사후 순장을 시키지 않고 재가를 보내주었던 위무자의 첩의 아버지라고 소개한다. 그러면서 당시 딸을 살려준 은혜를 갚기 위해 오늘 자신이 위과를 위해 풀을 미리 묶어 놓아 적장을 넘어지게 했다는 말을 하고 사라진다.

결초보은이라는 고사를 보면 고대 중국에서는 지배층이 죽으면 그를 모시던 노예나 첩 같은 하층민들을 죽여 순장하는 풍습이 널리 행해졌음을 알 수 있다. 중국의 역사에서 순장을 살펴보려면 멀리 춘추전국시대까지 거슬러 올라가지 않아도 된다. 가까운 명(明), 청(淸) 시절 때에도 순장이라는 악습은 엄연히 존재하였다.

강력한 독재 권력을 휘둘렀던 명의 영락제(永樂帝)의 경우, 그의 사후 무려 300여 명이나 되는 사람들을 죽여 순장하였다고 한다. 생각만 해도 끔찍한 일이다. 당시 명나라의 법체계와 예법을 많이 받아 들였던 조선(朝鮮)은 다행히 순장과 같은 악습은 받아들이지 않았다. 역시 현명한 선조들이었던 것 같다.

만주족 그리고 그들이
건국하였던 금과 후금

●

만주족(滿洲族)이 중국을 지배했던 청(淸)나라 때는 황제가 죽으면 순장을 하였다. 민간에서 첩을 순장한 것처럼 청 황실에서는 황제가 죽으면 살아생전 황제의 사랑을 받던 후궁(後宮) 중 일부를 죽여 황제의 곁에 묻어 주었다. 청나라의 순장 이야기를 하다 보면 개국 초기 황제보다 대단한 권력을 가졌던 실력자 한 명에 관한 이야기가 생각난다.

청나라 개국 초기. 허울뿐인 황제의 권력을 뛰어넘는 대단한 실력자가 있었다. 그는 자신의 조카이며 5살의 어린 나이에 황위에 오른 나이 어린 황제를 대신해 섭정왕(攝政王) 역할을 한 인물이었다. 그는 실질적으로 중국 대륙을 다스렸다. 만주어로 오소리라는 뜻을 가진 도르곤(1612~1650)이라는 인물이다.

그런데 도르곤과 그와 관련된 순장 이야기를 하려면 먼저 만주족에 대한 설명을 하고 넘어가는 것이 뒤에 오는 글의 이해도를 높이는 차원에서 좋을 것 같다. 우리 국사책에서 자주 등장하는 만주족의 그전 명칭은 여진족(女眞族)이다.

여진족들은 과거 숙신(肅愼), 읍루(挹婁), 물길(勿吉), 말갈(靺鞨) 등으로도 불리기도 하였다가 후일 만주족(滿洲族)으로 그 이름이 바뀌었다. 만주족은 유목민족은 맞지만 농사도 어느 정도하는 반농반목(半農半牧)의 생활을 하였던 민족이다.

강성한 통일제국을 형성하지 못하던 여진족들은 서기 1115년이 되어서 처음으로 금(金)이라는 강력한 군사력을 가진 제국을 세운다. 금나라의 공식 국호는 대금(大金)이었지만, 역사가들은 간단히 금이라고 부른다. 금은 거란족이 세운 요(遼)와 한족의 송(宋)을 압박하며, 한때 동북아 최강국으로 군림하기도 했다. 하지만 1234년 인류 역사상 가장 막강한 제국으로 평가받는 몽골제국의 공격으로 멸망하고 만다.

그런데 금의 역사를 보면 특이한 것을 발견할 수 있다. 금을 건국한 완안민(完顔民)은 자신의 원래 뿌리는 여진이 아닌 신라였다면서, 심지어 자신은 신라 왕족의 후예라고까지 주장한 것이다. 이 말은 그의 뿌리가 경주 김씨(慶州 金氏)라고 주장하는 것과 같은 것이다. 완안민이 세운 금(金)이라는 국호도 사실 그의 성인 김(金)을 사용한 것이라 주장한다.

만약 완안민의 주장대로 그가 경주 김씨가 틀림없다면 우리는 역사서에서 금나라를 금나라로 읽지 말고 김나라로 읽는 게 맞을 것 같다는 생각까지 든다. 참고로 완안민의 여진식 이름은 아구타(阿骨打)다. 우리 국민들에게는 완안민보다는 아구타의 한자식 발음인 아골타가 더 익숙할 것이다.

경주 김씨는 석탈해(昔脫解)가 신라의 왕을 할 때 태어난 김알지(金閼智)의 후손으로, 김알지의 7대 손인 김미추(金味鄒)부터 마지막 왕인 경순왕(慶順王)까지 모두 38명의 왕을 배출한 유서 깊은 집안이다. 어떻게 보면 완안민이 이러한 뼈대 있는 가문의 명망을 이용하기 위해 자기의 뿌리가 경주 김씨였다고 자처했을 수도 있다.

최근 국내에서는 완안민의 뿌리가 경주 김씨에서 갈라진 안동 권씨(安東 權氏)였을 가능성도 제기되고 있다. 안동 권씨의 시조 권행(權幸)의 원래 이름은 김행(金幸)이었는데, 후백제군 격파에 큰 공헌을 하여 후일 고려 태조 왕건으로부터 안동 권씨라는 새로운 성을 사사받게 되었다고 한다.

명(明)을 대체하여 중원을 통치하였던 청. 청제국은 4대 황제 강희제(康熙帝), 5대 황제 옹정제(雍正帝), 6대 황제 건륭제(乾隆帝) 치세 기간을 맞으며 전성기를 구가한다. 역사가들은 이 삼현제의 치세 기간을 강건치세(康乾治世)라고 부르기도 한다.

1777년 청의 전성기인 건륭제(乾隆帝) 시절, 청은 상당히 의미 있는 역사서를 편찬한다. 그 역사서는 황제의 지시로 제작되었으며 청의 한림원 주관으로 대학사 아계(阿桂), 우민중(于敏中) 등이 참여하였다. '흠정만주원류고(欽定滿洲源流考)'라고 명명된 이 책에는 청의 주인인 만주족들과 관련된 내용이 기술되어 있다.

그런데 흠정만류원류고에도 청의 전신 금(金)의 명칭은 완안민의 원래 성이었던 김(金)에서 따왔다는 점을 분명히 하고 있다. 이 책의 제 7권 부족에 있는 완안(完顔)에서는 "新羅王金姓 相傳數十世 則金之自新羅來 無疑 建國之名 亦應取此"라는 구절이 있는데 이는 "신라왕의 성은 김씨인데, 수십 대에 걸쳐 (왕위가) 이어져 왔다. 의심할 것도 없이 금나라도 신라에서 나왔다. 건국할 때 사용한 나라 이름도 당연히 신라에서 따온 것이다"라는 의미이다.

그러면 완안민이 김씨 성을 쓰지 않고 완안(完顔)이라는 여진족의 성을 사용한 것에 대해 의문이 들 것이다. 물론 이 부분에 대해서도 흠정만주원류고는 기록하고 있다. 이 책의 금사성씨고(金史姓氏考)를 보면 "完顔 金始祖自新羅來居完顔部 因以爲氏"라는 구절이 있는데, 이는 "금나라의 시조(완안민의 조상을 뜻함)가 신라에서 왔고, 완안 부족에서 거주했기 때문에 완안이라는 성을 사용하게 되었다"라는 뜻으로 해석할 수 있다.

청 제국을 건국한 누르하치(愛新覺羅 奴爾哈赤)가 내세웠던 최초의 국호는 금을 계승한 나라라는 의미를 가진 후금(後金)이었다. 그런데 누르하치의 성(姓)은 금 태조 완안민이 사용한 성인 완안(完顔)이 아닌 아이신쒀러(愛新覺羅)다. 사실 두 성은 전혀 다른 성 같지만 그 의미는 별로 다르지 않다.

완안이라는 성은 신라 왕족인 경주 김씨들이 여진족 완안부에 들어가 살면서 완안이라는 성을 가지게 된 것이고, 만주어로 아이신쒀러라고 읽는 애신각라라는 누르하치의 성은 자신이 김씨(金氏)임을 노골적으로 드러내고 있기 때문이다.

누르하치의 성인 아이신쒀러에서 아이쉰(愛新)이라는 만주어는 김(金)을 뜻하며, 뒤에 있는 쒀러(覺羅)는 자기 선조들이 거주한 곳인 쒀러(覺羅)라는 지명이다. 따라서 애신각라라는 누르하치의 성을 우리 식으로 나타내면 각라 김씨(覺羅 金氏) 정도로 보면 되는 성이다.

아이신쒀러의 예와 같이 만주족들의 성은 보통 두 개의 말이 합쳐져서 하나의 성이 된다. 앞에 있는 것은 일반적인 의미의 성(姓)이며, 뒤에 있는 것은 가문의 뿌리가 기원한 곳이다. 우리나라에서 말하는 본관과 같은 개념이다.

건륭제가 직접 지시하여 편찬하여 역사서 이름에 흠정(欽定)이라는 말이 붙은 흠정만주원류고를 통해 청 황실은 자신의 전신인 금나라와 자신들의 나라 청의 뿌리가 신라 왕족인 김씨임을 거듭 강조하고 있다.

이러한 것을 고려하면 완안민의 금나라와 그 금나라를 계승하였다는 후금(청 포함)의 역사를 우리 역사의 주류 수준에는 포함시키기 않더라도 방계 수준에서는 논의할 필요가 있다고 생각된다. 굳이 금과 후금의 역사를 우리 역사에서 뺄 이유는 없어 보인다.

만주족과 순장 그리고
섭정왕 도르곤과 효장태후

●

만주족과 여진족에 대한 얘기는 이 정도로 줄이고 다시 도르곤에 대한 얘기를 한다. 도르곤은 후금을 건국한 태조(太祖) 누르하치의 14번째 아들이었다. 그런데 그의 총명성과 용맹함은 많은 형제들 중에서 단연 으뜸이었다. 그래서 도르곤은 부황(父皇) 누르하치로부터 많은 총애를 받았으며, 불과 15세의 어린 나이에 팔기군(八旗軍) 중 엘리트 군단에 속하는 정황기와 양황기의 수장이 된다.

일부 역사가들은 누르하치는 자신의 후계자인 2대 황제 자리에 홍타이지 대신 도르곤을 염두에 두었다고 한다. 그래서 홍타이지의 황위 계승 과정에 모종의 보이지 않는 음모가 있었다고 분석하기도 한다. 그런데 이런 추론이 가능한 것은 과거 만주족들은 장자계승, 적통계승의 원칙이 확고하였던 우리나라와는 달리 장자계승 원칙이 약했고, 나이가 어려도 능력 있는 아들에게 권력을 물려주는 경향이 있었기 때문이다.

도르곤은 제3대 황제가 된 나이 어린 조카 대신 섭정왕을 하며 상당한 업적을 남긴다. 사실 청의 중국 제패작업의 기초는 도르곤이 마련했다고 해도 과언이 아니다. 그는 베이징(北京)으로 가는 길목인 산해관(山海關)에 많은 병력을 이끌고 주둔하던 명나라 장군 오삼계(吳三桂)를 설득하여 청에 투항시킨다. 여기서 그치지 않고 도르곤은 오삼계를 베이징 공략의 향도(嚮導)로 삼기까지 한다. 오삼계의 4만여 병력은 당연히 도르곤의 부하로 편입된다.

사실 오삼계의 부친은 아들에게 편지를 보내 이민족인 만주족에게 항복을 하지 말고 명을 멸망시킨 섬서성(陝西省)의 농민반란군 수장인 틈왕 이자성(闖王 李自成)에게 항복하기를 권한다. 하지만 오삼계는 아버지의 이런 부탁을 듣지 않고 도르곤에게 항복한다.

일부 역사가들은 오삼계가 도르곤에게 항복을 한 것은 베이징을 함락한 이자성이 오삼계의 애첩을 취했기 때문이라고 주장하기도 하나, 이는 믿을 수 없는 말이며 종합적인 정세를 판단하고 내린 오삼계의 결단으로 보는 게 맞을 것이다. 결론적으로 베이징 공략을 위해 절실히 필요했던 오삼계를 만주족의 편으로 끌어들이고 그를 이용해 베이징을 공략한 것은 유능한 장수 도르곤의 공이기도 하다.

도르곤은 군사적인 능력 외에도 정치적인 수단도 뛰어났다. 그는 만주족 지배세력들의 반발을 무릅쓰고 과감하게 피정복인인 한인(漢人)들 중에서도 능력이 있는 자들은 발탁하여 등용하기도 했다. 그의 이런 한인 등용정책 결과, 항구적이지는 않았지만 한인들과 만주족 간의 민족적 갈등도 상당 기간 누그러질 수 있었다.

하지만 섭정왕 도르곤에게도 순장과 관련한 가슴 아픈 이야기가 있다. 그의 생모가 누르하치 사망 이후 순장이 되는 비운의 여인으로 선택되어 죽었기 때문이다. 도르곤의 생모가 순장된 것은 자신의 이복형(異腹兄)이며 차기 황제인 홍타이지의 계략이 숨어 있는 것 같다.

홍타이지는 도르곤의 친모가 자신의 황제 재임 기간 동안 살아 있으면, 도르곤이 자신의 동복형제(同腹兄弟)를 포함하여 많은 세력을 규합하여 붕당을

▶**청나라 황실 여인** : 청나라 황후의 복색 사진. 청 황실의 복색에 대한 특별전시전이 진행되던 2013년 8월 홍콩 역사 박물관에서 촬영

조성할 수 있을 것이라고 걱정한 것 같다. 이런 복잡한 계산 때문에 도르곤은 순장을 이용한 권력층에 의해 친모를 잃는다. 집권세력이 순장을 잠재적인 정적을 제거하는 수단으로 악용한 사례라고 할 수 있다.

　이러한 친모의 죽음을 생각해보면 도르곤은 이복형인 홍타이지에 대한 원한이 클 것 같다. 하지만 도르곤은 그 원한을 되갚지 않았다. 도르곤은 자신이 권력을 장악했음에도 불구하고, 이복형의 아들인 순치제(順治帝)를 죽이지 않았고, 폐위시키지도 않았다. 오히려 순치제가 친정(親政)을 할 수 있는 기반을 닦아주었다.

　그런 과정에서 주목 받는 여성이 한 명 있다. 청 제국 3대 황제 순치제의 친모 효장태후(孝莊太后)다. 일부 호사가들은 이 두 사람의 관계를 의심하기도 한다. 당시 상황을 극화시킨 중국 드라마 대청풍운(大淸風雲)에서도 두 사람의 연인 관계가 묘사되기 한다.

지금도 전해지는 두 사람의 연인 이야기는 대략 이렇다. "효장태후가 홍타이지에게 시집가기 훨씬 전부터 그녀는 도르곤의 연인이었다", "만주족의 형사취수제(兄死就嫂制)를 고려할 때 두 사람은 홍타이지 사후 결혼하려 했다" 등이다. 한 발 더 나가서 "도르곤이 홍타이지 사후 순장 위기에 처했던 효장태후를 구했다"는 얘기도 있다. 솔직히 어디까지가 진실이고 어디까지가 허구인지 정확히 구분하기 매우 어렵다. 모두 허구일 가능성도 있다.

효장태후와 도르곤의 관계가 적대적이지 않은 것만은 사실인 것 같다. 이를 종합하여 판단하면 효장태후는 자신의 아들이 폐위를 당하지 않고 황권을 다지기 위해 도르곤의 도움이 필요했고, 그렇기 때문에 우호적인 관계를 유지한 것 같다.

이렇게 정치력을 발휘한 효장태후 덕분인지는 잘 모르겠지만 순치제는 섭정 사후 친정을 하면서 황권을 다져간다. 하지만 순치제도 그리 장수는 하지 못하고 23살이라는 젊은 나이에 요절한다. 순치제의 후계자는 불과 7살에 권좌에 오른 강희제(康熙帝)다. 강희제도 부친 순치제와 마찬가지로 바로 친정을 하지 못하다가 14살이 되어서 친정을 시작한다.

하지만 강희제가 섭정의 굴레에서 벗어나 친정을 시작한 14살이라는 나이도 여전히 어린 나이이다. 지금 우리나라 학제로 따지면 중학생밖에 되지 않는 나이기 때문이다. 노련한 권신(權臣)들의 눈에는 어린 황제는 아이로밖에 보이지 않았을 것이다.

특히 대표적 실력자였던 과이가오배(瓜爾佳鰲拜)는 황권까지 넘보며 황제를 시해할 계획까지 꾸미는 등 불충한 행동을 하였다. 오배는 홍타이지로부터 전쟁터에서 많은 공을 세웠다는 의미에서 '만주제일용사(滿洲第一勇士)'라는 칭

개들이 있는 세계사 풍경

호까지 받았던 노련한 장수였다.

하지만 그런 백전노장 오배도 오랜 기간 동안 정치 내공을 쌓으며 성장한 효장태후에게 상대가 되지 않았다. 효장태후는 손자의 황위를 위협하던 오배 일당이 빈틈을 보이며 느슨해지자, 일망타진하며 손자 강희제의 권좌를 탄탄하게 만들어 주었다.

중국 역사 최고의 황제라고 칭송받는 강희제는 이렇게 할머니의 신세를 지며 출발했다. 결과적으로 보면 도르곤이 홍타이지 사후 효장태후를 순장시키지 않고, 어린 조카의 황위를 찬탈 않으며 권력을 물려줬던 것이 강희제 같은 걸출한 군주가 탄생하게 된 배경이 되었다.

순장을 하기 위해
희생된 동물들

그런데 순장과 관련하여 의문이 생길 수 있다. "권력자가 죽으면 꼭 사람만 죽여 같이 묻었을까" 하는 것이다. 답은 "아니다"다. 동물들도 주인이 죽으면 같이 죽여 순장하기도 했다. 이는 고대 동서양의 역사에서 거의 공통적으로 나타난 현상이기도 하다.

고대 이집트의 정치 지도자이면서 종교 지도자였던 절대 권력자 파라오(Pharaoh)가 죽으면, 평소 그가 사냥개로 사용하던 살루키(Saluki)를 죽여서 파라오 곁에 순장하였다. 현대의 이집트는 이슬람국가가 되어 개를 터부시하는데 과거에는 그런 습관이 없었던 것 같다. 이슬람 문화권의 개 천시 경향은 뒷부분에 별도의 장으로 설명할 예정이다.

멕시코의 고대문명 아즈텍(Aztec)에서는 사람은 물론 동물도 죽여서 같이 묻는 순장이 존재했다. 아즈텍인들은 정기적인 제삿날에 사용할 대규모 인신공양(人身供養)을 위해 일부러 전쟁을 일으켜서 많은 포로를 확보하기도 했다. 이렇게 인신공양과 순장을 즐겨 행하던 아즈텍인들은 지체 높은 사람이 죽으면 그가 키우던 개들을 죽여 순장하기도 했다.

앞서 바이킹들의 순장에 대한 얘기를 하면서 부족장이 죽으면 그의 노예 중 일부를 죽여 순장했다고 설명했다. 그런데 바이킹들은 그런 노예는 물론 양이나 개 같은 동물들도 같이 죽여 순장하였다. 양을 순장시킨 것은 부족장이 죽어서도 양을 식량으로 사용하라는 의미고, 개를 순장한 것은 개를 이용하여 사냥을 하라는 의미인 것 같다.

과거 중국 황제가 죽으면 동물들도 많이 순장했다. 이와 관련된 좋은 예가 있어 소개한다. 2011년 2월 중국 사학계를 흥분시킨 발굴사건이 있었다. 한무제(漢武帝)의 능 발굴 사업 도중에 80마리가 넘는 많은 말들의 뼈가 나왔기 때문이다. 말들을 이렇게 대량 순장한 것은 죽은 황제와 시종들이 사후에도 말을 타고 편리하게 이동하기 위한 목적이었다.

당시 중국 사학계에서는 "이 말들이 전설로만 전해지던 한혈마(汗血馬)가 아닐까"하며 흥분하였다. 사람들에 의해 비참하게 죽임을 당하고 순장된 말들이 2천 년이 지나 고고학적으로 가치가 있다는 말은 참 모순적인 것 같다.

그러면 중국 사학가들이 말하는 한혈마는 무엇일까? 한혈마는 피 같은 붉은 땀을 흘리는 전설 속의 말이다. 동양의 대표적인 고전『삼국지연의(三國志演義)』에는 이런 한혈마를 타고 다니는 두 명의 장수가 나온다. 공교롭게도 그 두 장수는 삼국지연의에서 가장 대표적인 무장이기도 하다. 삼국지연의에서 적토마는 한나라 상인들이 오늘날의 중앙아시아나 중동지역으로 추정되는 서역(西域)과의 교역을 하면서 얻은 것으로 묘사되어 있다.

한혈마인 적토마를 타고 다니던 장수 중 한 명은 수양아버지(義父)를 한 명도 아니고 두 명이나 무참하게 죽인 인간백정 여포(呂布)다. 그는 유비, 관우, 장비 삼형제가 한꺼번에 덤벼들어도 이기지 못할 정도로 엄청난 괴력을 가진 장수였다.

삼국시대 당시 사람들은 여포의 이러한 대단한 무용에 대해 "人中呂布 馬中赤兔"라고 높게 평가하였다. "사람 중에서는 여포가 제일 뛰어나고, 말 중에서는 적토마가 제일 좋다"라는 뜻이다. 하지만 삼국지연의에 등장한 여포의 인간성은 무공을 따라 가지는 못하는 것 같다. 여포는 부귀영화에 눈이 멀어 역적 동탁(董卓)을 섬기기 위해 의부 정원(丁原)을 죽였다. 이후 동탁의 충복으로 활동하던 여포는 사도 왕윤과 결탁하여 동탁을 죽이고 만다.

그런데 삼국지연의 최고 악당인 동탁의 죽음은 어떻게 보면 동탁이 자초한 것이나 마찬가지다. 동탁은 금은보화와 적토마를 여포와 같은 동향인 이숙(李肅)을 시켜 의붓아버지인 정원을 죽이고 자기에게 귀순할 것을 종용한 적이 있었다. 하지만 이렇게 하여 역적 동탁을 섬기게 된 여포는, 자신에게 미인 초선을 조건으로 내걸었던 사도 왕윤(王允)과 모의하여 동탁을 도륙내고 만다. 자업자득(自業自得)이라는 말이 생각나는 이야기다.

이렇게 배신을 일삼던 여포는 결국 중원의 패권을 장악한 조조(曹操)에게 붙잡혀 참수를 당하고 만다. 하지만 삼국지연의는 역사에 등장하는 인물에 대해 자의적으로 해석하여 만든 소설이므로 여포와 관련된 부분을 글자 그대로 믿기는 어렵다.

다른 또 한 명의 장수는 의리에 죽고 살았던 관우(關羽)다. 관우는 사후 군신(軍神) 또는 무성(武聖)이 되어 많은 중국인들의 폭넓은 존경과 사랑을 받고 있다. 그런데 상당수 중국인들에게는 관우는 위대한 무인이 아닌 재물을 지켜주는 재신(財神)이 되었다.

관우가 재신이 된 것은 그의 고향인 산시 성(山西省) 셰저우(解州) 상인들이 관우상(關羽像)을 들고 다니면서 재운을 빌었기 때문이라는 이야기가 전해지고 있다. 그 외에도 뤄양(洛陽)의 상인들이 관우의 묘에서 제사를 지내고 모임(關羽廟會)을 조직하며 그를 받들었기 때문이라는 주장도 있다. 참고로 뤄양은 삼국지연의의 시간적 배경이 되는 후한(後漢)의 수도인 낙양성이기도 하다.

후한(後漢) 시절 절대 무공의 두 장수에게는 공통점이 하나 있었다. 그들이 타던 말이 같은 말이었다는 점이다. 조조는 한때 유비(劉備)와 행방이 끊겨 자신에게 잠시 몸을 의탁하던 관우의 환심을 사기 위해 하루에 천리를 간다는 여포의 적토마(赤兔馬)를 선물한다. 여포의 적토마는 여포 사후 조조의 소유가 되었었다. 관우는 조조가 내려준 산해진미, 보물, 미녀 등에 대해서는 모두 눈길 한번 주지 않았지만 적토마만은 매우 반갑게 받았다고 한다.

관우의 마음에는 유비의 소재를 알면 천릿길이라도 단숨에 적토마를 타고 달려가고 싶었기 때문이다. 과연 그런 관우의 심정을 뒤늦게 안 조조의 마음은 어땠을까? 지략의 대가 조조도 관우의 충절과 의리 앞에는 두 손과 두 발을 다 들지 않았을까 싶다.

청 황제가 죽으면
같이 순장되는 페키니즈

황제가 죽으면 모시던 여인을 죽여 황제 곁에 같이 묻어 두었던 청나라. 그런데 청 제국의 순장은 사람만으로는 끝나지 않았다. 사람들에 이어 황제가 키우던 애완견인 페키니즈들도 황제가 죽으면 같이 죽여서 순장시켰다고 한다. 죽어서도 페키니즈는 자신의 주인인 황제를 모셔야 했기 때문이다. 이 점만 보아도 당시 페키니즈가 청 황실의 귀중한 애완견임을 잘 알 수 있다.

페키니즈의 원래 역할은 주인을 위해 악령이나 악귀 같은 것들을 물리치는 것이다. 그야말로 신성한 임무를 수행하는 개였다. 따라서 청나라 때만 해도 페키니즈는 감히 일반인들이 범접하기 어려운 개였다. 만일 청나라 서민들이 페키니즈를 만나게 되면 절을 해야 할 정도로 대단한 지위를 가진 개였다.

그런데 청나라에서 철저히 보호받던 페키니즈는 청의 의지와는 전혀 관계없이 19세기 중엽 영국에 소개된다. 청 제국이 외부 유출을 엄격히 관리하던 귀한 황실견 페키니즈가 영국에 소개된 과정을 알기 위해서는 중국의 비극적인 근대사를 살펴봐야 한다.

19세기 들어 영국은 자국 내에서 수요가 계속 증가하는 중국의 차(茶) 때문에 발생하는 무역역조 현상이 심각하였다. 21세기에 만약 이런 일이 생기면 경쟁력이 떨어진 자국 산업의 경쟁력을 키우거나, 불공정 행위가 있었다면 WTO(세계무역기구) 같은 국제적인 기구에 제소하면 될 것이다.

하지만 19세기 영국은 이런 신사적인 방법으로 무역역조 현상을 해결하지 않았다. 영국은 상식의 범주를 벗어난 전혀 엉뚱한 방법으로 이 사건을 풀기 시작했다. 영국은 식민지 인도에서 만든 강력한 중독성이 있는 마약인 아편(阿片, opium)을 청으로 대량 수출하며 이 문제를 단번에 해결하였다.

영국의 이런 악행은 양국의 관계에 치명상을 안기고 말았다. 영국은 아편무역을 통해 막대한 이윤을 창출할 수 있었지만, 그 반대로 청의 거리에는 수천만 명에 달하던 아편중독자들로 넘쳐났고 국부의 원천인 은(銀)의 해외 유출 현상으로 경제는 심각한 타격을 입게 되었다. 당시 중국은 은본위제 국가여서 대규모 은의 유출은 국가 경제에 치명타가 되었다.

무역역조를 수정하기 위하여 상대국에 아편을 대량 유통시킨 것은 신사의 나라를 자처하는 영국이 벌인 일치고는 너무 신사적이지 못한 방법이었다. 사실 영국의 이런 파렴치한 행동은 영국 국내에서도 적지 않은 비판을 야기하기도 하였다.

청 황제 도광제(道光帝)의 인내심은 결국 한계에 달하고 만다. 도광제는 더 이상 참지 못하고 자신이 신임하던 강직한 성품의 임칙서(林則徐)를 아편이 성행하던 광동 성(廣東省)에 흠차대신(欽差大臣)으로 파견한다. 흠차대신이란 황제의 특명을 받아 해당 지역에서 전권을 행사하는 대신을 말하는 것이다.

임칙서는 도광제의 명에 따라 1839년 광동에서 영국 상인 등으로부터 2만 상자에 이르는 엄청난 양의 아편을 사실상 몰수한다. 그리고 영국 상인들이 보는 앞에서 이를 폐기 처분한다. 하지만 여기까지가 청나라가 할 수 있는 한계였다. 사실상 마약 상인들이었던 영국 상인들은 임칙서의 이런 행동에 분개하고 영국 정부의 군사개입을 요구하게 된다.

막대한 이윤을 창출하던 중국에서의 아편무역이 청나라의 공권력에 의해 위협받게 되자 영국 정부는 영국 의회를 설득하여 청나라와의 전쟁 준비에 필요한 예산을 확보하려 하였다. 하지만 아편무역을 보호하기 위해 전쟁을 일으키자는 주장은 대의명분도 없었고 의원들의 개인적인 양심에도 위배되었다. 그러다 보니 영국 의회에서의 토의 과정에서도 반대 의견이 상당히 많이 제기되었다.

하지만 당시 여당인 휘그당(Whig Party)은 국익을 강조하며 청과의 개전 안건 처리의 불가피성을 주장하였다. 휘그당은 상인들을 주요 기반으로 하였기 때문에 그들의 개전 주장은 당의 이념적 색채와도 연결된 것이다. 휘그당은 후일 자유당(Liberal Party)으로 변신한다.

이에 대해 야당인 토리당(Tori Party)은 "아편전쟁은 결코 정의롭지 못한 전쟁이어서 후일 대영제국의 큰 수치가 될 것"이라며 강하게 반대한다. 토리당은 보수당(Conservative Party)의 전신이 되었다.

하지만 야당의 강력한 반대에도 불구하고 당시 영국 정부·여당의 강력한 의지에 따라 아편전쟁 개전의 건은 5표의 차이로 의회를 통과한다. 의회의 결정에 따라 당시 세계 최강의 막강한 위력을 가진 영국 해군은 1840년 중국에서의 자유로운 아편무역이라는 정말 후안 무치하면서 철면피한 목표를 달성하기 위해 아편전쟁(阿片戰爭, Opium Wars)을 일으킨다.

▶임칙서 석상 : 강직한 성품의 임칙서는 도광제의 명에 따라 영국 상인들의 아편을 몰수하고 이를 폐기하는 등 맡은 직분을 충실히 했다. _2013년 8월 홍콩 역사박물관에서 촬영

아편전쟁의 결과는 자명하여 볼 것도 없었다. 전형적인 구식 함대와 대포를 보유한 청은 도저히 세계 최강 영국 해군의 위력을 막을 수 없었다. 청이 할 수 있는 유일한 선택은 오직 항복뿐이었다. 청은 수백여 년 동안 천자국(天子國)을 자처하며 많은 제후국들을 거느리고 천하의 중심임을 자처하였지만 영국에게 무참하게 패하고 난 후부터는 허수아비, 종이 호랑이라는 사실을 만천하에 스스로 알리는 격이 되고 말았다.

아편전쟁에서 패한 청의 신세는 비참했다. 땅을 빼앗기고, 막대한 배상금을 물어주어야 했다. 하지만 그것보다도 큰 것은 천자국이라는 엄청난 자존심이 무너진 것이었다. 그렇지만 이러한 아픔은 이제 다가올 본격적으로 시작된 열강들의 약탈을 알리는 신호탄에 불과하였다. 오천 년 중국 역사에서 가장 괴롭고 힘든 시기가 시작된 것이다.

명분 없는 아편전쟁은 청나라 입장에서 불행하게도 한 번으로 종결되지 않았다. 1860년 사실상의 마약 운반선인 애로우호(Arrow)에 대한 청군의 영국국기 훼손 사건을 트집 잡아 시작된 제2차 아편전쟁에는 영국은 물론 프랑스까지 참전한다. 프랑스가 영국과 같이 연합군을 구성하고 같이 대청 전선에 나선 것은 광시 성(廣西省)에서 일어난 프랑스 선교사 처형 사건 때문이었다.

사실 홍콩에 선적을 두었던 마약 운반선 애로우호에서 청군에 의해 영국 국기가 훼손되었는지 여부에 대해서는 아직도 회의적인 시각이 많다. 한 번 양심을 버리고 아편전쟁을 일으킨 영국의 입장에서는 두 번 아편전쟁을 일으키는 것은 큰일이 아니었다.

영국과 일대일로 싸운 제1차 아편전쟁에서도 상대가 안 되는 전력을 보여준 청나라 군대가 영국군이 프랑스군과 연합으로 진격하니 도저히 버틸 수가 없었다. 더구나 1860년은 1850년에 시작된 내전인 태평천국(太平天國)의 난이 진행되던 시기였다. 상당수 청나라 관군들은 의병들과 힘을 합쳐 태평천국의 난을 진압하고 있었기 때문에 청은 가뜩이나 화력이 떨어지는 관군의 모든 역량을 영불연합군과의 전투에 집중시킬 수도 없는 상황이었다.

참고로 태평천국의 난은 스스로 자신을 예수 그리스도의 동생이라고 주장하였던 홍수전(洪秀全)이 일으킨 난으로 1850년부터 무려 14년 동안이나 계속되었다. 태평천국의 난으로 희생된 중국인은 2천만 명을 넘는다. 태평천국을 만들겠다고 일으킨 전쟁 때문에 중국은 10년 넘게 생지옥이 된 셈이다.

제2차 아편전쟁의 결과는 뻔했지만 진행되는 경과는 지난 제1차 아편전쟁과는 사뭇 달랐다. 서양 군대가 베이징에서 수천km 떨어진 광둥(廣東)과 같은 변방을 공격한 것이 아니라, 수도인 베이징을 직접 공격하고 이를 점령까지 해버렸기 때문이다.

다급해진 청 황실은 자기들만 살기 위해 급히 베이징 황궁을 버리고 북으로 230km 떨어진 러허(熱河)까지 피난을 가버린다. 베이징의 남은 민간인들은 영불연합군의 약탈 대상으로 전락하게 되었다.

청 황실은 난리를 피해 몸만 빠져 나가면서 많은 보물들을 베이징 궁에 고

개들이 있는 세계사 풍경

▶**영국군의 포** : 아편전쟁 당시 영국 해군이 사용하던 신식 화포. 이런 신식 화포로 무장한 영국 해군에게 구식 무기로 무장한 청 해군은 도저히 상대가 되지 않았다. _2013년 홍콩 역사박물관에서 촬영

스란히 남겨두고 간다. 아깝지만 어쩔 수 없는 조치였다. 동서고금의 역사가 증명하여 주듯이 전쟁에서 패하는 쪽의 운명은 비참하다. 청의 아름다운 여름 별궁(Summer Palace) 이허위안(頤和園)은 영불연합군에 의해 타버리고, 그곳에 있던 많은 보물과 예술품들은 노략질의 대상이 되었다.

그런 난리통에 황제 함풍제(咸豊帝)는 "궁에 있던 페키니즈를 서양 오랑캐에게 넘기지 말고 모조리 척살하라"는 엄명을 내린다. 황제의 명령은 황궁 내 모든 페키니즈를 집단 학살하라는 명령이었다. 황제의 명령은 악귀를 쫓는 영험한 능력이 있는 귀한 황실견 페키니즈를 서양 오랑캐(西夷)들의 손에 넘기느니 차라리 죽여 버리겠다는 판단에 근거한 것이다.

그 결과 많은 페키니즈들은 자신들의 집이었던 황궁에서 자신들을 키우던 황실 사람들에 의해 무고하게 죽어나갔다. 예외 없는 규칙이 없다는 격언이 있듯이 그런 와중에서도 살아남는 페키니즈들은 생기기 마련이다. 그리고 그렇게 살아남은 페키니즈들은 마침내 역사의 주인공이 되고 만다.

황궁에 있던 페키니즈에 대해 척살령(刺殺令)을 내리고 자신은 러허로 피난을 간 함풍제는 베이징으로 다시 돌아오지도 피난지에서 숨을 거두고 만다. 함풍제의 죽음을 보면서 그가 수많은 페키니즈들을 난리통에서 구하지 못하고 죽여, 페키니즈들이 더 이상 청 황실을 지키지 않았기 때문이 아닌가라는 부질없는 생각도 해본다.

함풍제가 피난지 러허에서 숨을 거둘 때까지 청나라는 태평천국의 난을 진압하지도 못하고 있었고, 수도인 베이징은 영불연합군이 계속 점령하고 있었다. 정말 총체적인 난국이었다.

한편 궁궐을 버리고 도망가는 황제가 내린 페키니즈 도축령을 피해 운 좋게 살아난 페키니즈들은 이화원에서 영불연합군의 수중에 포획된다. 연합군에 의해 포획된 개의 원래 주인은 함풍제의 고모라는 말도 있지만 확실치는 않다.

페키니즈의 주인으로 추정되는 청 황실 여성은 황제의 명에 따라 키우던 페키니즈를 차마 죽이지는 못했다. 세상에 어느 여성이 자기가 애지중지 키우던 개를 갑자기 죽일 수 있겠는가? 대신 그 여인은 자결이라는 극단적인 선택을 한다. 여성이 자결이라는 선택을 할 수밖에 없었던 것은 아마 서양 군인들에게 자신의 몸이 더럽혀질 것을 우려했기 때문인 것 같다. 전쟁은 이렇게 힘없는 사람들에게 비극적인 희생을 강요하는 법이다.

이렇게 영국군에 의해 포획된 페키니즈들은 영국으로 보내진다. 그중 한 마리는 영국의 소문난 애견가 빅토리아 여왕(Queen Victoria)에게 루티(Looty)라는 이름으로 헌상된다. 그런데 루티라는 이름의 의미가 꽤 재미있다. 전리품, 약탈한 물건이란 뜻이기 때문이다. 영국군 스스로 자기들이 중국 황궁에서 훔쳐온 개임을 자인한 이름이다.

19세기 당시 대영국제국은 세계 최강국이었다. 그 어느 나라도 감히 영국의 패권에 맞설 나라가 없었다. 그런 영국이 당시 허약한 것이 이미 증명된 청나라를 상대로 명분 없는 전쟁을 다시 일으키고, 전쟁에서 승리한 후 상대국 궁궐을 불바다로 만들었고, 닥치는 대로 물건을 훔쳐왔다. 그리고 영국 군인들은 남의 나라 궁궐에서 훔쳐온 개에게 전리품이라는 이름을 붙이고, 자기 나라 임금에게 헌상(獻上)까지 하였다.

승자의 오만도 이 정도 같으면 너무 지나치다는 생각이 든다. 하지만 약한 나라의 살을 제국주의국가들이 마구 뜯어먹던 19세기 중반, 압도적인 무력으로 승리한 승자 영국에게 승자의 겸손함을 요구하는 것 자체가 사실 어려운 일인 것 같다. 청나라의 황실견 페키니즈는 이렇게 전혀 의도치 않게 영국으로 소개되었다.

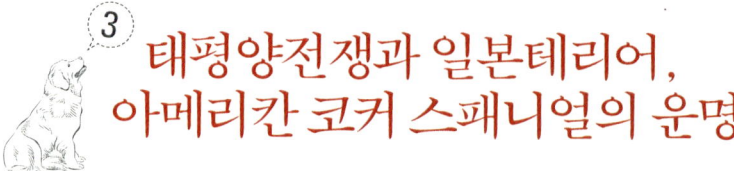

③ 태평양전쟁과 일본테리어,
아메리칸 코커 스패니얼의 운명

일본 테리어의 기원을
둘러싼 두 가지 주장

"일본에도 테리어가 있다"라는 말을 하면 평소 개에 대한 내공이 깊다고 자부하시는 분들도 아마 그 존재 자체를 잘 모를 것 같다. 하지만 일본에는 일본이라는 나라 이름을 뜻하는 재팬(Japan)이나 니폰(Nippon)이 붙은 테리어가 분명히 존재하고 있다.

일본에서 개발한 이 테리어의 이름은 영어로는 재패니즈 테리어(Japanese Terrier) 또는 니폰 테리어(Nippon Terrier)다. 일본 테리어는 옛날 고베(神戸) 지방에서 주로 키워서 일명 고베 테리어(Kobe Terrier)라고도 한다. 또한 이 개를

개들이 있는 세계사 풍경

개량하고 사육하였던 사람의 이름을 따서 오유키 테리어라고도 한다.

일본 테리어의 정확한 기원과 혈통에 대해서는 아직 정설은 없다. 그런데 일본 테리어라는 이름에는 분명히 일본이라는 국명이 붙어 있지만, 개의 외모를 보면 동아시아 출신의 개들과는 확연히 다르다는 것을 알 수 있다.

사실 일본 테리어는 유럽에서 기원한 사냥개가 조상이다. 일본 테리어의 선조는 오래전 일본에 유입된 서양 혈통 사냥개가 일본인들에 의해 개량된 것으로 추정된다. 일본 테리어의 기원에 대해 지금까지 전해지는 이야기는 크게 두 가지가 있다.

도쿠가와 막부(德川幕府) 당시 일본과 교류가 활발하였던 네덜란드로부터 전래되었다는 주장인 '네덜란드 기원설'과 요코하마(橫浜)에 살던 미국인들에 의해 전래되었다는 '미국 기원설'이다.

'네덜란드 전래설'은 정황상 상당히 근거가 있어 보인다. 17세기 일본의 규슈(九州)의 나가사키(長崎) 항구에 정박 중이던 네덜란드 선박을 통해 서양 사냥개들이 일본으로 전래되었고, 이 개들이 후일 일본 테리어의 선조가 되었다는 것이다. 네덜란드에서 도입된 이 개들은 후일 또 다른 서양개들이나 일본 소형견 등과의 교배를 통해 새로운 견종으로 개량되었다고 한다.

물론 일본 테리어 네덜란드 전래설에 대해 확증은 없다. 하지만 17~19세기 당시 네덜란드 상인들의 왕래가 많았던 규슈(九州)의 나가사키를 통해 서양개가 다른 서양 문물과 같이 전래되었을 개연성은 충분히 있다.

당시 나가사키는 네덜란드를 통해 많은 서양 문물이 도입되는 창구와도 같은 역할을 하였다. '바다로 길게 난 곳'이라는 뜻을 가진 나가사키는 규슈에 있는 항구도시로 외국의 선박들이 입항하기 좋은 천혜의 조건을 가지고 있다.

그래서 임진왜란(壬辰倭亂)이 일어나기 전인 16세기 중반부터 포르투갈 상인들과 선교사들을 시작으로 서양의 상인들이 입항하여 교역을 시작한 지역이기도 하다. 포르투갈인의 뒤를 이어 나가사키로 온 상인들은 영국, 네덜란드 출신들이었다.

하지만 17세기 들어 일본 도쿠가와 막부(德川幕府)가 기독교 포교 활동에 엄격한 제한을 가하자 일본과 서양의 교역은 크게 위축되고 만다. 하지만 포교 활동과 관계없던 개신교 국가인 네덜란드 상인들에게는 오히려 그런 규제가 자신들의 활동 폭을 넓히는 계기가 되었다. 이후 가톨릭권의 서양 상인들은 철수하고, 나가사키에는 네덜란드 상인들만 남게 된다. 네덜란드 상인들의 독무대가 열리게 된 것이다.

일본의 도쿠가와 막부가 1612년 그리스도교 금교령을 내린 것은 네덜란드와 관계가 있는 것으로 추정된다. 일본에 먼저 진출한 가톨릭(Catholic) 국가인 포르투갈과는 달리 네덜란드는 무역과 종교 포교를 연결시키지 않는 개신교 국가였다.

네덜란드 상인들은 포르투갈 상인 등 가톨릭 세력들을 일본에서 몰아내기 위해 가톨릭 선교사들의 일본 입국 목적에 대해 "가톨릭 선교사들의 활동은 일본 침략을 하기 위한 사전 포석"이라고 선동하며 일본 막부를 자극하기도 했다.

네덜란드 상인들은 19세기 일본이 미국의 페리 제독에 의해 전면 개항되기 전까지 많은 서양 문물을 일본에 전파하는 역할을 했다. 네덜란드인들이 전파한 과학, 기술, 의술 등을 총칭하여 당시 일본인들은 난학(蘭學)이라고 불렀다. 난학이라는 말은 네덜란드의 학문이라는 뜻인데, 일본이 당시 네덜란드를 화란(和蘭)이라고 불렀기 때문에 그런 독특한 학문 이름이 생긴 것이다.

두 번째 가설인 미국인 전래설은 네덜란드 전래설에 비해 논리가 좀 엉성하다. 요코하마에 살던 미국인 조지 몰건이 일본 테리어의 선조에 해당되는 개를 데리고 와서 전파한 것이 현재와 같은 일본 테리어의 선조가 되었다는 주장이다. 그런데 몰건의 부인 이름은 일본어로 큰 눈을 의미하는 오유키(大雪)여서,

일본 테리어를 오유키 테리어라고도 부른다고 한다. 솔직히 이 이야기는 어디까지 믿어야 할지 잘 모르겠다.

일본 테리어의 기원에 관한 두 가지 설을 모두 살펴보았지만 어느 쪽이 맞는지에 대해 확단을 내리기는 솔직히 어렵다. 다만 필자에게 군이 한 가지를 선택하라고 한다면 네덜란드 전래설을 고를 것 같다.

일본 테리어의 외모를 보고 있으면 이 개의 혈통에는 영국이 원산지인 여우 사냥개 폭스 테리어(Fox Terrier)의 피가 흐르고 있다는 것을 알 수 있다. 그런데 폭스 테리어는 털이 짧으면서도 부드러운 단모종(Smooth Fox Terrier)과 털이 길면서도 꼬불꼬불하고 뻣뻣한 와이어 타입(Wire Fox Terrier)으로 나눌 수 있다. 그런데 일본 테리어는 두 종류의 폭스 테리어 중에서 단모종의 혈통에게서 많은 영향을 받았다.

태평양전쟁으로 뒤바뀐
일본 테리어의 운명

일본 테리어의 역사를 보면 사람과 마찬가지로 전쟁으로 인한 흥망성쇠가 존재하고 있다. 이 개는 1920년대부터 일본 애호가들에 의해 계획적으로 번식되기 시작해, 1930년 들어 혈통이 확실하게 고정되었다. 1932년부터는 일본 전국에서 일본 테리어에 대한 인기가 폭발적으로 상승하여 당시 일본에서는 이 개의 판매차익을 노리는 투기꾼들의 투기바람도 있었다.

하지만 이러한 일본 테리어의 붐은 그리 오래가지 못하였다. 1937년 중일전쟁과 1941년 태평양전쟁이 잇따라 발발하며 일본은 모든 물자를 총동원해야 하는 전시태세가 되었다. 그 결과, 일본은 저먼 셰퍼드(German Shepherd)같이 군견으로 사용 가능한 견종을 제외한 다른 용도의 개 사육을 엄격히 제한하고 규제하기 시작하였다.

태평양전쟁이 발발하기 전에 투기열풍이 불 정도로 대단한 인기를 끌었던 일본 테리어도 전쟁의 어려움을 극복하지 못하고 멸절 위기까지 맞게 된다. 하지만 일본이 1950년 한국전쟁을 계기로 기적적으로 다시 부흥하게 되자, 그런 경기 회복에 힘입어 일본 테리어의 애호가들은 다시 한 번 부활을 위해 노력하여 가까스로 멸절 위기는 넘기게 된다. 하지만 더 이상 과거의 인기는 되찾지 못했다.

일본 테리어가 과거의 영화를 다시 회복하지 못하는 것은 예견된 일이었다. 1945년 일본의 패망 이후 수많은 서양의 개들이 전래되었기 때문이다. 그 결과 소형견을 바라보는 일본인들의 수준은 태평양전쟁 전과 비교하기 힘들게 되었다. 즉, 일본 테리어는 더 이상 일본인들의 사랑을 독차지하기가 불가능한 상태가 되었다.

일본 테리어는 아직도 일본 국내에서도 대중적인 개가 아니다. 만약 일본이 무모한 태평양전쟁을 벌이지 않았다면 일본 테리어는 일본에서 인기 있는 견종으로 확실한 자리매김을 했을 것이다. 하지만 이런 모든 것이 일본 테리어가 타고난 운명이다. 일본제국주의의 망령은 한 견종의 역사를 이렇게 힘들게 만들었다.

그런데 일본 테리어의 투기 열풍을 보면 17세기 인류 최초의 투기로 불리며 엄청난 거품 경제를 일으켰던 튤립 투기(tulip buble) 열풍을 생각나게 한다. 튤립 버블이 최고조에 달했을 당시 네덜란드에서는 한 달 사이에 튤립 가격이 50배나 폭등하기도 했다.

하지만 튤립의 재산 가치를 인정할 수 없다는 네덜란드 법원의 판결이 있자 하루아침에 그 거품은 사라지고 만다. 마치 허무하게 사라진 일본 테리어의 짧았던 전성기와도 비슷하다.

잉글리시 코커 스패니얼을 개량해 만든
아메리칸 코커 스패니얼

영국에는 습기 차고 울창한 산림지대에 서식하는 부리가 길며 몸무게가 200~250g에 불과한 멧도요(woodcock)가 있다. 하지만 멧도요를 작은 새라고 얕보면 안 된다. 이 새는 작지만 엄청난 식성을 가지고 있기 때문이다. 믿기 어렵지만 멧도요 한 마리는 매일 자기 체중의 2배나 되는 엄청난 양의 지렁이를 먹어 치운다. 만약 사람이 그런 식으로 식사한다면 지구상에 남아 있는 동물과 식물은 없을 것이다.

웨일즈(Wales)에는 멧도요를 전문으로 사냥하는 사냥개가 있다. 이 사냥개의 이름은 잉글리시 코커 스패니얼(English Cocker Spaniel)로 개의 이름에 코커(cocker)라는 말이 붙은 것은 이 개가 멧도요(woodcock)를 전문으로 사냥하는 사냥개라는 의미를 가지고 있다.

잉글리시 코커 스패니얼과 미국인의 자존심이라고 할 수 있는 아메리칸 코커 스패니얼(American Cocker Spaniel)은 그 이름에서 나타나듯이 깊은 관계를 가지고 있다. 미국에 도입된 잉글리시 코커 스패니얼을 여러 종류의 다른 스패니얼들과 교배하여 만든 개가 아메리칸 코커 스패니얼이다.

그런데 특정 견종(犬種)에 다른 여러 견종들을 섞어 새로운 견종을 개발할 경우, 그 과정에 투입된 견종들에 대해서는 공개하지 않는 경향이 있다. 아메리칸 코커 스패니얼의 경우도 마찬가지다. 아메리칸 코커 스패니얼을 만들기 위해 투입된 다른 스패니얼의 종류에 대해서는 온갖 억측이 난무하지만 아직도 여전히 베일에 쌓여 있다. 애견인의 한 사람으로서 이 부분에 대해 애석하게 생각한다.

▶**아메리칸 코커 스패니얼** : 2013년 2월 애견협회 주최 도그쇼에 출전한 파티 칼라 아메리칸 코커 스패니얼

　소비에트연방(蘇聯) 시절, 중앙정부 주도로 국가적인 차원에서 만들어졌던 사역견인 블랙 러션 테리어(Black Russian Terrier, BRT)의 경우도 많은 견종들이 투입되었다는 얘기만 있을 뿐 정확하게 어느 견종이 포함되었는지는 아직까지 밝혀지지 않고 있다. 이는 아메리칸 코커 스패니얼과도 비슷하다.

　아메리칸 코커 스패니얼의 경우, 얼굴 모양만 놓고 분석하면 잉글리시 코커 스패니얼에 비해 얼굴은 둥글고, 주둥이가 짧은 편이다. 이런 얼굴 특징을 고려하면 이 개의 개량 작업에는 잉글리시 코커 스패니얼에 비해 주둥이가 뭉툭하고, 얼굴 윤곽이 둥글둥글한 혈통의 개가 투입된 것으로 보인다.

　이렇게 아메리카 코커 스패니얼의 현재 외모를 보고 개량작업에 투입된 개들의 흔적을 추적하는 것은 마치 기술력이 떨어졌든 개도국의 기업들이 선진국 기업에서 만든 전자제품을 구입하여, 이를 완전 분해하여 생산에 들어간 부품을 확인하고, 다시 조립하면서 기술력을 키웠던 것과 비슷하게 느껴진다.

아메리칸 코커 스패니얼은 지금은 대부분이 애완견으로 키워지지만 원래는 엽사(獵師)가 쏜 총에 맞고 떨어진 새를 주워오는 조렵견(鳥獵犬, gun dog)이었다. 그래서 이 개는 사냥감을 직접 공격하여 잡는 수렵견(狩獵犬, hound)들에 비해 공격 성향이 약할 수밖에 없다. 이 말은 코커 스패니얼 계열의 개들이 하운드 계열의 개들보다는 좀 더 순하다는 뜻이다.

아메리칸 코커 스패니얼을 포함한 조렵견들은 왕성한 활동력을 가지고 있다. 그래서 매일 적정한 수준의 산책은 이 개들의 육체적, 정신적 건강을 위해 필수적이다. 간혹 아메리칸 코커 스패니얼을 미니어처 슈나우저(Miniature Schnauzer), 비글(Beagle)과 함께 이 개를 3대 악마견이라고 폄하하는 분들도 있다.

하지만 아메리칸 코커 스패니얼이 악마처럼 주인을 힘들게 했다면 그것은 이 개가 가진 왕성한 운동 욕구를 주인의 게으름 때문에 충분히 해소시키지 못했기 때문이다. 다시 말해 선천적으로 에너지가 넘치고 부지런한 개와 게으름뱅이 주인의 잘못된 운명적 만남에서 발생하는 부작용을 사람들은 말할 줄 모르는 순진한 개에게 몽땅 책임을 전가시킨 것이다.

일본의 태평양전쟁 패망과
함께 시작된 미군정

아메리칸 코커 스패니얼은 미국에서는 최고 수준의 인기를 누리는 개다. 물론 유순하고 아름다운 이 개는 미국 이외의 나라에서도 상당한 인기를 누리고 있다. 특히 일본에서는 상당한 인기를 누리는 견종이다.

일본에서 아메리칸 코커 스패니얼이 인기 있는 이유는 그들이 일으킨 태평양전쟁의 결과와 매우 밀접한 관련이 있다. 언뜻 이해가 가지 않겠지만 일본인들은 미국을 바라보는 눈이 태평양전쟁이 진행 중이던 시기와 패망하고 난 후 완전히 바뀌게 된다.

그런 일본인들의 변화는 아메리칸 코커 스패니얼이라는 미국이 고향인 개를 바라보는 일본인들의 시각에도 큰 영향을 미친다. 그러면 1945년 일본 패망과 그 이후 일본에서 벌어진 사회 현상을 통해 이 개가 일본에서 선풍적인 인기를 가지게 된 이유를 살펴보겠다.

1945년 5월 8일 절망적인 전세를 더 이상 극복하지 못하고 나치 독일은 연합군에 무조건 항복한다. 그 과정에서 수천만 명의 사망자를 발생시킨 2차 세계대전의 원흉 히틀러는 부인, 심지어는 자신의 키우던 개까지 죽이며 자살하는 극단적인 선택을 한다.

하지만 일본제국주의자들은 나치의 항복 선언에도 불구하고 국민 전원이 죽을 때까지 싸우겠다는 악귀(惡鬼) 같은 각오로 전쟁을 계속하였다. 당시 일본의 비이성적인 위정자들은 전원 옥쇄(玉碎)라는 끝없는 소모전까지 벌일 생각까지 한 것으로 전해진다.

전쟁의 승패는 이미 오래전에 결정이 났지만 일본이 이런 식으로 전쟁을 계속한다면 연합군의 입장에서도 엄청난 인명피해는 불가피해 보였다. 일본 본토로 미군이 상륙하여도 전쟁이 쉽게 끝나지 않을 상황이라고 판단한 미국은 전쟁을 조기 종식시키기 위해 당시 최신형 무기인 원자폭탄을 사용하기로 결정한다.

미국은 1945년 8월 6일 일본군 제2사령부가 위치한 히로시마(廣島)에 리틀 보이(little boy), 8월 9일은 군수공장 집결지인 나가사키(長崎)에는 팻 맨(fat man)이라는 원자폭탄을 각각 투하한다. 인류 역사상 처음으로 원자폭탄을 이용한 공격이었다.

개들이 있는 세계사 풍경

미군이 투하한 원폭의 위력은 상상을 초월했다. 히로시마, 나가사키 두 도시에서 발생한 사망자의 수가 무려 25만 명을 넘었다. 원폭 투하는 해당 도시의 기능을 완전히 상실하게 만들었다. 당시 두 도시에 투하한 원폭의 위력을 목격한 일본의 공포는 대단했다.

미군이 원폭 투하를 결정하게 된 결정적인 계기는 1945년 3월 말부터 6월 말까지 3개월 동안 진행되었던 오키나와 전투(沖繩戰鬪) 때문인 것으로 전해지고 있다. 10만에 달하는 오키나와 주둔 일본군은 전원 옥쇄하였고, 전투 중에 오키나와 주민 9만여 명도 사망하였다. 또한 미군도 사망자가 1만 2천 명에 달하는 엄청난 인명 손실을 입었다. 이렇게 1945년 미군에 의해 점령된 오키나와는 26년이나 미군정에 의한 지배를 받다가 1972년 일본에 반환된다. 하지만 여전히 많은 주일미군들이 오키나와에 주둔하고 있다.

오키나와라는 좁은 섬에서 3개월에 불과한 전투 기간에도 불구하고 미일 양국의 전사자와 민간인 사망자는 모두 20만 명이 넘었다. 일본 규슈에서 685km 떨어진 작은 섬을 점령하는 데도 이렇게 대단한 인명손실이 발생한 것을 보고 당시 미군 지도부는 일본 상륙작전 자체에 대해 상당한 부담감을 가질 수밖에 없었다.

만약 오키나와 전투와 같은 식으로 미국이 일본 본토에서 상륙작전을 펴고 전쟁을 계속하였다면 아마 수백만 명 이상의 미군 추가 사망자 발생은 불가피하였을 것으로 보인다. 나치 독일과의 전쟁을 어렵게 마친 미국의 입장에서 이런 대규모 인명 손실은 국내 여론의 지지를 획득하기 어려웠을 것으로 보인다.

미군이 나가사키에 원자폭탄을 떨어뜨린 그날인 1945년 8월 9일 소련은 대일전 승리가 확실한 상황에서 그동안의 방관자적인 태도를 버리고 태평양전쟁 참전을 결정한다. 연이은 원폭 투하와 소련군의 선전포고라는 최악의 상황에 부딪힌 일본은 더 이상의 저항을 포기하고 만다.

결국 나가사키 원폭 투하 6일 후인 1945년 8월 15일 당시 국왕인 히로히토(裕仁)가 직접 마이크를 잡고 '대동아전쟁 종결조서'인 항복 선언을 일본 전역을 대상으로 한 라디오를 통해 한다. 일왕이 발표한 부분 중 원폭 피해에 대해 언급한 부분은 다음과 같다.

"적(미국을 지칭)은 새로이 잔학한 폭탄(히로시마와 나가사키에 투하한 원자폭탄)을 사용하여 끊임없이 무고한 백성을 살상하여 참담한 피해는 참으로 측량할 수 없는 경지에 이른다. 기어이 우리 민족(일본 민족)의 멸망을 초래할 뿐만 아니라 인류의 문명까지 파괴하게 된다"면서 원폭에 대한 극도의 공포심을 드러내며 항복 이유를 설명한다.

하지만 무조건 항복 선언을 발표하는 자리에서도 일왕은 태평양전쟁이라는 침략 전쟁의 목적을 뻔뻔스럽게 왜곡한다. 그는 "미국과 영국에 선전포고한 이유는 (일본) 제국의 자존과 동아시아의 안정을 열망함이지, 타국의 주권을 배제하고 영토를 범하는 것은 짐(일왕 본인을 뜻함)의 뜻이 아니었다"고 구차한 변명을 한다.

일왕의 이런 발언에는 몇 가지 중요한 것이 숨어 있다. 일본이 태평양전쟁을 일으킨 이유는 주변국을 병합하려 한 것이 아닌 일본의 생존을 목적으로 한 방위적인 전쟁이었다는 심각한 역사 왜곡이 숨어 있다. 또한 일왕 자신이 종전 후 진행될 전범재판에서 전범으로 기소되어 재판을 받기 싫어하여 침략 전쟁의 책임을 자신이 아닌 신하들에게 미루는 비겁한 의도도 깔려 있다.

이러한 히로히토의 역사 인식은 지금도 일본 정치인들에게 큰 영향을 미치고 있다. 아베 신조(安倍晋三) 총리가 이끄는 내각 출범 이후 계속되고 있는 각료 및 정치인들의 전쟁 책임 부정, 역사 왜곡 망언 시리즈는 히로히토 일왕의 "태평양전쟁은 침략전쟁이 아니었다"는 잘못된 역사인식과 그 의미를 같이하고 있다. 일본 정치인들의 후안무치한 발언은 뒷부분에 자세히 다루도록 하겠다.

만약 미국의 연이은 원폭 투하에도 불구하고 일본이 항복하지 않고 계속 항전했을 경우, 미국은 미군의 희생을 줄이기 위해 지상군의 일본 본토 상륙전에 일본 내 다른 주요 도시들에 대해서도 추가 원폭 투하할 계획을 한 것으로 전해진다.

이렇게 일왕이 직접 마이크를 잡고 1945년 8월 15일 연합군에게 무조건 항복을 선언하자 일본 본토에 무혈 입성하게 된 연합군은 연합군 최고사령부(GHQ, General Headquarters of Supreme Commander for Allied Powers)를 구성하고 본부를 도쿄에 둔다. 사실 말이 연합군 최고사령부였지, 주도권은 일본과의 전쟁에서 막대한 희생을 하였던 미국이 쥐었다. 따라서 일본인들은 이 기간을 미군정(美軍政)으로 본다.

연합군 사령부의 수장은 태평양전쟁의 영웅이면서 5년 후인 1950년 한국전쟁 당시 인천상륙작전을 실시하여 UN군에게 불리하였던 전세를 과감하게 뒤집었던 더글라스 맥아더(Douglas MacArthur)였다. 맥아더의 연합군 최고사령부는 군정 기간 동안 일본제국 군대의 해산과 전쟁범죄자들의 색출 및 처벌, 전후 붕괴된 일본 경제 복구 등의 역할을 하였다.

맥아더에 대해서는 일본 최초의 외국인 섭정(攝政) 또는 총독(總督)으로 보기도 한다. 사실 맥아더를 보는 일본인들의 그런 시각이 맞다. 일본 역사에서 외국인이 일본의 영토를 관장하고 직접 통치한 적은 없었기 때문이다. 맥아더는 일본인들이 살아 있는 신으로 생각하였던 일왕에 대해서도 자신과 같은 하나의 인격체, 즉 보통 사람으로 낮춰 놓는 공헌을 하기도 했다.

연합군 최고사령부는 군국주의에 입각하여 침략을 뒷받침하던 구(舊) 일본제국의 법적 근거였던 대일본제국헌법(大日本帝國憲法)을 폐기한다. 대신 1946년 11월 3일 새로운 일본이 군국주의가 아닌 향후 민주적 국가를 지향할 수 있도록 하는 일본국헌법(日本國憲法)을 제정하였다.

▶맥아더 동상 : 인천 자유공원에 있는 맥아더 동상. 동상에서 멀지 않은 곳에서 1950년 9월 한국전쟁의 전세를 뒤바꾸는 인천상륙작전이 실시되었다.

그런데 연합군최고사령부에 의해 제정된 일본국헌법 제9조에는 '전쟁의 방기'라는 특수한 조항이 있다. 방기(放棄)라는 말은 내놓을 방(放)과 버릴 기(棄)를 합친 것으로 패망 이후 새롭게 태어난 일본국은 전쟁을 하지 않겠다는 말을 뜻한다.

일본은 새 헌법의 이 조항 때문에 향후 헌법을 개정하기 전까지는 군대를 보유하지도 못하고 외국과의 교전도 불가능한 나라가 되었다. 그래서 21세기 일본의 일부 극우 정치인들은 패전 후 연합군 최고사령부 주도로 제정된 평화헌법(平和憲法) 체계를 개정하기 위해 온갖 노력을 다하고 있다.

일본의 극우 정치인들의 당면한 목표는 자위권 확보를 위해, 정식 군대를 보유하며, 외국과의 교전권(交戰權)을 가지는 것이다. 이는 일본이 외국과의 전쟁

게들이 있는 세계사 풍경

을 할 수 없는 평화국가에서 전쟁을 할 수 있는 보통국가(普通國家)로 전환하겠다는 의미를 가지고 있는 것이다. 만약 이렇게 일본이 보통국가가 되면 일본은 주변국과 마찰이 생기면 언제든지 무력을 행사하면서 전쟁을 통해 자신들의 의지를 관철할 것이다. 생각만 해도 무서운 일이다.

일본을 보통국가화한다는 극우 세력들의 계획은 일본 국내에서도 적지 않은 반발 기류가 있다. 물론 과거 일본의 극악한 침략을 겪고 수많은 희생자를 냈던 한국과 중국 등 동아시아 주변국들의 비판은 상당히 강하다. 과연 일본의 계획이 실현될 수 있을지는 미지수다.

다시 1945년 일본의 패망 직후 상황으로 돌아간다. 일본의 무조건 항복 선언 후 시작된 미군의 군정(軍政)은 1952년 4월 28일 대일강화조약이 발효될 때까지 7년이라는 장기간 실시된다. 미군정은 태평양전쟁 패전 후 혼돈에 빠졌던 일본 사회의 변화를 주도하며 일본인들의 향후 생활에 큰 영향을 미친다.

미군정에 대한 일본인들의 태도는 미군들의 예상과는 달리 고분고분하였고, 협조적이었다. 미군들은 과달카날(Guadalcanal)이나 오키나와의 전장에서 만났던 일본 군인들의 모습과는 너무나 다른 말을 잘 듣는 일본인들 때문에 처음에는 적잖게 당황하였다.

불과 얼마 전까지 미군들이 태평양의 전쟁터에서 적군이 만났던 일본군들은 항복, 후퇴 같은 것들을 수치로 여기던 무서운 존재들이었다. 일본군들은 총알이 떨어지거나 결정적으로 전세가 불리해지면 군복을 벗어버리고 생식기만 겨우 가린 훈도시(ふんどし) 차림에 니폰도(日本刀)를 들며 미군들의 진지 앞으로 무모하게 돌격하던 악귀들이었다. 일본군들은 미군의 총에 맞아 쓰러지면서도 자기 목청껏 천황폐하만세를 부를 정도로 지독하였다.

그런 일본인들이 짧은 시간 안에 이렇게 표변한 것은 약자에게는 철저히 강하고, 강자에게는 철저히 약한 일본인들의 독특한 습성이 반영된 결과다. 어떻게 보면 일본인들은 자신들이 온 국력을 다해 펼쳤던 태평양전쟁에서 나치 독일과 전면전을 하면서도 자신들을 무참하게 이겨버린 미국에 대해 무한한 존경심과 복종심을 가지게 된 것 같다.

이렇게 일제 패망과 함께 시작된 미군정은 1945년부터 7년 동안이나 계속되다가 1952년 끝났다. 하지만 종전과 함께 시작된 주일미군(駐日美軍)의 역사는 21세기까지도 계속되고 있다. 2009년 기준 주일미군은 35,000여 명에 이르고 있으며, 이들은 지금도 미국의 동북아 전력의 핵심을 이루고 있다.

종전 후 아메리칸 코커 스패니얼 열풍은
전승국에 대한 존경심의 발로

전후 일본에 주둔한 주일미군과 가족, 군무원 등은 일본인들이 그동안 단 한 번도 보지 못했던 다양한 종류의 서양개들을 일본에 많이 유입시키는 역할을 하였다. 개를 좋아하고 가족과 같이 여기는 미국인의 입장에서 비록 미국이 아닌 일본에서 살고 있지만, 그들이 좋아하고 키우던 개들을 데리고 함께 산다는 것은 지극히 당연한 일이었기 때문이다.

많은 서양개 중에서도 특히 일본인들의 관심을 집중시킨 개는 미국에서 개발한 아메리칸 코커 스패니얼이었다. 아메리칸 코커 스패니얼들의 아름다운 외모는 일본인들을 매료시키기에 충분했다. 그런데 이 개가 일본에서 선풍적인 인기를 얻었던 것은 아무래도 일본군을 격파하고 일본 본토를 점령한 전승국(戰勝國) 미국에서 개발된 애견이라는 점도 상당히 작용된 것 같다.

1950년대 일본에서는 태평양전쟁에서 자신들을 완전히 정복하였던 세계 최강 미국을 배워야 한다는 분위기가 팽배했다. 따라서 아메리칸 코커 스패니얼

의 일본 내 유행은 이러한 미국에 대한 동경심과 존경심이 뒤섞여 만든 일종의
사회적인 현상으로도 볼 수 있다.

그 결과 아메리칸 코커 스패니얼은 1950~1960년대 일본에서 가장 인기 높
은 개가 된다. 아직도 일본에서 이 개에 대한 인기가 여전하다. 일본의 길거리나
공원을 산책하다 보면 아메리칸 코커 스패니얼들을 쉽게 만날 수 있으며 도쿄
나 오사카 같은 대도시의 펫숍에서도 이 개는 많이 팔리는 견종에 속한다.

일본과는 전혀 달랐던 한국에서의
아메리칸 코커 스패니얼 열풍 분석

우리나라에서도 아메리칸 코커 스패니얼의 인기가 일시적으로 급등한 적이 있
다. 하지만 일본과는 상당한 시간적 차이가 있었고 그 내용도 전혀 다르게 진
행되었다. 일본에서는 이 개에 대한 열풍이 1950년대 발생했지만 우리나라는
40년 후인 1990년대 중반부터 2000년대 초반까지 불었다.

특히 황갈색 아메리칸 코커 스패니얼은 버프(Buff)라고 불리며 한때 국내에
서 엄청난 인기를 누리기도 했다. 펫숍에서 버프 강아지를 구입하려면 수요자
가 많아 당시 몇 달씩 대기해야 하는 상황까지 벌어지기도 했다. 마치 주문이
몰리는 인기 승용차를 구입하려고 몇 달 전에 미리 대기신청을 하는 경우와 비
슷하였다.

어떤 애견가들은 국내에서 일어났던 아메리칸 코커 스패니얼 버프의 유행
에 대해 당시 모 방송사에 방송했던 인기 TV 프로그램 때문이라고 분석하기
도 했다. 하지만 당시 방송에 출연하였던 개는 버프가 아닌 파티 칼라(parti-
colour)의 아메리칸 코커 스패니얼이었다. 따라서 버프의 유행에 대한 이러한

분석은 정확한 것이라고 보기는 어렵다.

파티 칼라라는 말을 생경하게 받아들일 수 있으니 간략히 설명하고 넘어가 겠다. 파티 칼라는 흰색 바탕에 색깔이 다른 천 조각을 덧대어 붙인 것 같은 색 깔을 가진 것을 말한다. 요즘 국내에서는 그동안 단색이 주류를 이루던 포메 라니안이나 치와와에서도 이런 파티 칼라가 유행하며 인기를 끌고 있다. 물론 이런 파티 칼라 포메라니안과 치와와는 기존의 단색 개들에 비해 가격이 비싼 편이다.

버프라는 특이한 이름은 아메리카 대륙에 사는 야생 들소 버팔로(buffalo)에 서 나온 것이다. 펫숍에서 먼저 황갈색 아메리칸 코커 스패니얼을 버프라고 불 렀고, 이를 브리더들이 따라서 버프라고 불렀다.

살펴본 것과 같이 한국과 일본에서는 각각 아메리칸 코커 스패니얼의 열풍 이 불었지만 그 시기와 내용은 전혀 다르게 진행되었다. 일본은 전승국 미국에 대한 존경심이 아메리칸 코커 스패니얼 열풍의 기저에 깔려 있었지만, 한국에서 는 전혀 그런 것이 없이 진행되었다.

솔직히 필자는 버프가 왜 그렇게 국내에서 그렇게까지 인기를 끌었는지 아 직도 그 이유를 정확하게 파악하지 못하겠다. 마치 증권가에 한 번씩 부는 테 마주와도 비슷하다는 생각을 해본 적도 있었다.

4 아키타견이 일본 아키타와 미국 아키타로 나뉘게 된 이유

두 종류의 개로 분화된
아키타견

●

일본에는 우리나라의 진돗개나 풍산개와 비슷한 외모를 가진 북방 스피츠 계열의 개들이 많은 편이다. 카이견(甲斐犬), 홋카이도견(北海道犬), 시바견(柴犬), 키슈견(紀州犬), 시코쿠견(四國犬)과 아키타견(秋田犬) 등 이렇게 여섯 종류의 북방 스피츠들이 있다.

하지만 일본 개들 중에서 아키타견의 인지도와 인기를 따를 스피츠들은 없다. 물론 시바견에 대한 일본 국내에서의 인기도 높은 편이지만 아키타견에 비길 만하지는 못하다. 아키타견의 명성을 따라가기에는 아직 역부족이다.

아키타견은 일본의 국견(國犬)이라고 할 수 있을 정도로 일본에서 귀한 대접을 받고 있는 개다. 그런 아키타견이 일본 이외의 지역에서도 인지도가 높고 인기가 있는 것은 하치 이야기 덕분이기도 하다. 하치 이야기를 통해 아키타견은 주인에게 충성스러운 개라는 좋은 이미지를 가지게 된다.

하치 이야기는 1987년 일본에서 코우야마 세이치로 감독에 의해 영화로 만들어졌으며, 2010년에는 귀여운 여인(pretty woman)의 멋진 신사로 출연하여 전 세계의 여성들의 마음을 뒤흔들었던 리처드 기어(Richard Gere)가 주연하여 리메이크되기도 했다.

그런데 이렇게 일본 스피츠 타입의 여섯 견종 중 단연 으뜸이라는 평가를 받는 아키타견은 사실 한 종류의 개가 아니다. 아키타견에 대해 잘 안다고 하는 분들도 아키타견이 두 종류가 있다는 얘기를 하면 의외로 모르는 경우가 있다.

아키타견은 원래는 한 종류였지만, 1945년 일본이 태평양전쟁에서 패망하고 미군이 일본 본토에 진주하는 등 일본 사회가 격변을 겪으면서 일본 아키타(Japanese Akita)와 미국 아키타(American Akita)로 분화하게 된다.

같은 뿌리에서 출발한 아키타견이 일본 아키타와 미국 아키타로 나눠지게 된 이유를 충분히 이해하려면 15세기부터 20세기에 이르는 일본의 역사를 좀 알아야 한다. 그러면 아키타 지방의 다이묘(大名)인 사다케(佐竹) 가문이 아키타견을 투견으로 집중 육성한 이유와 일본의 개화 과정에서 아키타견에 서양 개들의 혈통이 들어가게 된 이유도 덤으로 알 수 있다.

개 한 마리에 대한 이해를 하기 위해 왜 세계의 밉상인 일본의 역사까지 알아야 하냐고 불만을 가질 수도 있겠지만, 사람과 개는 같은 시대 같은 공간을 사용하며 같이 살았으므로 그 역사를 분리하여 살필 수가 없기 때문이다.

그러면 아키타견의 역사가 분수령을 맞게 되는 1592년 임진왜란 이후부터 도쿠가와 막부의 설립, 1868년 일본 메이지유신 이후 근대화 과정 그리고 태평양전쟁과 패망 이후 미군정 역사까지 간략하게 살펴본다.

임진왜란과 도쿠가와 막부의 설립
그리고 아키타견의 운명

15~16세기 일본은 전국에서 온갖 군벌들이 난립하며 치열한 권력투쟁을 한다. 당시 중앙 행정부 역할을 하였던 무로마치 막부(室町幕府)는 완전한 허수아비였고, 지방에 대한 장악력을 상실한 상태였다. 일본 역사가들은 당시 혼란스러웠던 상황을 중국 역사의 춘추전국시대에 빗대어 센고쿠시대(戰國時代)라고 부른다.

그런 센고쿠시대의 혼란을 사실상 종식시킨 다이묘(大名)는 오다 노부나가(織田信長)였다. 다이묘라는 말은 일정 지역을 차지한 봉건 영주로 사실상 작은 왕국의 임금이나 마찬가지였다. 오다의 아버지도 그런 다이묘 중 한 사람이었는데, 아버지가 전염병으로 사망하자 만 18살에 불과하였던 오다가 아버지의 영지를 상속받고 세력을 넓혀가게 되었다.

오다는 다케다(武田) 가문, 우에스기 겐신(上杉謙信) 등 당대의 막강한 무장세력들을 차례로 누르며 일본 국토의 절반 이상을 자신의 수중에 넣는 데 성공한다. 오다의 군대는 16세기 당시 입장에서는 최첨단 무기라고 할 수 있는 소총으로 무장하였다. 따라서 오다의 군대는 칼과 화살로 무장한 다른 세력들에 비해 무장 자체의 질이 높았다고 할 수 있다.

앞서 설명한 것처럼 오다는 센고쿠 다이묘(戰國大名) 중 처음으로 소총부대를 조직하고 이들을 전투에 활용한 인물이다. 그의 소총부대는 당대 최강이라고 평가받던 다케다 가문의 막강한 기마부대도 나가시노 전투에서 격멸해 버렸다.

　오다의 군대는 나가시노 전투에 앞서 다케다 가문의 기마대를 격파하기 위해 3천 자루에 달하는 엄청난 소총을 미리 입수하고 다케다 가문을 대비한 전투에 임했다. 그런데 당시 소총은 치명적인 약점이 있었다. 화승총은 한 발 한 발 격발을 하기 위해서는 일일이 총에 불을 붙여야 했다. 따라서 빠르게 달려오는 기마대를 격파하기 위해서는 신속성 측면에서 문제가 있었다.

　하지만 오다 노부나가는 새로운 전술을 개발하고 실전에 도입한다. 자신의 소총수들을 1천 명씩 3단으로 줄을 세워 순서대로 격발하게 한 것이다. 이렇게 하면 한 번에 천 자루의 총이 불을 뿜고, 잠시 후에 다시 천 자루, 그리고 다시 약간의 시차를 두고 천 자루의 총이 격발되는 것이다. 당시로서 오다의 이런 소총부대를 제압할 수 있는 일본 내 군벌세력은 없었다. 다케다 가문의 기마부대는 결국 완전 궤멸되었다.

　오다의 소총 부대가 사용하던 소총을 일본에서는 철포(鐵砲)라고 불렀다. 임진왜란 당시 왜군들은 이 철포를 들고 조선을 침공하였는데, 조선에서는 이 총을 조총(鳥銃)이라고 불렀다. 조총은 1543년 포르투갈인 제이모투(Zeimoto)에 의해 일본에 전래되었다고 한다.

　오다 노부나가는 이렇게 자신에게 유리한 방향으로 전쟁의 패러다임(paradigm)을 변화시켜 버렸다. 그는 전쟁은 칼과 화살 그리고 기마부대로 하는 것이 아니라 총을 이용한 다양한 전술싸움으로 그 패러다임을 바꾸어 버렸다. 21세기 기업 경영에서 자주 사용하는 용어인 패러다임 시프트(paradigm shift)를 해버린 것이다.

　패러다임이라는 말의 사전적인 의미는 어떤 한 시대 사람들의 견해나 사고를 근본적으로 규정하는 테두리이며, 패러다임 시프트는 그런 패러다임 자체를 변화시키는 행위를 말한다. 인식 체계의 대전환으로 해석하는 것이 맞다. 그리

　　　　　개들이 있는 세계사 풍경

고 오다에 의해 패러다임 시프트된 일본 내전의 전개 양상을 쫓아오지 못하던 센고쿠 다이묘들은 하나둘씩 무너지게 된다.

하지만 운명의 신은 오다에게 더 이상의 행운을 허락하지는 않았다. 그는 일본 열도를 통일하기 직전 단계까지 갔지만, 1582년 혼노지(本能寺)라는 절에서 부하인 아케치 미츠히데(明智光秀)의 급습에 어이없게 생을 마감하고 만다. 오다의 어이없는 갑작스런 죽음으로 일본은 다시 한번 큰 혼란에 빠질 수 있었다.

하지만 오다의 최측근 도요토미 히데요시(豊臣秀吉)는 주군인 오다를 암살한 아케치 미츠히데를 불과 10일 만에 제거하며 모든 오다의 부하들을 자신의 깃발 아래로 모으는 데 성공한다. 그리고 그는 다시 세력을 확장하기 시작한다.

도요토미는 오다 사후 8년 후인 1590년 마침내 일본을 통일하는 데 성공한다. 이후 도요토미는 권력의 핵심인 간파쿠(關白)가 되지만, 조선 침공에 앞서 그는 간파쿠의 자리를 자신의 양자인 도요토미 히데쓰구(豊臣秀次)에게 양도하고 자신은 더 높은 지위인 다이코(太閤)라는 자리로 오른다.

도요토미 히데요시의 이러한 정권 장악 과정을 보면 밥을 한 사람은 따로 있고 밥을 먹는 사람은 다른 사람이라는 것을 확실히 느끼게 해준다. 오다는 도요토미를 위해 통일의 기반만 닦아 놓고 급사하고 말았다고 볼 수 있다.

그런데 이렇게 일본 통일에 성공한 도요토미는 작은 성공에 만족하지 못하고, 무모한 계획을 세우고 이를 실천하겠다고 덤벼든 것이다. 자신이 조선과 명(明)까지 정벌하여 동아시아에 거대한 제국을 세워 주인이 되려고 한 것이었다.

도요토미가 이런 무모한 계획은 자신을 따라 일본 통일에 기여한 장수들에게 줄 봉토가 부족한 것이 큰 원이었던 것으로 보인다. 그는 바다 건너 조선을 침공하여 점령한 후 조선 국토를 6등분하고 이를 수하 장수들의 봉토로 나눠줄 계획도 세웠다고 한다.

확실하게 과대망상 증세가 있었던 도요토미는 조선과 명을 차례대로 정복하고 인도까지 정벌할 계획이 있었다. 그는 당시 인도에 있던 포르투갈 관리에게 편지를 보내면서 조선, 명을 정복하는 것은 매우 쉬운 일이며 그 일이 끝나면 인도까지 침공할 계획이 있음을 미리 밝히기도 했다. 도요토미는 자기 자신을 알렉산더 대왕을 넘어선 엄청난 능력을 가진 정복 군주로 생각했던 것 같다.

도요토미는 1592년 4월 28만 명이나 되는 엄청난 병력을 동원하고 조선을 침공한다. 하지만 그는 헛된 야망을 이루지 못하고 1598년 급사하고 만다. 전쟁 원흉의 죽음으로 조선, 일본, 명나라가 참여한 임진왜란은 개전 7년 만에 막을 내린다.

임진왜란 결과 조선, 명, 일본 등 동북아 주요 3개국은 엄청난 인적, 물적 피해를 입는다. 전쟁의 여파로 전쟁을 일으킨 일본과 원병을 보낸 중국에서는 정권이 바뀌는 격변이 일어난다. 명은 청으로 바뀌고 일본은 도쿠가와 막부가 막을 연 것이다. 하지만 조정의 무능으로 전 국토가 폐허가 되고 수많은 사상자가 발생한 조선만은 전쟁으로 인한 정권 교체가 없었다. 조선이라는 국호를 그대로 유지하면서 전쟁 책임론이 있었던 임금인 선조(宣祖)가 왕위를 계속 유지하며 집권하였다.

임진왜란이 끝나고 불과 18년 후인 1616년 후금(後金)을 건국한 누르하치는 임란 당시에도 상당한 세력을 가지고 있었다. 그의 세력은 만주에서 이미 굴기(屈起)하고 있었다. 누르하치는 왜군(倭軍)의 조선 침공에 대해 상당히 민감한 반응을 보였다. 왜군이 조선을 완전정복하면 다음 차례는 자신의 근거지인 만주를 거쳐 명으로 가기 때문이었다.

누르하치는 1592년 9월 명나라의 관리를 통해 전세가 위급한 조선에 자신의 병력을 원군으로 파병하는 안을 먼저 제안한 바 있다. 선조실록(宣祖實錄)에 의하면, 1592년 9월 17일 당시 조선조정은 누르하치가 제안한 파병 제의를 놓고 심각한 토의를 한 것으로 전해진다.

당시 누르하치는 자기 휘하에 마병(馬兵) 3~4만, 보병(步兵) 4~5만이 있다고 강조하며 이들 모두 오랜 전쟁에 단련된 정예 부대라는 점을 강조한다. 그의 제안은 조선을 무너뜨린 왜군이 자신의 근거지인 건주(建州)로 오기 전에 조선 땅에서 왜군을 격파하는 데 있었다. 건주는 현재 행정구역으로는 랴오닝성(遼寧省) 푸순(撫順) 인근에 있는 싱징(興京) 분지를 의미하는 것 같다.

당시 조선 조정은 누르하치의 제의를 거부한다. 명의 원군만으로 전쟁을 계속하기로 결정한 것이다. 아마도 누르하치의 군대가 조선에 와서 딴마음을 먹을 수 있다는 점을 경계한 것 같다. 물론 조선 조정 입장에서 그런 판단을 할 수도 있다.

한 발 더 나가 조선은 왜군과의 전면전을 하는 사이에 북쪽 경계가 느슨해져 누르하치의 군대가 그 사이 조선을 침공할 가능성에 대해 상당히 걱정하였다. 그래서 조선인들을 중국 복장으로 꾸며 건주 여진의 상황을 살펴보기 위해 정탐을 실시하기도 했다.

그런데 만약 조선이 누르하치의 군대를 지원받았다면 임진왜란은 좀 더 일찍 종결되지 않았을까 하는 생각도 해본다. 물론 그런 과정에서 왜군 대신 누르하치의 기마병에 의해 조선이 정복되었을 수도 있다. 하지만 모르는 일이다. 누르하치의 군대가 왜군만 물리치고 건주로 되돌아갔을 가능성도 있기 때문이다. 역사에서 만약이라는 가정법은 존재하지 않으니 이런 상상은 다 부질없는 일이다.

도요토미가 급사하자 일본 전역은 오다 노부나가의 사망과는 달리 큰 혼란에 빠지게 된다. 하지만 도요토미 정권 시절 제2인자였던 도쿠가와 이예야스(德川家康)가 1600년 반대 세력과의 운명을 건 세키가하라 전투에서 승리하고, 1603년 에도(江戶, 도쿄)에서 도쿠가와 막부(德川幕府)를 열면서 일본은 다시 안정을 찾게 된다. 세키가하라 전투에 참가한 총 병력은 15만 명이어서 일본 국내에서 벌어진 전투 중에서는 가장 규모가 큰 전투다.

주목할 만한 사실은 임진왜란 당시 왜군의 사령관을 맡았던 가토 기요마사(加藤淸正)와 고니시 유키나가(小西行長)가 각각 동군(東軍, 도쿠가와 측)과 서군(西軍, 미츠나리 측)으로 나뉘어져서 서로에게 칼날을 겨뤘다는 것이다. 세기가하라 전투 당시 줄은 가토 기요마사가 고니시 유키나가에 비해 잘 선 것 같다.

고니시 유키나가는 1592년 4월 13일 자신의 사위인 쓰시마(對馬島) 도주 소 요시토모(宗義智)와 함께 1번대 사령관으로 1만 8천여 병력을 이끌고 조선을 침공한 인물이다. 특히 조선과의 무역을 사실상 독점하며 상당한 이득을 올리고 있던 소 요시토모는 비록 5천여 병력으로 조선 침공 대열에 합류했지만, 조선과의 개전에 부정적인 입장을 견지한 인물로 전쟁 발발을 막기 위해 노력한 인물이기도 하다.

가토 기요마사는 고니시 유키나가에 이어 2번 대장의 역할을 한 장수로 2만 2천여 명의 병력을 이끌고 조선을 침공하였다. 그의 군대는 임란 당시 워낙 악귀같이 조선인들과 싸워서 우리 선조들은 가토 기요마사를 악귀 기요마사라고 부르기도 했다.

가토 기요마사는 일본 통일 후 도쿠가와 막부로부터 그 공로를 인정받아 일본 남동부에 위치한 구마모토(熊本) 지역을 봉토로 받는다. 하지만 그의 봉토는 사후 후손들에게 세습되지 못한다. 한편 고니시 유키나가는 세기가하라 전투에서 패하고 난 후 도쿠가와 측에 의해 체포되었고 1600년 11월 6일 처형되고 만다.

17세기부터 19세기 미국에 의한 개항 이전까지 일본은 도쿠가와 가문의 적장자가 사실상의 국가원수인 쇼군(將軍)을 세습하며 중앙 행정부를 총괄했다. 쇼군은 일본 각 지방에 다이묘(大名)라는 영주를 두어 통솔케 하였다. 일종의 봉건영주체제로 국가를 운영한 셈이다.

그런데 도쿠가와 막부 시절 다이묘라고 해서 다 같은 반열의 다이묘는 아니었다. 다이묘 중에서도 도쿠가와 가문 사람들로 구성된 신반 다이묘(親潘大名)와 오래전부터 도쿠가와 가문을 위해 충성을 바치던 같은 후다이 다이묘(譜大大名)들은 막부 정권으로부터 좋은 대접을 받고 에도에서 비교적 가까운 봉토를 받았다.

하지만 세기가하라 전투 이후 도쿠가와 가문에 충성을 맹세한 동맹관계 비슷한 도자마 다이묘(外樣大名)들은 홀대를 받았다. 봉토도 에도에서는 많이 떨어진 변방 지역에 위치하였다. 도자마 다이묘들은 막부와의 관계가 신반 다이묘나, 후다이 다이묘에 비해 소원한 편이었다. 심지어 어떤 경우에는 적대적인 경우도 있었다.

아키타견의 원산지인 아키타현(秋田縣)은 17세기 당시 사다케(佐竹) 가문의 영지였다. 사다케 가문은 다이묘 중에서 도자마 다이묘로 분류되었으며, 에도에 있는 도쿠가와 막부와 호의적 관계는 아니었다.

1630년대 들어서 사다케 가문은 막부와의 불편한 관계를 의식하여 영지 내 병사들에게 사무라이 정신 함양을 적극 장려한다. 도자마 다이묘라는 가문의 한계를 가진 사다케 가문으로서는 이를 극복하기 위해서는 어쩔 수 없는 선택이었다.

무사도 정신을 강조하기 위해 사다케 가문이 선택한 방법 중 하나는 아키타견을 이용한 투견 시합이었다. 아키타견의 용맹함을 자신들의 군사들이 보고 배우게 한 것이다. 아카타견이 한때 투견으로 사용되었고, 아키타 지역이 투견 시합으로 유명해진 것은 사다케 가문의 이런 사연이 숨어 있는 것이다.

3백여 년 뒤 충견(忠犬)의 대명사로 여겨지게 되는 하치(八)가 태어날 아키타현 오다테 지방은 투견으로 유명한 대표적인 고장이었다.

일본의 근대화 과정과
아키타견의 개량

●

일본의 개항과 메이지유신(明治維新) 이후 서구 문물의 급격한 유입으로 일본인의 삶은 큰 변화를 맞는다. 개항 이후 일본은 범정부차원에서 기술문명이 상대적으로 낙후되었던 아시아를 벗어나 구미 제국주의 열강 대열에 합류하기 위해 탈아입구(脫亞入歐), 화혼양재(和魂洋才) 같은 구호를 외치며 본격적으로 근대화, 산업화를 추진한다.

이런 흐름에는 일본 전통견인 아키타견도 예외가 아니었다. 서양 문물이 쏟아지는 과정 중에 다양한 서양개가 유입되었는데, 특히 투견을 좋아하는 아키타 사람들은 도사견(土佐犬, Tosa Inu)과 서양 투견들에 대항하기 위해 서양의 대형견들의 혈통을 이어 받아 개량시키는 사업에 대해 관심을 갖게 된다.

참고로 일본 개항 전에 일본 최고의 투견 자리를 놓고 아키타견과 치열한 경쟁을 벌였던 도사(土佐) 지방의 도사견은 개항 이후 불 독(Bull Dog), 마스티프(Mastiff), 그레이트 데인(Great Dane), 세인트 버나드(Saint Bernard)와 같은 서양 대형견들과의 교배를 통해 초대형 투견으로 탈바꿈하여 천하무적의 투견이 된다.

도사견 개량에 동원된 서양개들은 모두 마스티프 계열의 대형견이었다. 그 결과 개량 작업을 마친 도사견은 일본개의 외모는 잃어버리고 전형적인 마스티프 계열의 외모를 가지면서 다른 일본 개들과는 외모가 확연히 차별화된다.

투견의 목적으로 아키타견을 사육하던 아키다 지역의 브리더들도 서양의 대형견인 그레이트 데인(Great Dane)과 저먼 셰페드(German Shepherd) 등과의 교배를 통해 아키타견의 체구를 개항 전보다 훨씬 키운다.

아키타견의 개량과정을 보면 아키타견에게도 일본 근대화 과정의 구호였던

개들이 있는 세계사 풍경

화혼양재가 적용된 것 같다는 생각이 든다. 어떻게 보면 서양개(양재)라는 새로운 문물을 받아들여 일본의 아키타견(화혼)과 결합하여 새로운 아키타견으로 개량했기 때문이다.

하지만 마구잡이식 서양개와의 교배는 아키타견의 잡종화를 자칫 부를 수 있었다. 따라서 일본 정부는 체계적이지 못한 서양개들과의 혈통 교류가 계속된다고 판단하여 1927년 아키타견 보존회를 설립하며 본격적인 혈통 관리에 들어가게 된다. 그리고 1931년 뛰어난 외모를 가진 아키타견 9마리를 선발하여 천연기념물로 지정하고 이후 본격적인 보호 및 육성 작업에 나서게 된다.

태평양전쟁 때문에
생존 위기를 맞는 아키타견

하지만 일본 정부의 체계적인 아키타견 보호정책은 얼마 지나지 않아 큰 위기를 맞게 된다. 1937년 중일전쟁, 1941년 태평양전쟁의 발발로 전시동원체제가 되자 자원 빈국인 일본은 식량과 철 같은 기본적 군수물자 공급에 상당한 어려움을 겪게 되었다.

일본은 만주, 사할린과 같은 추운 지역에 주둔하는 군인들을 위한 방한용품 공급에 특히 어려움을 겪었다. 그 대책으로 당시 식민지 조선의 많은 토종개들을 잡아 털가죽을 벗겨 사용했다. 하지만 그것만으로는 수요를 감당하기가 어려웠던 것 같다.

따라서 일본 정부는 전장에서 군용견으로 사용되는 독일 셰퍼드를 제외한 일본 내 다른 개들에 대해 포획령을 내리고 그 개들을 도축하고 견피를 활용하였다. 이러한 도축령을 피하기 위해 아키타견을 사육하던 브리더들은 셰퍼드와의 교배를 통해 셰퍼드 잡종(Shepherd Hybrid)을 만들게 된다.

이렇게 태어난 아키타견 강아지들은 셰퍼드와 비슷한 외모를 가져 도축령을 피할 수 있었다. 하지만 그러한 교배 결과 지금도 아키타견에서 셰퍼드의 흔적이 보이기도 한다. 일종의 부작용(side effect)인 셈이다.

미군의 일본 주둔과
아키타견의 분화

1945년 8월 15일 일본의 무조건 항복으로 제2차 세계대전이 막을 내리자 일본에는 승전국인 미군이 진주하고 그들에 의한 군정이 시작됐다. 당시 일본에 주둔한 미군들 사이에는 일본 개들 중에서 투견으로 사용되는 마스티프 계열의 도사견을 제외하고는 가장 큰 개인 아키타견에 대한 인기가 높았었다.

넓은 국토에서 사는 미국인들은 다른 나라들에 비해 단독 주택의 규모가 크다. 이러한 주택 규모 때문에 미국인들은 아무래도 대형견을 선호하는 성향이 있다. 지금도 미국인들이 좋아하는 애견 순위 상위권에는 골든 리트리버(Golden Retriever), 래브라도 리트리버(Labrador Retriever) 등과 같이 40kg 내외의 대형견들이 항상 포함되어 있는데 여기에는 주택의 크기가 중요한 요소로 작용하고 있다.

그런 의미에서 아키타견은 미군들의 선호에 적합한 개였다. 이렇게 아키타견에 매료된 미군들은 자신의 일본 주둔 기간을 마치고 본국인 미국으로 귀국하면서, 키우던 아키타견을 데리고 가기도 하였다.

그런데 당시 아키타견은 하나의 견종이라고 말하기도 어려운 상황이었다. 아키타견 안에서도 여러 분화가 눈에 띄었다. 가장 대표적인 분화는 앞서 언급한 것처럼 2차 대전 중에 만연하였던 셰퍼드와의 교잡 때문에 상당수 아카티견에게서 셰퍼드의 혈통이 들어가게 되었다. 이런 아키타견들과 여전히 북방 스피츠의 모습을 간직하고 있던 아키타견들은 체격과 외모부터 많은 차이가 있었다.

그런데 일본 주둔 미군들이 주로 관심을 가지고 키웠던 것은 북방 스피츠 계열의 여우같이 생긴 외모를 가진 아키타견이 아니었다. 미군들은 그런 아키타견보다는 독일 셰퍼드의 혈통이 많이 들어간 아키타견을 좋아했다. 따라서 미군들이 좋아한 아키타견들은 기존 아키타견들과는 달리 얼굴이 검고 체구도 좀 더 컸다. 그리고 이런 외형적 특징을 가진 아키타견들이 주로 미국에 유입되었다.

참고로 일본에서 아키타견을 심사할 때는 얼굴이 검은색을 띄고 있으면 결격 사유에 해당되어 순종 아키타견으로 인정받기 어렵다. 검은색 얼굴은 독일 셰퍼드의 혈통을 많이 받았다는 뜻이기 때문이다.

이렇게 미군들과 함께 미국 땅에 발을 디딘 아키타견들은 일부 애견가들에게 관심을 끌게 된다. 서양개를 처음 보는 동양인들에게는 서양개가 매우 이국적으로 느껴지겠지만, 동양개들을 처음 보는 서양인들도 마찬가지로 이국적으로 느껴지기 마련이기 때문이다.

이렇게 미국에 유입된 아키타견은 고향에서 사는 자신들의 친척인 아키타견들과는 다르게 개량된다. 미국인 브리더들의 손을 거쳐 일본색이 많이 탈피된 아메리칸 아키타견은 지금은 원형인 일본 아키타견과는 외모에서 많은 차이가 난다.

미국과 일본의 아키타견이 완전히 다른 길을 가게 된 데에는 미국애견협회 (AKC, American Kennel Club)의 역할도 있었다. 미국애견협회는 1974년 외국에서 생산된 개들의 혈통을 인정하지 않겠다는 결론을 내렸다. 1945년 태평양전쟁 종전 이후 계속 일본에서 아키타견을 수입하던 미국 애견가들 입장에서는 AKC의 결정은 사실상의 아키타견 수입금지 결정으로 받아들일 수밖에 없었다. 이렇게 되어 미국과 일본 아키타견 사이의 혈연적 교류가 완전히 단절되게 되었고, 결과적으로 두 견종은 다른 길을 갈 수밖에 없었다.

중국 황실의 귀염둥이던 페키니즈가 2차 아편전쟁 이후 청 황실을 약탈한 영국군들에 의해 세계인들의 사랑을 받는 개가 되었듯이, 일본의 아키타견도 2차 세계대전 패전 이후 일본 본토에 진주한 미군들을 통해 전 세계적으로 인기 있는 개로 자리 잡았다.

개들 입장에서 보면 자신들의 원산지 국가가 패전하고 승전국으로의 유출된 것으로 생각될 수도 있다. 이런 특정 견종들의 세계화 과정을 보면서 역사의 변화무쌍함을 다시 한 번 생각해 볼 수 있는 것 같다.

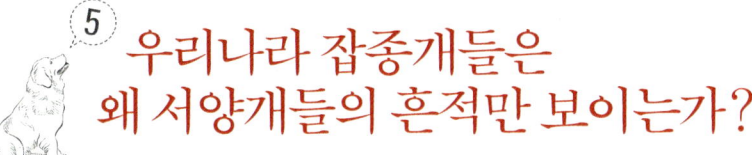

5 우리나라 잡종개들은 왜 서양개들의 흔적만 보이는가?

일본이 우리나라
야생동물들에게 끼친 해악

아베신조(安倍晋三) 일본 총리를 포함한 일본의 유력 정치인들은 최근 경쟁적으로 아시아인들에게 악몽과 같았던 일제(日帝)의 침략 역사를 부정하고, 진실을 외면하는 망언들을 서슴지 않고 하고 있다. 일본 극우파 정치인들의 이런 의도된 망언들은 자국 내 선거를 염두에 두고 일본 유권자들의 표를 결집시키기 위한 성격이 강하다.

유감스럽게도 일본 극우파 세력의 총 집결체인 자민당(自民黨)의 이런 우려스러운 행보는 앞으로도 계속될 것 같다. 자민당은 2012년 하원에 해당되는 중의원(衆議院) 선거와 2013년 상원에 해당되는 참의원(參議院) 선거에서 승리를 하며 이런 비양심적인 언동을 통해 자신들이 원하는 결실을 계속 거두고 있다. 오히려 최근 선거를 통해 자민당은 장기집권의 기반까지 굳혀가고 있다.

오직 권력만을 추구하는 일본 극우파 인사들에게는 침략역사의 진실은 반성의 대상이 아닌 불편한 존재일 뿐이다. 또한 그들에게는 수십억 아시아인들의 명예와 자존심 그리고 이웃 국가들과의 선린외교는 거추장스러운 일에 불과하다.

권력욕에 완전히 눈이 어둡게 된 일본 극우 정치인들은 오로지 일본 내 보수 성향 유권자들을 결집시켜 더 많은 표를 획득하고, 이를 통해 정권을 최대한 연장하는 것을 가장 큰 목표로 삼는 것 같다.

일본은 20세기 들어 보편적인 인류애를 가진 인간으로서는 도저히 할 수 없는 악행을 자행했다. 일본은 1937년 12월부터 2개월 동안 국민당의 수도였던 난징(南京)을 함락하면서 수십만 명의 무고한 중국 민간인들을 학살했다. 당시 일본군들은 마치 지옥에서 튀어나온 악귀(惡鬼)와도 같아서 재미삼아 중국인들을 학살하였다. 일본군들은 여자, 어린이, 노인 구분 없이 무차별적으로 죽이고 시체를 유린하였다.

전후 실시된 1946년 전범들을 대상으로 한 도쿄 재판에서 난징대학살로 인해 약 13만 명의 중국인들이 학살되었다고 했다. 하지만 당시 중국인 희생자 수가 30만이 넘는다는 주장도 있다. 여하튼 난징대학살은 인류 역사상 최악의 전쟁 범죄 중 하나라는 데 이견을 다는 사람들은 없다. 적어도 일본인을 제외하고는 그렇다.

또한 일본은 태평양전쟁 중 731부대라는 생체실험 부대를 운영하면서 전쟁 포로나 현지 주민을 대상으로 한 잔악한 생체실험을 하였다. 그 이야기를 들으면 무서워서 밤에 잠을 자기도 힘들 정도다. 그뿐이 아니다. 나이 어린 조선 부녀자들을 유인, 납치하여 이들을 전장에 끌고 다니며 위안부로 삼는 만행을 저질렀다.

잔악한 일본은 식민지 조선에 살던 사람들에게만 용서받기 어려운 만행을 저지른 것이 아니다. 그들은 조선의 야생동물들에게도 엄청난 악행을 저질렀다. 당시 일본은 사람들의 안전을 확보하고 농사에 방해되는 동물을 없앤다는 명목으로 순사, 헌병 수천여 명을 동원하여 대대적인 야생동물 퇴치 작업에 나선다. 일본이 벌인 야생동물 씨 말리기 작업은 해수구제(害獸驅除)라는 명목으로 진행되었다.

조선총독부 총계연보 등에 의하면 호랑이 141마리, 표범 1,092여 마리, 늑대 2,652마리 등이 포획되었다고 한다. 그 외에도 수많은 곰, 여우, 노루, 멧돼지도 포획되었다. 당시 식민지 당국에 신고하지 않고 사냥된 동물들도 더 많았을 것으로 감안하므로 일본의 해수구제 작업을 통해 한반도에 서식하던 대형 포식동물들은 거의 멸절된 것으로 추정된다.

당시 식민지 정부가 야생동물 사냥에 열중한 것은 일본 상류층과 일부 사냥꾼들을 중심으로 한 호랑이, 표범 등과 같이 일본에 살지 않던 대형 포식동물들의 털가죽이나 헌팅 트로피(hunting trophy)에 대한 수요가 있었기 때문이다. 트로피는 짐승을 사냥하고 나서 그 머리를 잘라 박제로 만든 것이다. 트로피는 주로 장식용으로 걸어둔다. 사냥꾼들은 주로 대형 사슴, 곰, 사자, 호랑이 등과 같은 대형 동물들을 이용하여 만든 트로피를 선호하는 경향이 있다.

또한 일본의 어부들은 독도에서 평화롭게 살던 수만 마리나 되던 바다사자의 일종인 독도강치의 씨를 말리는 만행을 저지르기도 한다. 그들은 강치들을 죽여 기름도 짜고 가죽 제품으로 만들어 사용하였다. 어느 일본 회사는 지금의 엑스포에 해당되는 만국박람회에 독도강치로 만든 가죽 제품을 출품하기도 했다.

만약 일제 강점기 당시 이런 동물들에 대한 학살행위를 일본인들이 자행하지 않았다면 지금 한반도는 멸종위기에 처한 세계적으로 귀한 야생동물들이 사는 생태계의 보고가 되어 있을 것이다. 하지만 일본이 한반도에 사는 우리의 동물들에게 미친 해악은 여기서 끝나지 않았다.

제2차 세계대전 당시 엄청난 규모의
군수피혁 공급이 필요했던 일본

●

일본의 식민지 수탈이 극성을 부리던 1940년대 일본은 느닷없이 조선 토종견 말살정책을 펼친다. 그 결과, 조선의 토종견은 멸종위기에 처하게 된다. 일본이 갑자기 왜 토종견을 말살하려 했을까, 일본인들은 개고기를 먹지 않는 민족이다.

그렇다고 일부 군용견을 제외한 개가 전시에 꼭 필요한 전략 물자로서의 가치가 있는 것도 아니다. 쉽게 이해가 가지 않는 일이다. 일본이 당시 왜 조선에서 토종견을 말살시키는 정책을 폈는지 이해하기 위해서는 태평양전쟁 당시 일본의 군수물자 조달에 대해 알아볼 필요가 있다.

일본의 마지막 막부인 도쿠가와 막부는 거대한 군선을 앞세운 미국 페리 제독의 거듭된 개항 요구에 1853년 결국 굴복하고 개항을 결정한다. 도쿠가와 막부는 청나라가 영국과의 아편전쟁 때문에 난리가 났다는 사실을 이미 알고 있었던 일본은 힘으로는 자신들이 서양국가와는 상대가 되지 않음을 알았기 때문이다.

그 결과 일본은 1854년 미국과 친선조약을 체결한다. 그리고 발 빠르게 서구의 문물과 지식을 받아들이기 시작한다. 전형적인 농업국가인 일본은 그 시기를 거치면서 놀라울 정도로 빠른 속도로 산업국가로 변모한다. 또한 정치체

제도 전근대적인 봉건주의를 벗어나서 중앙집권제로 바뀌게 된다. 개화 과정에서 도쿠가와 막부를 타파하고 왕정을 복귀를 주장하는 토막파(討幕派)가 힘을 얻게 되고 결국 265년 동안이나 일본 국왕을 허수아비로 만들었던 도쿠가와 막부는 무너진다.

일본은 메이지유신(明治維新)을 통해 강력한 중앙집권적 국가로 탈바꿈한다. 이후 일본은 신장된 국력을 바탕으로 본격적인 제국주의국가로 탈바꿈하고 본격적인 침략의 역사를 시작한다. 일본은 1894년 청일전쟁, 1905년 러일전쟁에서 연이어 승전하고, 타이완(臺灣)과 조선을 차례로 식민지로 삼는다. 그 결과 일본은 아시아 유일의 제국주의국가로 성장한다.

제1차 세계대전이 발발하자 당시 유럽은 전쟁터로 전락하게 된다. 그러면서 서구 국가들의 생산력은 수직으로 급감하지만 전쟁의 피해가 없었던 일제는 그 기회를 놓치지 않고 상상하기 힘들 정도의 경제 호황을 누린다.

하지만 1차 대전의 종전 이후 서구의 생산력이 회복될 즈음 전 세계적인 불황이 찾아오면서 일본은 찬 서리를 맞게 된다. 설상가상 위축되어 가던 일본 경제는 1923년 40만 명 이상의 사망자가 난 관동대지진(關東大地震)으로 결정타를 맞게 된다.

그런데 관동대지진 당시 일본 정부는 누적된 일본 국민들의 불만을 다른 방향으로 돌리기 위해 조선인들과 사회주의자들이 대지진을 틈타 일본에서 폭동을 일으키려 한다는 헛소문을 퍼트려 민간인들로 구성된 자경단(自警團)은 물론 군·경까지 조직적으로 동원하여 학살하는 만행을 저질렀다. 물론 이에 대해 일본 정부는 아직까지 어떤 사과나 보상을 하지 않고 있다.

2013년 공개된 강효숙 박사가 발굴한 당시 독일의 외교문서에 의하면 관동대지진 당시 학살된 조선인의 수는 23,058명에 이른다. 그동안 거의 정설처럼 믿어지던 상하이 임시정부의 기관지 독립신문이 공개하였던 사망자 수 6,601

명의 3.5배에 이르는 규모다.

일본이 심각한 불황을 타개하기 위해 선택한 길은 침략이었다. 즉, 전쟁을 일으켜 고용과 생산을 단기간에 증대시켜 경제위기를 극복하는 방법이었다. 일본은 1931년 터무니없는 평계를 구실삼아 만주사변(滿洲事變)을 일으키고 만주 전역을 파죽지세로 점령한다. 1932년 괴뢰국인 만주국(滿洲國)을 세우며 청(淸)의 마지막 황제 푸이(溥儀)를 국가원수로 옹립한다.

엄청난 식탐을 가진 일본은 만주사변 종료 후 더 큰 소비시장과 안정적인 원료 공급처 확보라는 유혹에 빠지고 만다. 물론 그 방법도 전쟁이었다. 이번에는 만주사변보다 더 큰 규모의 거대한 전쟁이었다. 일본은 중국 대륙을 통째로 점령하기 위해 1937년 중일전쟁(中日戰爭)을 일으킨다. 개전 초 일본의 공격은 거침없었다. 난징(南京), 우한(武漢), 광저우(廣州) 등을 점령하며 빠른 시일 내 전쟁을 마무리할 것 같았다.

하지만 국공합작(國共合作)을 통해 단일 대오로 항일전선을 구축한 중국의 저항이 만만치 않았다. 장제스(蔣介石)의 국민당군과 마오쩌둥(毛澤東)의 공산당군의 항전은 예상외로 거셌다. 일본군은 적지 않게 당황하게 된다.

중국과의 전황은 일본에게는 군수품을 무한정 쏟아 부어야 하는 거대한 블랙홀과도 같았다. 중국전선은 한없이 교착 상태에 빠지고 보급선은 계속 늘어지기만 했다. 일본에게는 뭔가 전환점이 필요했다. 원유, 철강 등 부족한 자원 확보를 위해 동남아시아 정벌 필요성이 일본 내 이루 세력들에 의해 제기되었다.

당시 미국은 일본의 무분별한 팽창 정책에 대해 강한 반대를 하고 있었다. 미국은 다른 나라들의 대 일본 석유류 및 철강제품 수출을 제한하며 서서히 일본의 목줄을 죄고 있었다. 일본에게는 이런 미국의 존재는 눈엣가시와도 같았다.

그런 와중에 일본은 나치 독일의 폴란드 침공으로 유럽 전역이 불바다가 되고 미국의 관심이 유럽 대륙으로 옮아가게 되자, 미국을 상대로 한 무모한 전쟁을 일으킨다. 1941년 12월 8일 야마모토 이소로쿠(山本五十六) 사령관이 이끄는 일본 연합함대는 한가하게 휴일 아침을 즐기던 미국 하와이의 진주만을 기습 공격한다.

하와이는 미국 태평양함대 사령부가 있는 군사 요충지였다. 일본군은 작전 중이던 항모 3척을 제외한 정박 중이던 대부분의 함대를 궤멸시킨다. 전함 8척을 파손시키고 전투기 100여 기 이상을 파괴하는 상당한 전과를 거둔다. 기습 공격으로 인한 미 해군의 전사자 수도 2천 명이 넘었다.

하지만 일본의 도발과 그로 인한 작은 성공은 권투로 치면 플라이급 선수가 헤비급 선수에게 도전장을 내민 무모한 도전 그 이상도 그 이하도 아니었다. 그것도 일본이 택한 도발 방법은 헤비급 선수가 낮잠을 자는 시간에 갑자기 뒤통수를 친 것과도 같은 비겁한 기습공격이었다. 일본의 이런 비열한 공격은 제국의 멸망만 촉진시키는 결과를 불러왔다.

미국은 일본의 기습공격에 전 국민이 격분하고 기습 공격 몇 시간 후 상하 양원은 일본과의 전쟁을 승인하고 정식 선전포고를 한다. 이렇게 미국과의 전쟁이 새로 시작된 일본군은 엄청나게 긴 전선을 추가로 가지게 되었다. 일본군이 전쟁을 벌이고 있는 중국, 동남아, 인도 접경 지역, 태평양 등 주요 전선에서는 그야말로 어마어마한 전쟁 물자를 계속 요구하게 되었다.

원래 인적, 물적 자원의 동원 능력이 미국과 비교하여 현저하게 떨어지던 일본의 군수용품 조달능력은 1941년 태평양전쟁 개전 이후 서서히 고갈되기 시작한다. 일본은 1937년 중일전쟁 개전 이후부터 한반도에서 사용 가능한 물적, 인적 자원을 총동원하고 있었다. 공부하던 학생들을 징병하는 것은 물론 중년층 남성들도 징용하여 탄광이나 노동 현장으로 보냈다. 물론 이런 와중에서 쌀, 쇠붙이 같은 전쟁에 필요한 식량과 금속은 죄다 징발하였다.

특히 만주 등 추운 지역에서 겨울을 보내야 하는 관동군 등을 위한 방한용품과 전투기 조종사를 위한 항공용 의복 제작을 위한 피혁(皮革)의 확보는 일본에게 매우 어려운 과제였다. 일본은 전쟁 상대국인 미국, 영국과는 달리 소와 양 같은 가축들을 산업적으로 키우는 나라가 아니었다. 따라서 피혁류는 다른 물자들에 비해 더욱 구하기 힘든 전략물자였다.

태평양전쟁이 발발한 1941년을 기준으로 겨울이 되면 춥기로 소문난 만주에 주둔하던 악명 높은 일본 관동군(關東軍)은 70만에 달했다. 또한 당시 일본이 보유한 전투기 수는 육군 소속 전투기가 4,826기, 해군 소속 전투기가 2,120기에 이르러 항공복용 피혁의 수요도 대단했다. 지금 계산해도 쉽게 조달하기 어려운 엄청난 피혁류가 필요했을 것 같다.

식민지 조선의 개들을 잡아
군수용 털가죽을 조달한 일본

●

그래서 당시 일본이 생각한 군수용 피혁류 조달 방안 중 하나는 식민지 조선의 개를 잡아 가죽을 벗기고 견피(犬皮)를 활용하는 것이었다. 1940년대 조선은 군량미를 조달하던 식량생산기지였던 만큼 아무리 급해도 농기계 및 운송수단의 역할을 하였던 소를 잡아 그 가죽을 벗길 수는 없었다. 하지만 개는 농사에 기여도 낮기 때문에 개를 잡아 피혁을 사용해도 된다는 점을 일제는 간파했던 것이다.

경북대학교 하지홍 교수의 저서 한국의 개를 보면 일본은 1940년 3월 8일 견피 판매를 제한하는 법령을 발표했다고 한다. 그리고 보다 효율적인 사업

개들이 있는 세계사 풍경

추진을 위해 일본은 조선총독부령으로 설립된 조선원피주식회사로 하여금 그 견피를 독점 매입하도록 했다.

이러한 일본의 조치로 당시 조선의 토종개들은 매년 수만 마리 이상 도축되었고 가죽제품으로 만들어졌다. 이런 슬픈 사연 탓에 조선의 토종개들은 일제 강점기를 거치며 거의 자취를 감추게 된다.

우리 선조들과 함께했던 조선 토종개들이 채우던 그 자리는 1945년 일제 패망 이후 유입된 서양개들의 후손들이 대신 채우게 되었다. 일본에 의해 학살된 토종견 수가 1938년부터 1945년까지 총 150여만 마리나 된다는 주장도 있다. 2009년 기준 우리나라 애견 수가 350만 마리로 추정되므로 일제 강점기 말기 학살되었던 조선 토종개 150만 마리가 얼마나 엄청난 규모였는지는 쉽게 짐작할 수 있다.

많은 토종개들의
멸종이 주는 아쉬움

일본의 강점이 시작되기 전 우리 선조들의 곁에는 소형 토종개들이 있었다. 이런 소형 애견들은 오원 장승업(吾園 張承業)의 작품이나 이름 없는 무명의 민초들이 그린 민화에서 종종 등장한다. 조선시대 화가들의 그림에 등장하는 소형견들의 모양을 보면 시추, 페키니즈, 칭과 같은 티베트가 원래 고향인 개로 추정되지만, 일제 강점기를 거치면서 그 흔적조차 남아 있지 않고 사라지고 말았다.

적지 않은 우리나라 애견인들은 왜 우리나라에는 중국, 일본과는 달리 티베트가 고향인 단두종(短頭種) 계열의 개가 없냐고 의아해한다. 특히 일본이 자랑하는 토종 소형견 칭(Chin)도 통일신라시대 당시 일본으로 전래된 개이다. 그런데 그런 개들이 한 마리도 우리 곁에 남아 있지 않고 멸절된 것은 상식적으로 보면 이해하기 어려운 일이다.

하지만 상식으로 이해하기 어려운 일의 대답은 뻔히 나온다. 위에서 살펴본 것처럼 일제강점기를 거치면서 무수히 많은 토종개들이 일본군을 위한 군수용으로 도륙이 났고, 그 혈통이 제대로 이어지지 못했기 때문이다.

최근 기적적으로 부활한 삽살개를 제외하고는 티베트가 기원지로 추정되는 이런 개들의 혈통이 우리나라에서 완전히 단절된 것은 대한민국 애견인의 한 사람으로서 너무나도 안타까운 일이다.

우리 주변의 많은 잡종개 중에는 정말 토종개 같은 느낌을 주는 개들은 없다. 개인적으로도 진돗개 혈통이 섞인 잡종개 외에 조선 토종개 느낌이 팍팍 나는 잡종개를 아직 본 경험이 없는 것 같다.

정말 안타까운 일이다. 우리 선조들이 힘이 없어 나라를 일본에게 빼앗겼다. 그리고 모진 고초를 겪었었다. 하지만 그 기간 동안 한반도에 살던 우리 선조들만 고초를 겪은 것은 아니다. 한반도의 많은 개들도 그때 일본 제국주의자들의 손에 의해 도륙되었고 그 씨앗을 제대로 남기지 못하였다.

6 중국 문화대혁명과 중국 개들의 시련

피로 얼룩진

중국의 현대 역사

1661년 강희제(康熙帝)의 치세를 시작하여 옹정제(雍正帝), 건륭제(乾隆帝) 삼현제의 치세를 강건치세(康乾治世)라고 부른다. 아마 당시 동서양을 통틀어 가장 막강한 나라는 청나라였을 것 같다. 삼현제 치세 135년은 중국 어느 황조에서도 이루지 못한 태평성대의 시대였다.

하지만 달도 차면 기울듯이 무한할 것 같았던 청의 국력도 이들 황제의 치세가 종료되면서 서서히 기울기 시작하였다. 1840년 시작된 당대 최강국 영국과의 아편전쟁 패전 결과, 청은 제국주의자들의 침탈 대상으로 전락한다. 마치 사자무리 한가운데에 던져진 고깃덩어리 신세로 전락하고 만 것이다.

제국주의자들의 침탈 이후 중국의 역사는 과거의 영광은 찾아보기 힘든 오로지 목숨을 붙이고 삶을 이어가기 위한 엄청난 생존투쟁의 역사로 전환하기 시작했다. 이러한 상황은 악귀 같던 일본제국주의가 1945년 패망하여도 여전히 종료될 수 없었다. 중국 백성들이 흘려야 할 피는 아직도 많이 남아 있었기 때문이다.

1945년 일제의 패망으로 외세는 중국에서 물러나지만 불과 수년의 격차를 두고 연이어 진행된 국공내전(國共內戰), 항미원조(抗美援朝)를 표방하며 참전했던 한국전쟁, 대약진운동(大躍進運動), 문화대혁명(文化大革命)은 적어도 제목 하나하나에 수십만 많으면 수천만의 희생을 요구하였다. 이렇게 중국의 근현대사는 피로 얼룩졌다고 해도 과언이 아니다.

이러한 희생은 중국 대륙에 살던 중국인들에게만 해당되는 것은 아니었다. 당시 격동의 중국에서 살던 중국의 개들에게도 이 기간은 고난의 연속이었다. 같은 기간 동안 많은 중국 개들도 생존의 위협을 받았다. 그러면 비극의 중국 현대사를 살펴보면서 중국 개들도 어떤 고난을 겪었는지 살펴보겠다.

1945년 8월 15일 악귀(惡鬼) 같았던 일제는 연합군에게 패망한다. 그 결과 19세기 말부터 50년 이상 중국을 괴롭히던 일본군들도 대륙에서 철수한다. 하지만 일본군의 패퇴는 중국 대륙에서 새로운 전쟁의 시작을 알리는 신호탄에 불과했다. 일본 패망 1년 후인 1946년 국민당과 공산당은 중국 대륙의 지배권을 놓고 다시 한 번 내전을 벌이기 시작했다.

국공내전(國共內戰)은 1949년까지 총 3년간 계속되었는데, 양 진영 군인 전사자만 해도 무려 320만 명에 달했다. 민간인 사망자도 50만 명이나 되었다고 전해진다. 하지만 국공내전 정도의 희생만으로 중국인들의 희생은 종료되지 않았다.

수백만의 사상자를 내고 국공내전이 종료된 지 불과 1년 후 1950년 중국은 다시 한 번 대규모 희생을 요구하는 국제전에 참전하게 된다. 북한의 기습공격으로 시작된 한국전쟁에서 북한의 패망이 확정적이던 1950년 말 중국은 참전을 결정하고 수십만의 대군을 파병한다.

중공군의 참전으로 거의 마무리 단계였던 전쟁은 다시 전세에 큰 변화가 오기 시작한다. 그런데 한국전쟁의 전세를 뒤집기 위해 중국이 치러야 했던 희생은 엄청났다. 중국의 유력지 런민르바오(人民日報)가 운영하는 궈자런원리스(國家人文歷史) 2013년 7월호에 보도한 바에 의하면, 당시 참전 중국군 숫자는 78만 명이며 이 중 전사자와 실종자가 17만 명, 부상자가 22만 명에 달한다고 한다.

중국 입장에서 보면 한국전쟁 참전으로 39만 명에 달하는 사상자가 발생한 것이다. 이런 대규모 인명 손실은 신생국가로서는 견디기 어려운 희생일 것이다. 하지만 당시 중국의 집권세력 입장에서 보면 한국전쟁은 그리 손해 보는 장사가 아니었다.

마오쩌둥(毛澤東) 국가주석은 한국전 당시 권력기반을 확실히 하기 위해 반드시 필요한 조치를 취할 수 있는 사회적 분위기를 형성하였다. 세계 최강 미국과의 전쟁을 통해 고조되는 중국 본토의 전쟁 분위기, 자본가에 대한 증오심 고취 등 대외적인 위협요인 때문에 그동안 추진하기 힘들었던 토지개혁, 자본가 탄압, 우파 숙청 등을 밀어붙이기 시작하고 원하는 결과를 얻게 된다.

하지만 한국전쟁 참전으로 인한 중국의 인명손실은 대규모 인명손실 사태의 종착점이 결코 아니었다. 한국전 희생자 수는 앞으로 벌어질 중국의 또 다른 비극들에 비하면 규모가 작은 예고편에 불과하였다.

마오 주석은 1958년부터 1960년 3년 동안 낙후된 중국의 현실을 무시하고 단번에 영국이나 미국 같은 강대국을 따라 잡으려는 무모한 계획을 수립하고 추진하기 시작한다. 이른바 대약진운동(大躍進運動)이 시작된 것이다. 마오 주석의 계획의 핵심은 자본과 기술이 부족한 상황인 중국에는 인력에 의존하는 노동집약적인 산업화를 추진하는 것이 옳다는 데 방점이 맞춰져 있었다.

그렇게 하기 위해서 마오 주석은 산업 발전에 꼭 필요한 철강 생산을 위해 많은 마을에 인민공사를 통해 장려한 소형 용광로(土高爐)를 만들어 새로운 대형 공장 건설과 교통 인프라 요구의 필요성을 대체하려 하였다. 당시 중국 정부는 모든 역량을 기울여 이 야심찬 계획을 추진하였으나, 무리한 계획의 부작용과 3년에 걸친 대기근, 그리고 소련의 원조 축소 등으로 결국 참담한 실패로 끝난다.

사실 마오 주석이 야심차게 추진하였던 소형 용광로에서 생산된 철은 질이 낮아서 산업발전을 위해서는 별로 쓸모가 없었다고 한다. 대약진운동과 대기근으로 인해 제2차 세계대전의 전체 사망자와 비슷한 규모인 3천여만 명의 아사자가 중국에서 발생하고 만다. 당시 정확한 아사자의 숫자에 대한 중국 정부의 통계가 없어서 일부 학자들은 적어도 4천여만 명 이상이 아사했을 것으로 추정하기도 한다.

이런 실패는 마오 주석의 정치적인 입지를 크게 약화시키고 만다. 결국 그는 이후 국가주석직에서 은퇴하고 허울뿐인 당주석직만 맡게 된다. 우리나라의 정치권 용어로는 실각, 이선후퇴가 적합한 표현인 것 같다.

개들이 있는 세계사 풍경

분서갱유에 비견될 광기의
역사 문화대혁명과 중국 개들의 비운

●

혁명은 피와 희생을 요구한다는 말이 있다. 중국인들의 혁명을 위한 희생은 수천만 명의 아사자를 낸 대약진운동으로 결코 끝나지 않았다. 대약진운동의 실패로 권력 투쟁에서 축출된 마오 주석은 류사오치(劉少奇) 신임 국가주석과 덩샤오핑(鄧小平) 당총서기 등이 장악한 권력을 찾기 위해 절치부심한다.

그리고 마오 주석 측은 결국 반전의 기회를 잡는다. 이른바 문화대혁명(文化大革命)의 시작이다. 문화대혁명의 기치는 거창했다. 공산주의 이념 종주국인 소비에트연방에서 일어나고 있던 수정주의의 폐해가 중국에서도 일어나는 것을 방지하기 위한 것이라고 했다. 하지만 그 실상은 잃어버린 권력을 되찾기 위한 마오 주석 측의 권력투쟁에 불과하였다.

문화대혁명은 2천여 년 전 진시황이 자행한 분서갱유(焚書坑儒)에 비견될 만큼 잔혹하고 반문명적으로 진행되었다. 그 광기로만 따지면 분서갱유에 절대 뒤지지 않을 수준으로 대륙을 강타하였다. 1966년 시작된 문화대혁명은 10년이 지난 후인 1976년 종료될 때까지 중국을 공포와 비이성 그리고 광기의 시대로 이끌었다.

수많은 지식인과 예술인 그리고 개혁주의자들은 반동으로 낙인이 찍혀 우리나라 학제로 따지면 중고등학생 정도에 불과한 나이 어린 홍위병(紅衛兵, Red Guards)들에게 목숨을 잃기도 했다. 또한 적지 않은 지식인들은 조선시대의 귀향(歸鄉)과 마찬가지 성격인 하방(下放)이라는 미명하에 도시에서 시골로 강제로 쫓겨나기도 했다.

이러한 문화대혁명은 류사오치, 덩샤오핑 등 개혁파에 의해 겨우 소생 기미를 보이던 중국 경제에게 된서리를 내리게 하였다. 문화대혁명은 중국의 경제

발전 시계를 10년 전으로 되돌려 놓은 셈이나 마찬가지다.

10년 동안의 광기 어린 문화대혁명을 주도하였던 세력들은 학문, 예술에 대한 테러를 자행하였다. 이 혁명의 광기에 눈이 먼 사람들에게는 인류의 공동 문화유산이라고 할 수 있는 고서, 고화, 조각품 등의 문화재는 자본주의의 낡은 유물에 불과했다. 따라서 오로지 태우고 부숴야 할 존재 그 이상도 그 이하도 아니었다. 중국대륙을 이렇게 공포에 떨게 하였던 문화대혁명을 보면 "돼지의 눈에는 돼지만 보이고 부처님의 눈에는 부처님만 보인다(豕眼犬惟豕 佛眼見惟佛矣, 시안견유시 불안견유불의)"는 옛말이 떠오른다.

지난 2001년 3월 아프가니스탄의 탈레반정권은 이교도의 상징이라는 이유로 인류의 소중한 문화유산인 바미얀 석불(Barmyan Statues)을 다이너마이트

▶**중국의 잡종개** : 중국 잡종견들은 우리나라 잡종견과는 달리 전통개의 흔적이 좀 남아 있는 편이다. _2012년 중국 윈난 성 리장(離江)에서 촬영

개들이 있는 세계사 풍경

로 폭파하여 세계인들의 비판을 받은 적이 있었다. 탈레반정권의 이런 행위는 광신도들의 미친 행위에 지나지 않지만 그 해악은 결코 회복되지 않는다. 문화대혁명 당시 호위병들의 행동도 탈레반과 별반 다르게 느껴지지 않는다.

그런데 문화대혁명의 불똥은 엉뚱하게도 중국에 사는 중국 개들에게도 튀고 말았다. 부르주아(bourgeois)적인 생활방식을 척결하기 위해 노력하였던 홍위병들의 눈에는 개를 키우는 것도 전형적인 부르주아의 생활 형태로 보였던 것 같다. 참 어이없는 일이다. 그 결과 중국의 많은 개들은 문혁 주도 세력들의 이런 말도 안 되는 이유 때문에 억울하게 죽어 나갔다. 그리고 이들의 그릇된 행위를 반대하던 애견가들이나 개를 키우던 사람들도 많은 고초를 겪었다. 당시 홍위병들의 무서운 기세는 공식 치안조직인 공안(公安)도 함부로 제어할 수 없었다. 무법천지란 바로 이런 상황을 두고 말하는 것 같다.

문혁을 풍자한 것 같은 영화
이퀄리브리엄과 강아지 이야기

문화대혁명 당시 이성이 마비된 혼돈스러운 중국 사회를 생각해보면 마음의 균형이라는 뜻을 가진 영화 〈이퀄리브리엄(Equilibrium)〉이 떠오른다. 한일월드컵이 한창이던 2002년에 제작된 이 영화는 흥행에는 실패하였지만 나름대로 많은 감동과 여운을 남겨준다.

영화의 배경은 제3차 세계대전 종전 후 새롭게 질서가 재편된 지구의 리브리아라는 곳이다. 리브리아는 총사령관이라는 독재자가 국민들을 철저하게 통제하고 감시하는 나라다. 리브리아에서는 전쟁, 폭력, 범죄 등을 일으킬 수 있는 인간의 모든 감정을 철저히 배격한다. 국민들에게 프로지움이라는 약물을 매일 정기적으로 투여하여 감정을 느끼지 못하는 인간으로 만들었기 때문이다.

리브리아는 체제 유지를 위해 인간의 정서를 자극할 수 있는 음악, 미술 같은 모든 예술과 시나 수필 같은 문학작품도 철저히 금지시킨다. 특이하게도 리브리아에서는 강아지도 키워서는 안 된다. 반려동물들도 인간의 감성을 자극하기 때문에 개를 키우는 것은 법적으로 엄격히 금지되어 있다.

〈이퀼리브리엄〉의 주인공은 리브리아의 체제 수호자인 클레릭으로 출연한 크리스찬 베일(Chrisian Bale)이다. 그는 후일 배트맨 시리즈와 터미네이터 시리즈의 주인공으로 성장하는데 그가 액션배우로 자리매김한 것은 이 영화의 공이 크다.

크리스찬 베일은 극중에서 특수경찰인 클레릭의 간부인 존 프레스턴의 역할을 맡으며 영화 중반까지 체제 수호를 위해 무고한 시민들을 탄압하는 악행을 저지른다. 하지만 존 프레스턴은 영화 중간 정도부터 전혀 다른 사람으로 변신하게 된다. 독재자의 주구(走狗)에서 인간다운 세상을 만들기 위한 독립투사로 급변한 것이다. 그가 이렇게 전혀 다른 사람으로 변신한 것은 강아지 한 마리 때문이다. 그는 야간순찰 도중 강아지 한 마리를 발견하지만 차마 죽이지 못하고 자신의 차량에 실어버린다. 하지만 그는 곧 바로 경찰에게 강아지의 존재를 들키고 강아지를 살리기 위해 순찰 중이던 경찰들을 모조리 해치워 버린다. 강아지 한 마리가 주는 힘이 이렇게 큰 것 같다.

갑자기 영화 이야기를 꺼낸 것은 이 글과 영화가 서로 깊은 관계가 있기 때문이다. 영화 속에 등장하는 리브리아를 두고 영화 평론가들이나 관객들은 나치 독일과 일본제국주의를 합쳐 놓은 것 같다고 분석하기도 했다.

하지만 나는 좀 다르게 생각한다. 그렇게 분석하는 것은 서양인들의 시각이며, 동양 사학을 공부하면 리브리아에서 일어난 각종 문화박해는 중국 문화대혁명과 진시황의 분서갱유와 너무 흡사하다는 것을 쉽게 알 수 있다.

개들이 있는 세계사 풍경

특히 리브리아에서 인간의 정서를 자극하여 키우면 안 된다는 강아지를 보면서 문화대혁명 당시 홍위병 등 혁명세력들이 자행한 중국 개 박해사건이 떠오른다. 〈이퀄리브리엄〉의 감독이나 시나리오 작가가 그런 것까지 알고 영화를 만든 것 같지는 않지만, 이 영화가 주는 전체적인 분위기는 문화대혁명 당시 중국과 너무나 흡사한 것 같다.

그런데 리브리아의 총사령관이 국민들에게 개를 키우지 못하게 한 이유에 대해 궁금증이 생긴다. 그는 개를 키우다 보면 사람들이 개에 대해 사랑스러운 감정이 생기게 되고, 기쁨도 느껴지게 되고, 책임감도 느껴진다는 사실을 알았기 때문이라고 생각된다.

문화대혁명을 주도한 세력들이 당시 중국 국민들의 개 사육을 탄압하였던 것은 영화 속 가상국가인 리브리아의 독재자가 개 사육을 금지시킨 것과 비슷한 이유일 것 같다는 생각이 든다.

문화대혁명이 1990년대 우리 집에 미친 영향

그런데 문화대혁명으로 인해 혹독한 수난을 겪었던 중국 개들의 비극적인 역사는 문화대혁명이 끝난 지 20여 년 후인 우리 집에까지 영향을 미쳤다. 당시 필자의 부모님은 서울에서 시추, 요크셔 테리어, 미니어처 슈나우저, 푸들 같은 소형견을 키우셨는데 갑자기 방문한 중국인들 때문에 당황한 적이 있었다.

중국이 개혁개방 노선에 나선 1980년대 이후 중국의 경제는 점차 회복 기미를 보이다가, 1990년대에 접어들면서 본격적인 성장세에 접어들었다. 중국인들은 1990년대 중반 이후 몇 차례 중국인들이 부모님이 사셨던 집을 방문하였다. 그들은 펫숍을 통해 알게 되었다면서 우리 집에서 키우고 있는 시추들을 자기들에게 팔라고 제안하였다.

당시 부모님께서는 누가 우리 집을 중국인들에게 소개했는지에 대해 궁금했지만, 그것보다는 왜 중국인들이 시추 같은 중국 개들을 중국이 아닌 서울에서 찾고 있는 이유가 더 궁금했다고 하셨다.

우리 집을 찾은 중국인들은 부모님에게 "시추, 페키니즈 같은 중국이 원산지인 개들이 문화대혁명을 거치면서 너무 많이 죽었다. 최근 중국이 경제적으로 부흥하다 보니 옛 전통문화에 대한 관심이 증대되었고, 그런 차원에서 중국이 원산지인 개들에 대한 관심이 높아졌다"고 말했다.

그들은 여전히 이해가 가지 않는다는 표정을 지으시는 부모님에게 "중국에는 쓸 만한 시추나 페키니즈가 없다. 만약 있다고 해도 그동안 오랫동안 방치되어 이제 다 잡종이 되었다. 아쉽지만 일본이나 한국에 있는 시추와 페키니즈를 사서 중국에서 키울 수밖에 없다"고 말했다. 그리고 중국인들은 "최근 시추, 페키니즈 같은 중국이 원산지인 개들은 최고의 선물 목록에 들어가서 인기가 높아지고 있다"는 말도 하였다.

20여 년 전 우리 집을 찾은 중국인들의 말을 종합하면 중국이 원산지인 소형견들은 당시 중국에서 멸절된 상태나 마찬가지라는 얘기였다. 설령 문화대혁명을 거치면서 기적적으로 살아남은 녀석들이 있다고 해도 체계적인 관리를 받지 못해 잡종화가 되었다는 것이다.

만약 19세기 말~20세기 초 중국에서 미국, 영국 같은 외국으로 유출된 시추나 페키니즈가 없었다면 자칫 그런 개들은 역사에서 멸종될 뻔했다는 귀결을 내릴 수 있다. 그렇게 따지면 21세기 중국의 거리에서 만날 수 있는 시추, 페키니즈 등은 100여 년 전 중국에서 외국으로 진출하였던 개들이 다시 한국, 일본 등을 통해 중국으로 귀국하여 낳은 자손들일 가능성도 있다.

개들이 있는 세계사 풍경

7 몽골 전통 개들을 통해
분석한 동아시아 역사 교류

티베탄 마스티프의 후예 방카르와
북방 스피츠 타이가

칭기즈칸(成吉思汗)의 영도 하에 인류 역사상 가장 크고 강력한 제국인 몽골제
국(Mongol Empire)을 건국한 영화를 간직하고 있는 나라 몽골(Mongolia), 중
원에 세웠던 몽골제국의 종주국 이름은 으뜸이라는 뜻을 가진 원(元)이었다.
'몽골족이 세상의 으뜸'이라는 의미이다. 이렇게 몽골은 자기 나라에 대한 자부
심이 강하다.

몽골은 지형적 특성상 시베리아, 티베트, 중국, 중앙아시아, 러시아 등 경계가
닿아 있는 지역들과 오랜 기간에 걸쳐 인적, 물적, 문화적 교류를 하며 지냈다.

그런데 개를 보면 사람의 역사를 알 수 있듯이 몽골의 이런 문화 교류사도 현존하는 여러 종류의 몽골 개들을 보면 알 수 있다. 사람이 지나가는 길에는 늘 개가 함께 지나가기 때문이다.

몽골의 전통견들은 크게 세 종류로 구분할 수 있다. 다만 몽골은 아직 개의 혈통 대한 관리가 부실하여, 세 종류로 분류된 개들을 견종(犬種)이라고 확실하게 단정하기는 어렵다.

가장 대표적인 견종은 방카르(Banhar) 또는 가르츠(Gharzh)라고 불리는 티베탄 마스티프 계열의 대형견이다. 방카르는 과거 티베트의 승려들이 몽골로 불법(佛法)을 전파하기 위해 올 때 티베트에서 호위견 목적으로 데리고 왔던 티베탄 마스티프의 후손으로 추정된다.

몽골은 공산화되기 전까지 전체 인구의 90%가 티베트 불교신자였다. 지금도 인구의 50% 정도는 티베트 불교를 믿고 있다. 따라서 방카르라는 몽골 개를 보면 과거 티베트 불교를 매개로 하여 활발하였던 몽골과 티베트 양국의 문화 교류를 충분히 짐작할 수 있다.

다음으로는 우리나라 진돗개와 유사하게 주둥이 끝이 뾰족하고 귀가 쫑긋 선 타이가(Taiga)라는 북방 스피츠 계열의 개다. 이 개는 이스트 시베리안 라이카와 혈연적으로 가까운 개로 추정되고 있다.

타이가는 원래 바이칼 호수 인근에 사는 부랴티아(Buryatia)인들의 개였는데, 몽골 북부로 이동한 일부 부랴티아인들에 의해 몽골로 전래되었다고 한다. 부랴티아족들은 외모에서 나타나듯이 몽골족의 일파이다.

부랴티아인들은 몽골인들이 믿는 티베트 불교를 오래전부터 믿어왔다. 지금도 많은 부랴티아인들은 티베트 불교를 여전히 믿고 있다. 부랴티아인들은 여전히 티베트 불교를 통해 몽골과 정신적인 유대 관계를 가지고 있다고 볼 수 있다.

러시아에는 불교 신도가 약 30만 명 있는데, 그 대부분은 티베트 불교를 믿고 있다. 그런데 러시아의 불교 신도들은 전국적으로 고르게 퍼져 있지 않고 바이칼 호수 인근에 사는 부랴티아족과 체첸공화국 인근에 있는 칼미키아(Kalmykia) 공화국 사람들로 주로 구성되어 있다. 칼미키아는 몽골족의 일파인 오이라트(Oirates)가 세운 나라에서 출발하였는데, 흔히 유럽 유일의 불교국가라고 부르기도 한다.

그런데 몽골족의 일파인 부랴티아족 사람들을 보면 우리와는 다른 사람 같이 느껴지지 않는다. 그들은 우리 무속신앙에서 흔히 볼 수 있는 선황당과 솟대를 가지고 있으며, 무당 굿 내림도 우리와 비슷하게 한다. 바이칼 호수를 한민족의 기원지라고 하는 사람들이 있는데, 부랴티아인들을 보면 새삼 그 이야기가 떠오른다.

몽골 초원의 사냥개
시각형 하운드 보르즈

다시 몽골의 개 이야기로 돌아간다. 세 번째로 소개하는 몽골견은 보르즈(Borz)라고 부르는 시각형 하운드(Sight Hound)들이다. 보르즈는 살루키, 그레이 하운드, 아프간 하운드 등과 같이 중동 지역을 원산지로 둔 시각형 사냥개들과 같은 뿌리인 개다.

보르즈의 선조들은 이집트나 중동에서 중앙아시아의 메마른 초원을 거쳐 몽골로 유입된 것으로 보인다. 그런데 몽골의 보르조들은 몽골군의 대규모 서역 원정 당시 러시아로 전해진 것으로 추정된다. 따라서 이 보르조는 러시아의 대표적인 시각형 하운드 보르조이(Borzoi)의 탄생에도 기여했을 가능성도 제기되고 있다.

러시아에 시각형 하운드들이 도입된 경로를 놓고 크게 두 가지 설이 엇갈리고 있다. 두 주장이 모두 그럴 만한 이유가 있어 보여서 어느 것이 옳다고 단언하기도 어렵다. 하나는 비잔틴제국(Byzantium Empire)을 통해 이집트나 중동의 시각형 하운드들이 전래되었다는 주장이고, 다른 하나는 몽골의 러시아 원정 때 몽골군이 데리고 갔다는 주장이다.

필자의 생각으로는 수백여 년에 걸쳐 서서히 비잔틴제국에서 러시아로 시각형 하운드들이 전래되다가, 몽골군의 대규모 러시아 원정 당시 원정에 참여하였던 많은 시각형 하운들이 전래되었을 수도 있을 것 같다. 즉, 두 가지 가설이 모두 맞을 것 같다고 추정된다.

북방 유목민족들의
사랑을 받았던 차우차우

방카르, 타이가, 보르즈 같은 생소한 이름의 몽골 개 외에도 우리에게 익숙한 몽골 개도 있다. 앞서 사자개 편에서 자세히 소개했던 일명 송사견(鬆獅犬)인 차우차우(Chow Chow)다. 전문가들의 견해가 다소 엇갈리지만 이 개의 고향은 외몽골이라고 불리는 현재의 독립국가 몽골과 지금은 중국령인 내몽골이 포함된 중국 북부 지역이다.

이는 차우차우가 과거 몽골, 여진, 거란 등 중국의 국경을 위협하던 유목민족들의 역사를 공유하는 개라는 뜻으로 중국 북방 유목민족들이 공통적으로 키웠던 개가 차우차우라는 것이다. 차우차우라는 같은 개를 여러 북방 민족들이 키웠다는 것은 과거 중국 북방에 살았던 유목민족들은 서로 교류가 많았

개들이 있는 세계사 풍경

다는 것을 의미한다.

차우차우는 유목민족의 생활에 필요한 경비견, 목양견으로도 활용되었지만 식용의 목적이나 털가죽의 주요 공급원으로서의 역할도 한 것으로 전해지고 있다. 차우차우라는 개에게는 안타까운 일이지만 북중국 지역에서는 오랫동안 차우차우 고기는 천하의 진미(珍味)라는 인식이 있었다.

몽골의 전통 개들을 통해 몽골과 그 주변국들의 문화 교류에 대해 알아보았다. 사람에게 가장 친근한 동물이며 친구는 누가 뭐래도 개일 것이다. 그래서 사람과 개는 항상 같이 이동하고 같이 살아왔었다. 따라서 개를 통해 여러 나라들의 오랜 관계와 영향을 분석하는 것은 유의미하고 재미있는 분석 방법이다.

몽골 개에 대한 글을 마치면서 그동안 몽골에 대해 무지(無知)하였던 필자에게 몽골과 몽골 개들에 대한 많은 영감과 지식을 제공하였던 블로거 파도님께 감사를 드린다. 파도님은 몽골의 수도 울란바토르에서 생업에 종사하면서 국내 언론사가 운영하는 블로그에 몽골에 대한 재미있는 글을 올리는 분이다.

CHAPTER

2

부비에 데 플랑드르 : 부비에 데 플랑드르는
플랑드르의 대표적 양치기개다.
사진 속의 프랑스 노신사는 지인의 조부.
• 2013년 8월 프랑스 노르망디에서

북유럽 해적 바이킹들의 명견 보더 콜리

① 북유럽 해적 바이킹들의
명견 보더 콜리

주변국들을 괴롭혔던
동양의 악질 해적 왜구

14~16세기경 한반도와 중국 해안가에는 왜구(倭寇)라고 불리는 일본인 해적(海賊)들이 수시로 출몰하였다. 왜구들은 무고한 사람들을 대상으로 약탈, 방화는 물론 심지어 강간과 살인도 서슴지 않고 벌였었다. 따라서 고려를 비롯한 일본 주변국의 국민들은 이런 왜구 때문에 필설로 형용하기 어려운 고통을 겪었었다.

왜구의 발호가 최고조에 달하던 여말(麗末) 우왕(禑王) 때는 당시 국가 징수체계의 중추였던 조운(漕運)이 위협받는 비상사태까지 발생하였다. 이는 왜구들이 세금 운송시설인 곡물 운반선들을 집중적으로 노략질을 하였기 때문

개들이 있는 세계사 풍경

이다. 그 결과 고려에서는 정상적인 조세 징수가 어렵게 되어, 당시 조정에서는 수도인 개경(開京, 지금의 개성)을 버리고 왜구의 손길이 덜 닿는 내륙 도시로 수도를 옮기자는 천도 주장까지 나왔었다.

왜구들의 활동범위는 처음에는 전라도, 경상도와 같이 일본과 가까운 해안가에 국한되었지만 왜구의 세력이 날로 팽창하면서 이들의 활동 범위도 확장되었다. 왜구들은 남해안에 이어 충청도, 경기도, 황해도 심지어는 평안도까지 그 영역을 넓혔다. 또한 왜구들은 시간이 지날수록 해안 지역 위주의 노략질에서 벗어나 내륙 깊숙한 곳까지 침범하는 대담성을 보이기도 했다.

최영(崔瑩), 최무선(崔茂宣), 이성계(李成桂) 등 지금도 우리 역사책을 화려하게 장식하는 여말 장수들은 당시 백성들을 성가시게 괴롭히고 국가의 정상적인 운영도 힘들게 하였던 왜구들을 물리친 명장들이다. 당시 왜구들은 지금으로 치면 독한 농약을 많이 뿌려도 잘 죽지 않는 끈질긴 진드기와도 같았다.

왜구들의 이러한 극성스러운 활동은 중앙정부의 통제약화와도 어느 정도 관련이 있다. 일본인들은 전통적으로 이중적인 행동을 잘하는 민족인데 19세기 중엽까지 그들의 정치행태도 그렇다. 일본은 그들의 임금을 일왕이라고 하지 않고 여전히 덴노(天皇, 천황)라고 높여 부르고 있다. 명칭으로만 보면 일본은 중국, 러시아에서는 이미 사라진 지 오래된 세계 유일의 황제가 남아 있는 국가라고 말할 수 있다. 이렇게 자기 나라 임금에 대한 과한 호칭을 사용하는 것은 일왕을 사람이 아닌 신(神)으로 보는 의식이 있기 때문이다. 일본인들은 자신들의 왕은 그 혈통이 숭고한 만세일손(萬世一孫)이라고 치켜세운다.

하지만 일본의 역사를 보면 일본인들은 그렇게 말로는 과할 정도로 존경해 마다 않는 일왕을 천 년 넘게 실권 없는 장식품과 같은 존재로 대우하였다. 대신 중앙정치는 권력을 가진 엘리트 무사집단들에 의해 좌지우지하였다. 쇼군(將軍)이라는 무신들이 수장이 되어 바쿠후(幕府, 막부)라는 내각을 구성하고 국정을 운영한 것이다. 막부가 지방에 제후까지 두고 통치를 하였으니 막부는 일종의 봉건군사독재정권(封建軍事獨裁政權)이라고 말할 수 있다.

왜구가 극성을 부리던 때는 일본 역사에서 무로마치 막부(室町幕府)에 해당되는 시절이다. 그런데 당시 무로마치 막부의 쇼군은 고려, 명 등 주변국들로부터 왜구의 발호를 막아달라는 요청을 거듭 받았지만, 방관자적인 입장만 거듭 취하였다. 사실 무능한 무로마치 막부는 다른 막부들과는 달리 지방에 대한 통제력이 거의 없었다.

무로마치 막부 말기에 접어들면서 일본은 센고쿠시대(戰國時代)로 접어들며 지방의 영주인 다이묘(大名)들은 무한경쟁을 벌이게 된다. 이런 무로마치 막부 당시의 현실 때문에 이키 제도(壹岐諸島), 쓰시마(對馬島) 등 규슈(九州)에 부속한 도서에 기반을 마련하고 활동하던 왜구들은 주변국을 상대로 강도짓, 해적질하며 물자를 조달하였다.

왜구가 역사에서 사실상 소멸된 것은 일본을 통일하고 강력한 권력을 쥐게 된 도요토미 히데요시가 1588년 해적 금지령을 발표한 후부터다. 하지만 도요토미는 해적질을 금지하고 나서 불과 4년 후에 대병을 일으켜 조선을 침공하고 만다. 여하튼 일본이라는 이웃은 지금이나 과거나 나쁜 이웃(惡友)임에 틀림없는 것 같다.

유럽에서 맹위를
떨쳤던 바이킹

●

동아시아에 이런 진드기 같은 왜구가 출몰하였다면, 북유럽에도 왜구와 비슷한 역할을 하던 해적들이 있었다. 서기 9~11세기 스칸디나비아 반도에는 해적 활동을 하며 생계를 꾸린 사람들이 상당히 많았다. 후세 사람들은 이들을 다 합쳐서 흔히 바이킹(Viking)이라고 부르지만 실상 그들의 속성은 노략질을 하던 해상 강도들이다.

바이킹들도 일본의 왜구와 비슷하게 주변 나라들을 약탈하며 생계를 꾸렸다. 그렇지만 바이킹들의 활동범위는 왜구보다는 상당히 넓었다. 그들은 롱 쉽(long ship)이라 불리는 기다란 배를 타고 북유럽에서부터 남유럽은 물론 북아프리카까지 진출하였다. 또한 일부 바이킹은 오늘날 국경선으로는 캐나다에 속하는 북아메리카 북동쪽 해변까지 진출하였다.

당시 이렇게 광범위한 지역에서 활동하던 스칸디나비아인들을 바이킹이라고 통칭하지만, 이들을 학술적으로 부를 때는 북쪽 사람이라는 뜻의 노르드인(Norsemen)이라고도 부른다.

바이킹이라는 말은 민족을 의미하는 말이 아니다. 따라서 바이킹이라고 불리던 해적들은 다양한 민족들로 구성되었다. 바이킹은 크게 노르웨이계, 덴마크계, 스웨덴계로 구분된다. 그런데 민족에 따라 바이킹들의 활동 무대도 상당한 차이가 있다. 노르웨이계와 덴마크계 바이킹들은 영국, 프랑스, 스페인 같은 서부 유럽을 주로 공략한 반면, 스웨덴계 바이킹들은 러시아, 비잔틴 제국 등과 같은 동부 유럽에서 활동하였다.

노르웨이계
바이킹들의 활동

●

노르웨이 바이킹들은 영국과 노르웨이 사이에 있는 북해(北海)를 건너 스코틀랜드, 웨일즈는 물론 멀리 스페인 땅까지 진출했다. 노르웨이계 바이킹들은 스코틀랜드 부속 도서 오크니 제도와 셰틀랜드 제도도 침공하여 오랜 기간 동안 소유하기도 했다. 또한 그들은 아이슬란드를 식민지로 삼았고, 현재 국경선으로는 덴마크령에 속하는 그린란드(Greenland)까지 자신들의 세력권에 두었다.

심지어 일부 노르웨이계 바이킹들은 11세기경 현재는 캐나다의 영토에 속하는 뉴펀들랜드(Newfoundland), 노바스코샤(Nova Scotia)까지 진출한 것으로 알려지고 있다. 만약 노르웨이계 바이킹들의 아메리카 대륙 진출이 학문적으로 확실히 증명된다면 상당히 중요한 의미가 있을 것이다. 유럽인들 입장에서 말하는 "콜럼버스가 1492년 아메리카 대륙을 발견했다"는 역사적 문구도 "노르웨이계 바이킹들이 콜럼버스보다 400여 년 전에 아메리카 대륙을 먼저 발견했다"로 수정해야 할 것이다.

현재까지 알려진 바로는 노르웨이계 바이킹인 리프 에릭슨(Lief Ericson) 일행이 뉴펀들랜드 인근 지역에 상륙하여 1년 정도 생활한 것으로 전해지고 있다. 그들은 그곳을 포도의 땅이라는 의미의 바인랜드(Vineland)로 명명하기도 했다고 전해진다.

노르웨이계 바이킹 중 가장 큰 활약을 한 사람은 롤로(Rollo)다. 그는 프랑스의 샤를 3세(CharlesⅢ)와의 협상을 통해 영국과 바다를 마주하는 지역인 노르망디(Normandy)를 영구 할양받는다. 롤로는 그곳에 자신의 왕국인 노르망디공국(公國)을 건국하고 초대 노르망디공(公)에 오른다. 당시 롤로는 프랑스로부터 노르망디 지역을 할양받는 조건으로 샤를 3세의 봉신(封臣)이 되고 더 이상의 프랑스에 대한 약탈행위를 중단하기로 약속한다.

프랑스가 해적 무리의 수장에게 상당한 영토를 할양할 정도였다면, 그 당시 3만여 명으로 추정되는 롤로의 수하 바이킹들이 얼마나 프랑스에게 큰 두통거리였는지 쉽게 짐작할 수 있다. 이 글의 줄거리에는 큰 영향이 없지만 일부 역사가들은 롤로가 노르웨이계 바이킹이 아닌 덴마크계 바이킹이라고 주장하기도 한다. 롤로의 고향을 놓고 논쟁이 있을 정도로 롤로는 아직도 북구인들에게는 모험과 정복을 상징하는 인물이기도 하다.

롤로의 먼 후손이며 노르망디공이었던 윌리엄(Wiliam the Conqueror)은 1066년 잉글랜드를 침공하여 정복한다. 그리고 그는 당당히 잉글랜드에 바이킹 혈통의 노르만 왕조(Norman dynasty)를 개창한다. 노르만 왕조 이후 영국 왕조는 그 이름이 노르만왕조에서 플란타지네트, 랭카스터, 튜더, 스튜어트, 하노버, 윈저 왕조로 바뀌었지만 왕조의 혈통만은 노르만 계열에서 바뀌지 않았다. 즉, 같은 혈통의 왕조가 그대로 계승되고 있는 것이다.

전 왕조(前王朝)를 유혈혁명으로 붕괴시키고, 전혀 다른 핏줄이 새로운 왕조를 열었던 한국이나 중국과 같은 동아시아권 국가들과는 달리 영국은 분가(分家) 또는 외손(外孫)이 왕조의 혈통을 대신 잇는 방법 등을 통해 노르만 왕조의 혈통을 지난 천 년 동안 계속 유지해왔다. 따라서 현재 영국 국왕인 엘리자베스 2세 여왕을 포함한 윈저 왕조(Windsor dynasty)도 노르만 혈통을 계승한 것으로 봐야 한다.

덴마크와 스웨덴계
바이킹들의 활동

●

덴마크 계열 바이킹들도 노르웨이계 바이킹들과 마찬가지로 영국과 프랑스 연안 지역을 자주 공략하였다. 데인족(Danes)이라고 불리던 그들은 영국 북동부에 상당한 정착지까지 확보하기도 했다. 하지만 그들의 세력 확장은 영국 역사에 영웅으로 기록되는 알프레드 대왕(Alfred the Great, 재위: 871~899년)에 의해 일시적으로 격퇴되기도 한다. 하지만 데인족의 영국 침공은 그 후로도 계속되어 특히 11세기 들어 극에 달하게 된다.

북유럽에 광대한 영토를 소유하였던 데인족의 왕 카누트(Canute)는 노르망디공 윌리엄이 영국을 정복하기 50여 년 전인 1017년 영국 왕으로 추대된다. 데인족의 영국 지배는 카누트 왕 사후 그리 길게 가지는 못했다. 하지만 덴마크는 영국을 잃은 후에도 16세기까지 북유럽의 최강자라는 평가를 받으며 강대국으로 군림하였다. 덴마크는 스칸디나비아의 많은 땅을 오랜 기간 동안 차지했고, 북구의 또 다른 강자 스웨덴도 100여 년 이상 지배하였다.

스웨덴계 바이킹들은 다른 바이킹들과는 달리 서유럽이 아닌 동유럽으로 진출하였다. 그들은 동유럽의 항구를 침공하여 자신들을 위한 전초기지를 세우기도 했다. 그중 일부는 러시아와 비잔틴제국의 수도 콘스탄티노플까지 진출하였다. 또한 스웨덴계 바이킹 중 일부는 러시아에서 용병 활동 등을 하며 슬라브화되는 경향도 보였다. 그런 이들을 루스(Russ)라고 부르기도 하는데, 후일 그들이 러시아 건국에 큰 역할을 했다고 주장하는 이도 있다.

노르웨이 바이킹들의
개 보더 콜리

많은 애견 전문가들은 개들 중에서 가장 영리한 개로 영국이 고향인 보더 콜리(Border Collie)를 추천한다. 그런데 이 영리한 보더 콜리가 한때 노르웨이 바이킹들의 사랑을 받던 개였다는 사실을 아는 사람은 그리 많지 않다.

그러면 보더 콜리가 어떤 경로를 통해 노르웨이에서 영국으로 건너갔는지 살펴보겠다. 현재까지 유력한 주장은 보더 콜리의 원래 주인은 영국 해안가를 자주 침공하던 노르웨이계 바이킹들이라는 것이다. 이렇게 노르웨이 계열의 바이킹들에 의해 스코틀랜드로 온 보더 콜리는 후일 스코틀랜드와 잉글랜드의 국경선(border)이 되는 곳에서 정착하게 되었고, 국경선 근처의 양치기개라는 의미의 특이한 이름인 보더 콜리가 되었다는 것이다.

보더 콜리의 선조에 해당되는 개들은 원래 스칸디나비아인들이 순록을 키우거나 대형 사슴을 사냥할 때 사용했던 목양견 겸 사냥개였다고 한다. 그런 개들이 노르웨이계 바이킹들이 영국을 침공할 당시 그들의 주인들과 같이 북해를 건너 스코틀랜드로 이동했다는 것이다.

천여 년 전에 전쟁을 할 경우, 경계와 수색을 하는 개의 존재는 필수적이었다. 따라서 보더 콜리도 아마 그런 목적을 수행하기 위해 영국 땅으로 건너온 것 같다. 이렇게 영국 땅으로 온 보더 콜리들의 선조들은 후일 현지 목양견들과 혼혈이 되었고, 그런 과정을 통해 현재의 보더 콜리로 완성된 것으로 추정된다.

보더 콜리의 독특한
양치기 기술

보더 콜리를 포함한 목양견들은 사냥개들에 비해 영리한 편이다. 목양견들이 다른 종류의 개들에 비해 영리한 이유는 보다 종합적인 사고가 요구되기 때문이다. 하지만 많은 목양견 중에서 유독 보더 콜리에게만 세상에서 가장 영리한 개라는 영광스러운 수식어를 붙일까? 여기에는 그럴만한 이유가 있다. 보더 콜리의 독특한 양치기 방법을 직접 관찰해보면 왜 그런 수식어가 붙는지 잘 알수 있다.

보더 콜리는 셰틀랜드 시프 도그(Shetland Sheep Dog), 러프 콜리(Rough Collie), 웰시 코기(Welsh Corgi), 오스트레일리언 캐틀 도그(Australian Cattle

▶**보더 콜리** : 보더 콜리가 양떼를 자기가 원하는 방향으로 몰고 가고 있다. _2012년 6월 서울대공원 보더 콜리 양치기쇼

Dog) 등 다른 목양견들과는 다른 독특한 방법을 사용하며 양들을 양치기 개인 자기가 원하는 방향으로 서서히 몰아간다.

보더 콜리는 양 무리 중에서 자기가 원하는 방향으로 가지 않으려는 양들이 있으면 마치 늑대처럼 계속 째려보며 자신이 원하는 방향으로 가게 만든다. 보더 콜리의 이런 양치기 기술을 흔히 아이(eye)라고 부른다. 보더 콜리의 아이라는 기술은 자신들의 친척이며 선조인 늑대에게서 물려받은 사냥 방법이라고 추측하는 사람들도 있다.

늑대는 자기가 잡고 싶은 사냥감이 있다면 그 사냥감에서 시선을 떼지 않고 계속 째려보며 자기가 원하는 방향으로 몰아간다. 이렇게 늑대에게 시선을 제압당한 사냥감들은 오금이 저려 제대로 도망가지 못한다고 한다. 그런 사냥의 결과는 뻔하다. 그 사냥감은 늑대의 먹잇감이 되는 것이다.

물론 보더 콜리의 이런 눈으로 째려보는 양치기 방법을 눈치 없는 양이 따르지 않는 경우도 있다. 그럴 때면 보더 콜리는 다른 목양견처럼 그 양에게 달려

개들이 있는 세계사 풍경

가서 발뒤꿈치(heel)를 물어 버린다. 이렇게 인내력이 한계에 달한 보더 콜리는 가끔 자신의 의지를 더 이상 눈이 아닌 물리력으로 보여주기도 한다.

다른 일부 목양견들도 보더 콜리처럼 양들의 발뒤꿈치를 물기도 한다. 이런 방법을 통해 양을 치는 개들을 '발뒤꿈치를 무는 양치기'라는 뜻인 힐러(heeler)라고 부른다. 오스트레일리언 캐틀 도그, 펨브로크 웰시 코기(Pembroke Welsh Corgi) 같은 목양견들도 이런 힐러의 범주에 속하는 목양견들이다.

명견 보더 콜리가
한국에서 보신탕이 된 사연

많은 애견가들은 보더 콜리가 이렇게 다른 동물들의 발뒤꿈치를 잘 무는 습관이 있다는 점을 안다. 그리고 이런 보더 콜리의 습관이 해당 동물들에 대해 상해나 살상을 목적으로 하지 않고, 자신의 통제를 잘 따르라는 의도에서 실시한다는 것도 알고 있다. 하지만 보더 콜리의 이런 습성을 잘 모르는 일반인들이 이 개를 키울 경우, 자칫 오해를 부를 수 있고, 그 결과 수습이 되지 않는 파국을 맞을 수도 있다.

보더 콜리는 덩치가 크고 목소리도 우렁찬 어른들에게는 철저히 복종하는 성격이다. 하지만 체구가 작고 힘이 약해 보이는 아이들은 자신의 주인으로 여기지 않는 경우가 종종 있기도 하다. 그런 경향 때문에 보더 콜리는 아이들과 장난을 치다가 종종 아이의 발뒤꿈치를 무는 경우가 발생할 수 있다.

그래서 보더 콜리의 주인 입장에서는 보더 콜리야말로 키워준 은혜도 모르고 주인의 아이들을 무는 배은망덕한 개라고 오인할 수도 있다. 그렇게 주인에게 나쁘게 낙인이 찍힌 보더 콜리들은 천하의 명견에서 졸지에 길거리의 유기견으로 전락하기도 한다. 그리고 일부는 한국 특유의 보신탕이 되는 비운을 맞기도 한다.

따라서 이런 비극을 막기 위해서는 아이가 있는 집에서 보더 콜리를 키울 때는 그 개 근처에 아이를 홀로 두지 않게 하는 것이 좋을 것 같다. 어른이 옆에 있으면 영리한 보더 콜리는 그런 일을 하지 않는다.

보더 콜리를 키운 분들은 필자에게 이 개가 사람을 가지고 노는 것 같다는 얘기를 하기도 한다. 워낙 눈치가 비상하여 사람이 무엇을 원하는지 무엇을 싫어하는지 완벽하게 다 안다는 것이다. 자신에게 무엇이 도움이 되는지, 도움이 되지 않는지도 잘 파악한다고 한다.

아래 글은 2013년 초여름 보더 콜리가 주인의 손자 발뒤꿈치를 물어 보신탕이 된 슬픈 사연이다. 필자의 지인(知人)이 전해준 이야기인데, 일부 문맥을 다듬어서 이 책을 통해 소개한다. 이 글을 읽다 보면 세계적 명견 보더 콜리도 우리나라에서는 보신탕 애호가들의 입맛을 즐겁게 하는 한 끼 식사로 전락할 수 있다는 슬픈 현실을 알 수 있을 것이다.

● **필자의 지인이 보내 준 보더 콜리가 보신탕이 된 사연**

개를 좋아하는 어느 노인분이 계셨다. 그분은 목돈을 들여 자신의 마당에서 키울 목적으로 보더 콜리를 구입했다. 영리한 보더 콜리는 노인의 총애를 받으며 행복한 시간을 보냈다. 하지만 보더 콜리의 그런 행복은 길게 가지 못했다.

어느 날 도시에 사는 노인의 손자들이 부모와 함께 보더 콜리가 있는 할아버지 댁으로 놀러왔다. 개를 좋아하는 아이들은 보더 콜리를 보고 무척 좋아했다. 아이들은 보더 콜리와 같이 즐겁게 놀았다. 그런데 아이들과의 놀이 과정에서 보더 콜리는 그만 자신의 DNA에 깊숙이 박힌 양몰이 본능이 발동하였

개들이 있는 세계사 풍경

다. 비극이 시작된 것이다.

보더 콜리는 처음 보는 작은 아이들을 자기 주인으로 인식하지 않고, 그냥 놀이 대상으로 보고 말았다. 즉, 보더 콜리는 아이들을 털이 없는 작은 양으로 생각하고 양떼를 몰듯 아이들을 몰았다. 물론 아이들이 보더 콜리의 통제를 따를 리가 없었다. 보더 콜리는 양들에게 하는 것처럼 아이들의 발뒤꿈치를 물고 말았다. '힐러(heeler)'의 본능이 작동한 것이다.

보더 콜리에게 물린 할아버지의 손자는 놀라서 그만 비명을 지르고 울었다. 아이의 비명 소리를 듣고 급히 마당으로 뛰어온 아이의 어머니는 개가 아이를 물었다고 격분하였다. 그리고 그 분노의 화살을 개주인인 시아버지에게 퍼부었다. 아이가 개에게 물려 울고 있으니, 며느리는 시아버지도 무섭지 않게 느낀 것 같았다.

아이의 엄마의 입장으로 급선회한 며느리는 보더 콜리의 주인인 시아버지에게 아이를 문 개를 당장 집에서 치워줄 것을 요구하였다. 눈에 넣어도 아프지 않을 손자를 문 보더 콜리를 집에서 키우기 어려워진 노인은 며느리의 이러한 요구를 순순히 수용한다. 그리고 바로 그날 보더 콜리를 집에서 치워버린다.

그런데 보더 콜리를 치운 그 장소가 하필 보신탕집이었다. 개주인인 할아버지는 감히 자신의 손자를 문 보더 콜리를 그렇게 응징하고 만 것이다. 개를 좋아하는 다른 사람에게 그 개를 넘기지 않고 바로 보신탕집으로 끌고 간 것을 보면, 노인이 얼마나 화가 났는지 짐작할 만하다.

힐러라는 본능을 순간 참지 못하고 발산시킨 보더 콜리는 짧은 생애를 한국의 한 보신탕집에서 마감하고 만다. 천하의 명견이라고 소문난 보더 콜리도 한국에서는 그저 보신탕 애호가들을 위한 고깃덩어리로 분해되어 몇 그릇의 보신탕이 되어 버리고 만 것이다.

만약 보더 콜리가 양을 칠 때 발뒤꿈치를 무는 습성이 있는 힐러라는 것을 할아버지나 며느리가 알고 있었다면 과연 이런 일이 일어났을까? 아마 그런 비극이나 파국은 일어나지 않았을 것이다. 따라서 개를 키울 때는 반드시 해당 견종(犬種)의 특징을 확실히 알아야 한다는 평범한 진리를 가르쳐 주는 이야기이기도 하다.

사람들은 2~3년밖에 사용하지 않는 휴대전화를 구입할 때도 수십 번 이상 고민을 하고, 해당 제품에 대한 많은 정보를 수집하고 구입 후에도 그 제품에 대해 상당한 공부를 한다. 그런데 10여 년 이상 키우고 자신의 가족과 비슷한 존재가 될 애견을 구입할 때는 그런 절차는 생략하고 충동적으로 구매하는 경향이 있다.

이러한 충동적인 경제행위를 하는 것은 21세기 현대사회가 요구하는 스마트한 소비자가 가질 덕목이 아니다. 개를 키우려면 자신에게 적합한 개가 무엇인지 고민을 하고, 충분한 공부를 한 후 구입하는 것이 좋다. 그것이 사람과 개가 모두 평화롭고 행복하게 사는 유일한 길이기도 하다.

2 달마티안은 집시들의
애견이었을까?

달마티안의 기원을
둘러싼 두 가지 주장

전 세계 어린 아이들이 가장 좋아하는 개는 어떤 종류의 개일까? 아마 흰색 바탕에 검은색 물방울무늬를 가지고 있는 달마티안(Dalmatian)일 것 같다. 달마티안의 귀여운 외모는 아이들을 매료시키기에 충분하다.

아이들을 상대로 하여 영업활동을 하는 기업 중 가장 대표적인 기업인 디즈니사는 1959년 101마리 달마티안(101 Dalmatians)이라는 애니메이션을 만들어내고, 흥행 대박을 터트린다. 돈을 벌기 위해서는 고객의 니즈(needs)를 정확히 파악해야 한다는 불변의 진리를 디즈니사가 정확히 실천한 것이다.

그런데 이렇게 아름다운 개 달마티안은 탄생 기원에 대해서는 두 가지 주장이 팽팽하게 대립되고 있다. 아직도 정확하게 결론이 난 것은 아니다. 그런데 달마티안에 대한 두 기원설을 살펴보다 보면 그 맥락이 닿아 있는 것 같기도 하다.

먼저 '달마티안 이집트 기원설'부터 살펴보자. 고대 이집트의 절대군주 파라오, 그가 다스리던 고대 이집트왕국은 이슬람교를 신봉하는 21세기의 이집트와는 달리 개에 대해 비교적 관대한 나라였다. 이슬람교에서는 개를 경멸하고 극히 꺼려하는 것에 비해, 고대 이집트인들은 그렇지 않았다. 사실 유럽에서 인기 있는 개들 중에는 고대 이집트에서 페니키아(Phoenicia) 등을 통해 유럽으로 보급된 개들이 상당수 포함되어 있다.

고대 이집트 벽화에는 현재 달마티안의 외모와 유사한 물방울무늬의 개가 있다. 또한 고대 그리스에서도 달마티안과 유사한 모양의 그림이 있는 도자기가 있다. 이런 유적들을 종합해 보면 달마티안의 선조가 되는 개들이 고대 이집트와 그리스에 있었다는 결론이 나올 수 있다. 달마티안 이집트 기원설을 주장하는 이들은 달마티안의 원래 고향은 고대 이집트였는데, 지중해를 건너가서 그리스를 통과하고 지금의 크로아티아(Croatia) 영토인 달마티아에 정착했다고 주장한다.

달마티안의 기원에 대한 또 다른 주장은 유럽 전역에서 아직도 떠돌이 생활을 계속하고 있는 유랑민족 집시(Gypsy)와 관련이 있다. '달마티안 집시 기원설'은 남유럽에 있는 달마티아에서 수천km 이상 떨어진 인도까지 가야 한다. 천여 년 전 북인도에 살던 집시들이 마차를 통해 걸쳐 유럽으로 이동하면서 그들의 애견 달마티안을 북인도에서 유럽까지 데리고 왔다는 것이다. 이 주장의 결론은 달마티안의 선조견들은 집시들의 개였다는 것이다.

개들이 있는 세계사 풍경

여전히 슬픈 운명의
주인공 집시

●

그러면 달마티안의 주인이라는 추정을 받고 있는 집시들은 과연 누구인지 알아봐야 한다. 집시의 기원에 대해서는 대체로 북인도 지역의 인도계 주민이라는 설이 유력하다. 북인도의 집시들은 11세기경부터 이동을 시작하여 페르시아를 거쳐, 14~15세기에 남부, 동부, 서부 유럽을 거쳐 진출한 것으로 추정된다. 유럽 전역에 흩어져서 사는 집시들은 약 200~300만 명 정도 되는 것으로 추산되고 있다.

집시들은 잘 정착하지 못하고, 계속 떠돌아다니고, 성실하지도 못하며, 교육도 거의 받지 못해 지금도 유럽 어느 나라에서도 환영받지 못하는 존재다. 제2차 세계대전이 한창일 때 많은 집시들은 나치독일에 의해 유태인, 동성애자들과 함께 집단 학살되었다. 철저한 인종주의를 표방하였던 나치 입장에서 보면 집시는 없어져야 마땅한 열등한 인종이었다. 당시 나치 독일에 의해 학살된 집시들의 수는 무려 50만 명이나 된다고 한다.

그런데 제2차 대전이 끝난 지금도 집시들은 계속 차별을 받고 있다. 나치에 인한 인종청소에서 같은 피해를 입었던 유태인들은 지금까지 독일인과 독일정부로부터 수없이 많은 사과를 받았지만, 힘없고 가난한 집시들은 독일로부터 진심 어린 사과를 제대로 받지 못하고 있는 실정이다. 누구 하나 나치 독일에 의한 집시 집단학살, 인종청소에 대해 알려고 하지 않는다.

그런데 이런 집시들의 비극은 21세기 현재에도 아직도 끝나지 않고 계속 진행 중에 있다. 유럽에 사는 집시들은 여전히 현지 정부와 주민들로부터 인간 대접을 받지 못하고 있으며, 각종 차별 조치에 서러움을 겪고 있다. 힘이 없고 나라가 없는 민족들의 슬픈 현실을 반영한 것이다.

같은 이야기일 가능성이 있는
이집트 기원설과 집시 기원설

●

집시 이야기는 이 정도로 하고 다시 달마티안 이야기로 돌아간다. 북인도에 살던 집시들의 유럽 이주 과정 중에 일부 집시들은 곧바로 유럽으로 들어가지 않고 이집트를 거쳐 들어간다. 사실 집시들은 마차행렬을 이루며 발길 닿는 대로 간다는 특징이 있다. 따라서 집시들이 이집트를 가냐 마냐 하는 문제는 순전히 집시들의 자유의사였다.

그런데 이렇게 이집트를 거쳐 유럽으로 들어갔던 집시들은 자기들이 집시라고 하면 불이익을 받을 것을 우려하였다. 집시라고 하면 좋아할 유럽인이 없기 때문이다. 그래서 당시 일부 집시들은 유럽인들에게 "자신은 이집트 사람이다"고 거짓말을 했다고 한다. 물론 집시들은 이집트인들과는 전혀 관련 없는 민족이다.

그런데 일부 집시들이 이집트를 거쳐 유럽으로 들어갔다는 부분이 좀 걸린다. 혹시 이런 가능성은 없을까 하는 생각이 들기 때문이다. 이집트를 거쳐 유럽으로 건너 간 일부 집시들은 당시 이집트에 살고 있던 달마티안의 선조들을 자신의 여행에 동행시켰을 수도 있다. 충분히 그럴 개연성이 있다.

그래서 달마티안의 기원을 둘러싼 '집시 애견설'과 '이집트 기원설'은 충분히 그 맥이 닿아 있을 가능성도 있다고 생각하는 것이다. 만약 달마티안의 기원에 관한 이런 절충적인 주장이 사실일 경우, 달마티안은 집시를 따라 북인도에서 같이 출발한 것이 아니라 집시들이 이집트를 경유할 때 그들과 조우하여 유럽으로 건너갔을 수 있다.

달마티안들이
유럽에서 한 일들

●

그러면 유럽으로 건너온 달마티안은 과연 무슨 일을 하였을까? 이들은 유독 마차와 관련한 일을 많이 하였다고 전해진다. 달마티안이 집시들을 따라 유럽으로 이동할 때도, 집시들의 마차행렬을 따라 이동했다는 주장이 있다.

실제 달마티안은 18~19세기 유럽에서 마차와 관련된 역할을 많이 하였던 개이기도 하다. 달마티안이 마차와 관련하여 당시 유럽에서 무슨 역할을 했는지 구체적으로 살펴보자.

첫째, 달마티안은 마차들의 호위견 역할을 했다. 19세기 영국에서는 달마티안들은 마차들의 옆을 빠른 속도로 이동하였다. 그러면서 강도들이나 도둑들로부터 승객들의 재산과 안전을 보장하는 역할을 한 것이다. 요즘으로 치면 하차하는 승객들의 가방을 훔쳐가는 오토바이 날치기범의 범행을 방지하는 역할을 한 셈이다. 당시 영국에는 마차강도가 많았다고 하니 달마티안은 효과적이면서도 저렴한 호위수단이었다.

둘째, 달마티안의 화려한 외모와 관련된 이야기다. 달마티안은 흰 바탕에 검은 무늬를 하고 있어서 멀리서도 보아도 외모가 한눈에 띈다. 그런 점을 이용하여 달마티안을 마차의 출발이나 도착을 알리는 신호로 사용했다. 마차를 타려는 승객들은 멀리서 달려오는 달마티안을 보면서 "이제 마차가 왔다"는 것을 알 수 있었다고 한다.

셋째, 이번 역할도 달마티안의 우아한 모양과 관련이 있는 이야기다. 달마티안을 고급 마차의 살아 있는 장식품으로도 활용한 것이다. 달마티안을 실용적인 목적이 아니라 단순히 고급마차에 대한 장식용, 홍보용으로 데리고 다녔다는 것이다. 요즘도 길을 가다가 달마티안을 보면 눈길이 가는데, 19세기 사람들은 이런 화려한 개의 외모를 보면 눈길을 주었을 것 같다. 살아 있는 장식품의 역할은 충분히 했을 것 같다는 생각이 든다.

살아 있는 장식품의 역할을 할 정도로 달마티안의 털가죽은 아름답다. 그런데 이렇게 아름다운 털가죽을 가진 달마티안에게는 자신의 털가죽에 얽힌 비밀이 하나 있다. 달마티안의 털가죽은 대형 고양잇과 동물(big cat)인 표범, 치타의 털가죽과는 근원적으로 다르다.

표범과 치타는 태어날 때부터 새끼들이 선명한 무늬를 가지고 있다. 그래서 얼굴을 보지 않고 털가죽만 보아도 어느 동물의 새끼인지 쉽게 구분할 수 있다. 하기야 대부분의 동물들이 그럴 것이다.

하지만 달마티안의 경우는 예외적으로 다르다. 달마티안 강아지들은 태어날 때는 무늬가 아예 없다. 그냥 민무늬의 흰 강아지 상태로 태어난다. 만약 달마티안의 주인이 이런 사실을 모르고 달마티안의 출산 장면을 보면 아마 깜짝 놀랄 것이다. "잡종 달마티안이 생겼다"면서.

하지만 그렇게 걱정할 필요는 전혀 없다. 처음에는 아무 무늬 없는 민무늬 달마티안 강아지들이 조금씩 성장하면서 작은 물방울무늬들이 생겨나기 시작하기 때문이다. 달마티안 강아지들은 생후 한 달만 되어도 작은 물방울무늬가 제법 많이 생긴다. 그리고 달마티안이 성견이 되는 과정에서 그런 물방울무늬는 점점 커지면서 더욱 선명해 진다. 달마티안의 검은 물방울무늬는 생각할수록 신기하기만 하다.

개들이 있는 세계사 풍경

3 영국 전성기 이끈 빅토리아 여왕이 애견가가 된 사연

역사상 최고의 애견가
빅토리아 여왕

동서고금 수많은 나라의 수많은 왕들 중에서 이 글을 통해 소개하는 왕만큼 개를 사랑하고 동물을 사랑한 왕은 아마 없을 것이다. 그녀는 남자가 아닌 여성의 몸으로 대영제국(大英帝國)의 전성기를 활짝 연 여장부(女丈夫)이며, 지금도 많은 영국인들의 존경을 한 몸에 받는 인물이기도 하다.

빅토리아 여왕(Queen Victoria). 그녀의 재위시절 64년(재위: 1837년 6월 20일 ~1901년 1월 22일)을 거치며 영국은 '해가 지지 않는 제국'이라는 영예로운 칭호를 받는다. 영국은 세계 그 어느 제국도 해내지 못했던 역사상 최고의 제국을 건설한다. 초원의 왕자 몽골제국의 전성기도, 고대 로마제국의 전성기도 그녀의 재위시절 대영국제국의 영화에는 미치지 못한다.

빅토리아 여왕이 누린 영광은 아무리 설명해도 끝이 없다. 여왕은 영국 임금으로서는 최초로 엄청난 영토와 수억 명의 인구를 가진 인도의 황제를 겸임한다. 또한 여왕의 후손은 유럽 여러 나라의 왕족들과 결혼하며 그 혈족 상당수가 유럽을 지배한다. 그녀는 영국인들로부터 아직도 최고의 왕이라고 존경받고 있다.

빅토리아 여왕은 평생 킹 찰스 스패니얼(King Charles Spaniel), 보더 콜리(Border Collie), 포메라니안(Pomeranian), 요크셔 테리어(Yorkshire Terrier) 등 많은 개들을 키웠다. 개를 좋아하는 사람들을 보면 살아 있는 모든 동물들을 사랑하는 경우가 많다. 여왕도 예외는 아니었다. 그녀의 동물사랑은 비단 개에게만 그친 것이 아니다. 여왕은 고양이도 무척 좋아하였다. 다시 말하면 최고의 애견가(愛犬家)이면서, 최고의 애묘가(愛猫家)였다.

빅토리아 여왕은 특정 견종의 개발에 대해서도 상당한 역할을 한다. 특히 여왕은 깜찍한 외모를 가진 포메라니안의 개량과 보급에 매우 큰 역할을 했다. 사실 포메라니안이라는 개는 여왕의 손을 거치면서 흔하디 흔한 평범한 유럽의 한 중형견에서 오늘날과 같은 세계적인 인기 소형견으로 탈바꿈했다. 이 글을 읽는 분 중에서 포메라니안을 키우고 있는 분이 있다면 빅토리아 여왕에게 감사한 마음을 가져야 할 것 같다.

또한 여왕의 재위 시절 영국에는 중국이 고향인 페키니즈(Pekingese)와 일본이 고향인 칭(Chin)이라는 매우 이국적인 코가 푹 들어간 단두종(短頭種) 개들도 소개되었다. 페키니즈는 영국의 장교가 제2차 아편전쟁 당시 청 황제의 별궁인 이화원에서 약탈하여 헌상(獻上)한 것이고, 칭은 미국 페리 제독이 개항 직후 도쿠가와 막부(德川幕府)로부터 선물 받은 개였는데, 이를 페리 제독이

▶**포메라니안** : 요즘은 이렇게 블랙 탄 포메라니안도 가끔 보인다. _2012년 5월 애견협회 주최 도그쇼에서 촬영

여왕에게 바친 것이다. 페키니즈와 칭은 19세기 제국주의의 종주국인 영국의 국왕이 챙긴 일종의 전리품이었다고 보면 된다.

행복하지 않았던 어린 시절
빅토리아 여왕의 유일한 친구는 애견 대쉬

이렇게 여왕의 애견 사랑을 읽다 보면 대영제국을 문을 활짝 연 빅토리아 여왕이 어떤 경로를 통해 애견인이 되었을까 하는 근원적인 의문이 생기게 된다. 여왕은 아마 천성적으로 동물을 좋아하고 사랑하는 성격이었을 것이다. 하지만 개를 사랑하는 여왕의 마음은 유년 시절 자신이 겪었던 경험과 깊은 관련이 있는 것 같다. 어릴 때 개를 키웠고 좋아했던 사람치고, 어른이 되고나서 개를 싫어하는 사람이 없기 때문이다.

빅토리아 여왕의 어린 시절을 잘 살펴보면 그녀가 왜 소문난 애견인이 될 수밖에 없었는지 이유를 잘 알 수 있다. 그러면 여왕의 어린 시절을 살펴보자. 역사에 이름을 떨친 대부분의 왕들이 그러하듯이 여왕도 어린 시절 많은 위기와 힘든 역경을 견뎌야 했다. 큰 인물이 되기 위한 담금질 기간인 것 같다.

여왕은 1819년 영국 켄트공작 에드워드와 독일의 작센-코부르크-잘펜트 공녀(公女) 빅토리아 사이에서 태어났다. 하지만 그녀의 아버지는 빅토리아 여왕이 태어난 다음 해인 1820년 사망하고 만다. 따라서 어린 시절 여왕은 편모 슬하에서 자라게 된다.

하지만 정확하게 말해서는 여왕은 공작부인인 어머니와 그녀의 정부(情夫)로 의심받는 존 콘로이(Sir. John Conroy) 밑에서 자란 것이다. 존 콘로이는 공작 부인의 비서관 역할을 한 사람이었는데, 상당한 야심가로 알려진 인물이다.

그런데 당시 영국 왕실은 대(代)를 이을 적통(嫡統)이 더 이상 보이지 않는 상황이었다. 따라서 영국 왕 윌리엄 4세가 사망하면 그녀의 여왕 즉위가 기정사실화되었다. 어머니 켄트공작부인과 그녀의 측근인 존 콘로이는 빅토리아를 자기들의 통제권 아래에 두려고 상당한 공을 들인다. 그 결과 여왕은 그들에 의해 어린 시절 주변과 격리된 유폐생활을 하게 된다.

여왕의 어머니인 공작부인은 딸을 여왕에 즉위시키고 권력을 휘두르길 원했다. 이는 그녀가 영국에 시집와서 느낀 독일 여자라는 출생의 한계 때문에 겪어야 했던 설움과도 관련 있는 것 같다. 그녀에게는 절호의 기회가 온 것이나 마찬가지였다.

또한 공작부인의 최측근이면서 야심가 존 콘로이는 사실상 대영제국의 사실상의 섭정 역할을 하고 싶어 한 것으로 보인다. 존 콘로이는 고대 중국으로 치면 진시황(秦始皇)의 실부(實父)이면서, 한때 강대한 진제국(秦帝國)의 실세 정치인이었던 여불위(呂不韋) 같은 사람이 되고 싶어 한 것 같다. 하지만 콘로이의 야망은 이루어지지 못한다.

어머니와 사실상의 의붓아버지인 존 콘로이를 믿을 수 없었던 어린 빅토리아 입장에서는 주변에 신뢰할 만한 존재는 극히 드물었다. 당시 빅토리아가 자기 마음을 가감 없이 솔직히 전달할 수 있는 친구는 애견 대쉬(Dash)가 유일한 존재였던 것 같다.

평생 애견들과 떨어질 수 없었던
빅토리아 여왕

카발리에 킹 찰스 스패니얼(Cavalier King Charles Spaniel) 견종이었던 대쉬는 빅토리아 여왕이 11살이던 1831년에 태어나서, 여왕이 20살이 되던 해인 1840년 9살의 나이로 숨을 거둔다. 비록 짧은 생을 살다간 대쉬지만 9년이라는 일생 동안 여왕의 곁에 있었으며 한결같은 사랑을 받았다. 심지어 여왕이 1837년 즉위식을 하던 날 밤에 대쉬를 목욕시켰다는 이야기가 전해질 정도다. 그 정도로 여왕의 애견 사랑은 각별했다.

여왕의 부군(夫君)인 앨버트(Albert)공과 여왕이 가까워진 계기는 대쉬 때문이었다는 얘기도 있다. "앨버트공이 대쉬와 친숙하게 잘 노는 모습을 보고 여왕이 푹 빠졌다"는 식의 믿거나 말거나 하는 수준의 이야기다. 하기야 남녀 사이에 애당초 무엇 때문에 친해지게 되었는가를 따지는 것 자체가 지극히 어리석은 일이라고 할 수 있다. 하지만 대쉬라는 개가 두 사람 사이를 가깝게 하는 데 촉매 역할을 한 것은 맞는 것 같다.

여왕의 외사촌 동생이면서 독일 출신인 앨버트공이 빅토리아에게 접근한 것 자체를 순수하지 않다고 분석하는 사람들도 있다. 〈영 빅토리아(Young Victoria)〉라는 영화를 보면 여왕의 마음을 붙잡고 싶어 하던 앨버트공이 그녀에게 환심을 얻기 위해 그녀에 대한 정보를 줄줄 외우고 접근하는 방법까지 나오기도 한다. 하지만 앨버트공이 여왕에게 그렇게 했는지는 알 수 없다.

이런 논쟁에도 불구하고 여왕은 남편 앨버트공을 진심으로 사랑했다고 한다. 하지만 운명은 그리 녹녹치 않았다. 남편 앨버트공은 여왕과의 결혼생활 21년 만인 1861년 무려 9남매를 남겨두고 여왕보다 먼저 사망한다. 그녀는 세계의 여왕이었지만 남편의 죽음 앞에는 한없이 약해지고 만다. 여왕은 한동안 두문불출하고 그의 죽음을 애도한다.

하지만 시간이 흐르고 그녀는 산적한 정무에 복귀하지 않을 수 없었다. 일부 역사가들은 앨버트공 사후 빅토리아 여왕에게 정부(情夫)가 있었다고 주장한다. 그들은 여왕의 시종 역할을 하던 존 브라운(John Brown)이라는 사람이 여왕의 정부였다고 말하지만, 이런 말은 당시 여왕의 치세를 시기하던 정적들이 여왕의 도덕성에 흠결을 내기 위해 지어낸 말일 수도 있으니 곧이곧대로 믿기는 어렵다.

대신 이런 생각을 해본다. 그녀는 어린 시절 어머니와 어머니의 정부에 의해 외부 세계와 사실상 격리된 유폐생활을 하였었다. 당시 그런 그녀에게 힘이 되고, 친구가 되어 준 존재는 말을 하는 사람이 아닌 애견 대쉬였다. 그녀가 중년의 몸으로 사랑하는 남편을 잃고 다시 홀몸이 된 그녀의 공허함을 매워주고 채워준 존재도 다시 한 번 그녀의 개들이 아니었을까? 여왕의 개들은 세계의 여왕의 친구가 되어 주었고, 사랑이 되어 여왕이 말년까지 외롭지 않게 해주었을 것 같다. 포메라니안을 안고 앉아 있는 말년의 빅토리아 여왕 사진을 보면 그런 생각이 들기 마련이다.

개들이 있는 세계사 풍경

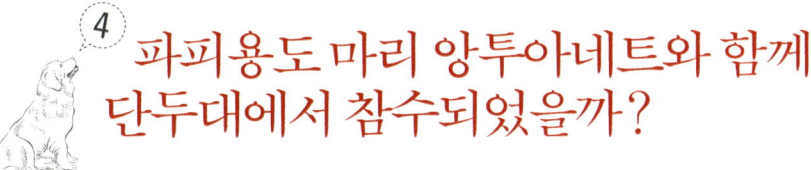

4 파피용도 마리 앙투아네트와 함께 단두대에서 참수되었을까?

영화와 소설의 제목으로 사용된
파피용의 의미는?

나비를 뜻하는 프랑스어 파피용(papillon)은 우리 국민들에게 매우 친숙한 말이다. 그런데 파피용이라는 단어를 생각하면 영화팬들은 스티브 맥퀸(Steve McQueen)과 더스틴 호프만(Dusitn Hoffman)이 열연한 영화 파피용을 생각하겠지만, 소설을 좋아하는 분들은 개미, 신, 뇌, 나무와 같이 내놓는 작품마다 베스트셀러의 반열에 오르는 프랑스 소설가 베르나르 베르베르(Bernard Werber)의 동명 소설 파피용을 떠올릴 것이다.

영화 파피용에서 주인공 스티브 맥퀸은 망망대해의 어느 작은 섬에 있는 교도소에서 수감되자, 자유를 찾기 위해 목숨을 걸고 절벽에서 뛰어내려 작은 뗏목에 의지한 채 탈출하는 것으로 끝난다. 하지만 소설 파피용은 영화 파피용과는 달리 아날로그적인 내용 전개가 아닌 SF소설이다. 소설에서는 수십만 명의 지구인들이 심각한 환경오염과 국제적인 분쟁 때문에 희망이 더 이상 보이지 않는 지구를 파피용이라는 엄청난 규모의 우주선을 타고 탈출하는 것을 주요 내용으로 한다.

이렇게 영화와 소설 파피용은 제목은 같지만 내용은 전혀 다르다. 하지만 두 작품은 미묘한 공통점을 가지고 있다. 바로 자유와 희망을 찾기 위한 탈출이라는 것이다. 그리고 그런 모티브를 가지고 흥행에서도 대단한 성공을 거둔다.

파피용이라는 말이 문학작품과 영화에서 탈출과 해방의 상징처럼 사용되는 것은 나비라는 곤충이 가진 독특한 특징 때문인 것 같다. 나비는 유충(幼蟲) 때는 꿈틀꿈틀 기어 다니는 볼품없는 애벌레에 불과하지만 일단 성충(成蟲)이 되면 허물을 벗고 전혀 다른 아름다운 모습으로 탈바꿈한다. 환골탈태(換骨奪胎) 그 자체다.

이렇게 성충이 된 나비는 그 어느 곤충이나 동물에게 뒤지지 않는 아름다움을 가지게 된다. 나비는 애벌레 때는 없었던 커다란 두 날개로 하늘을 마음껏 날아다니며 자유를 누린다. 아마 이런 나비의 신비하면서도 자유스러운 느낌이 두 작품을 기획한 각각의 예술가들에게 큰 영향을 미친 것 같다.

파피용과 팔렌느를 굳이
구분할 필요는 없어

●

하지만 필자와 같이 개를 좋아하는 사람들은 파피용이라는 말을 생각하면 영

▶**파피용과 시추** : 파피용의 출현에 겁을 먹은 시추. 당당한 파피용의 태도에 비해 위축된 시추의 모습은 가엽기 그지 없다. _2012년도 5월 애견협회 주최 도그쇼에서 촬영

화나 소설 파피용이 아닌 아름다운 개 한 마리를 먼저 떠올리기 마련이다. 그런데 왜 나비라는 뜻의 파피용이 개 이름이 되었는지 궁금할 수도 있다. 파피용이라는 이름은 이 개의 귀가 마치 나비처럼 너풀거린다는 의미에서 붙여진 것이다. 사진처럼 파피용의 귀는 정말 크고 너풀거리는 것 같다.

그런데 파피용 중에서도 귀가 제대로 서 있지 않고 늘어진 경우도 있다. 프랑스에서는 귀가 늘어진 개들을 파피용과 구분하기도 한다. 귀가 늘어진 개들은 나방(moth)을 뜻하는 말인 팔렌느(Phalène)라고 부른다. 하지만 혈통상으로는 파피용과 팔렌느의 차이는 없다.

따라서 프랑스를 제외한 거의 대부분의 나라들에서는 굳이 파피용과 팔렌느를 구분하지 않는다. 이 글을 쓰고 있는 필자도 파피용과 팔렌느를 구분할 필요성을 느끼지 못하는 애견인 중 한 명에 속한다.

스페인과 티베트,
어느 곳이 파피용의 고향일까?

●

파피용이 어떻게 프랑스에서 탄생하여 지금까지 전해지고 있는지에 대해서는 아직 확실한 정설이 없고 세 가지 주장이 대립하고 있다. 작은 스패니얼(Spaniel)에 속하는 파피용의 기원은 여전히 의문에 쌓여 있다고 보면 된다. 그러면 파피용의 출생 비밀에 관해 전해지는 이야기 주머니들을 하나하나 풀어보겠다. 이 이야기들을 다 읽고 나면 대략적인 결론을 내릴 수 있을 것 같다.

파피용의 기원에 가장 유력한 얘기부터 먼저 한다. 이 개가 스페인의 작은 개라는 뜻을 가진 스패니얼의 한 종류로 분류되는 것에 착안한 것이기도 하다. 중세시대 당시 스페인, 프랑스 등 남유럽의 무역상들은 노새나 나귀의 등에 짐을 싣고 국경을 넘으면서 장사를 하였다. 그런데 일부 무역상들은 파피용의 선조로 추정되는 작은 개들을 싣고 다니면서 부유한 귀족들에게 그 개들을 비싼 값에 팔았다고 한다. 이렇게 프랑스에 정착한 작은 개들은 귀족들과 왕족들의 사랑을 받으며 현존하는 파피용의 선조가 되었다는 것이다.

다음은 파피용의 원산지로 알려진 프랑스와는 지리적으로 수천km 떨어진 티베트(Tibet)와 관련된 이야기다. 이른바 '파피용 티베트 전래설'이다. 티베트에는 이미 수천여 년 전부터 작은 소형 애완견들이 존재하고 있었다. 그런 티베트의 소형 애완견들이 유럽으로 건너왔고, 그 개들이 유럽에서 다른 혈통의 소형견들과 섞여 만들어진 것이 파피용이라는 것이다.

만약 이러한 '파피용 티베트 기원설'이 사실이라면 파피용의 조상들은 라사압소(Lhasa Apso), 티베탄 스패니얼(Tibetan Spaniel), 시추(Shih Tzu) 등과 같은 소형견들과 혈통이 닿아 있는 것이다.

마지막 이야기는 파피용의 외모와 관련이 있는 얘기다. 파피용을 보면 전형적인 스피츠 계열의 개들이 가지고 있는 신체적인 특징인 뾰족한 주둥이를 가지고 있다. 그래서 나온 얘기가 '파피용 북방 스피츠 후손설'이다. 파피용의 얼굴 중 특히 주둥이 부분을 자세히 보면 이 개가 북방 스피츠 계열의 개라고 충분히 생각할 수도 있다.

만약 파피용을 북방 스피츠의 일종으로 보는 견해가 맞는다면 이 개의 뿌리는 북유럽에 위치한 스칸디나비아 반도가 될 것 같다. 만약 얼굴 생김새만 놓고 보면 파피용의 생김새는 북방 스피츠의 후손인 포메라니안과도 비슷하다.

이상에서 살펴본 것처럼 아직 파피용의 기원에 대해서는 확실한 정설이 없다. 파피용은 이렇게 그 기원은 불확실하지만 16세기 이후 유럽의 귀족들로부터 폭넓은 사랑을 받은 개이기도 하다. 특히 프랑스 부르봉 왕가(Bourbon Dynasty)와 르네상스 시대 유럽에서 가장 부유한 지역이었던 이탈리아 도시국가들의 귀족들로부터 상당한 인기를 받았다. 외모도 그렇지만 이 개는 서민의 개가 아닌 부유한 귀족이나 왕족들을 위한 개였다.

유럽 최고의 혈통을 가졌던
마리 앙투아네트

파피용이라는 개의 역사에서 가장 중요한 위치를 차지하는 인물은 프랑스 국왕 루이 16세의 왕비이며 오스트리아 공주 출신이었던 마리 앙투아네트(Marie Antoinette)다. 그녀는 화려한 미모와 함께 합스부르크 왕가의 공주라는 화려한 배경을 가졌다. 당시 유럽 왕실에서 그녀만큼 대단한 혈통을 가진 사람은 아마 없었을 것이다. 그러면 그녀의 대단한 혈통을 자세히 알아보자.

마리 앙투아네트의 아버지는 미혼 시절 유럽 최고 미남(美男)이라는 칭송을 받았던 인물이다. 얼마나 잘 생겨야 그런 영예로운 별명을 가질 수 있을지 모르겠지만 대단한 외모를 소유한 인물임에 틀림없는 것 같다. 마리 앙투아네트의 부왕(父王) 프란츠 1세는 원래는 오스트리아인이 아닌 프랑스인이었다. 그는 프랑스 로렌의 공작(公爵)이었지만, 유럽 최고의 왕가인 합스부르크 왕가(Habsburg Haus)의 유일한 상속자 마리아 테레지아(Maria Theresia)와 결혼하며 신성로마제국의 황제자리에 등극하게 된다. 하지만 정치는 프란츠 1세의 몫이 아닌 합스부르크왕가의 유일한 상속녀 마리아 테레지아의 몫이었다.

참고로 스위스의 작은 마을에서 출발한 합스부르크 왕가는 프랑스의 부르봉 왕가와 함께 근대 유럽의 양대 왕가로 불릴 정도로 유럽에서 권세가 대단했다. 당시 유럽에는 합스부르크 왕가의 혈통을 이어 받지 않은 왕족은 거의 없을 정도로 그 위세는 엄청났다.

마리아 테레지아의 미모도 마리 앙투아네트의 부친인 프란츠 1세에 비해 전혀 밀리지 않았다. 처녀 시절 그녀는 당시 유럽의 모든 공주들 중에서 가장 아름다웠다는 평가를 받았다. 이 정도의 미모를 가진 부부의 결합이면 쉽게 생각해서 장동건-고소영 커플에 비해서도 결코 뒤지지 않았을 것 같다는 생각이 든다.

마리 앙투아네트의 부모는 당시 유럽 왕실로서는 매우 드문 연예결혼을 한 부부였다. 그러니 정략결혼을 한 다른 부부와는 그 정이 비교가 되지 않았다. 이 부부의 사랑은 아이들의 숫자를 보면 금방 알 수 있다. 부부는 슬하에 무려 16명의 자녀를 두게 된다. 사람의 임신 기간이 9개월 반이라는 점을 감안하면, 마리아 테레지아는 평생 12년 7개월이라는 긴 시간을 임신한 것이다. 가임기간 동안 임신-출산-수유-임신을 계속 반복한 것이나 마찬가지다. 이 이야기의 주인공인 마리 앙투아네트는 이렇게 대단한 부부의 막내 공주로 태어났다.

대단한 집안의 공주 출신답게 마리 앙투아네트는 프랑스와 오스트리아 양국의 관계 개선이라는 큰 목적을 위해 프랑스의 루이 16세와 결혼을 한다. 부모와는 달리 그녀는 전형적인 정략결혼을 하였다. 그런데 오스트리아의 국익을 고려한 이 결혼은 그녀의 인생을 돌이키기 어려운 질곡으로 빠져들게 만들고 만다.

프랑스로 시집간 마리 앙투아네트는 프랑스인들로부터 사랑을 받지 못한다. 워낙 귀하게 자란 탓인지 사치와 상대를 배려하지 않는 특유의 거만함이 있었던 그녀는 프랑스 국민들로부터 존경 대신 경멸의 의미를 가진 오스트리아 여인으로 불리며 프랑스 국민들과는 다소 유리된 삶을 살게 된다.

사람들은 흔히 마리 앙투아네트라고 하면 프랑스에 기근이 들어 서민들의 먹거리가 부족한 상황이 되자 "빵이 없으면 케이크를 먹으면 된다"는 생뚱맞은 말을 했다고 기억한다. 하지만 프랑스 대중들을 분노하게 만든 이 말은 그녀가 한 것이 아니라는 주장이 많다.

그 말은 그녀가 아닌 태양왕(太陽王)이라고 불리며 절대적인 왕권을 행사하였던 루이 14세의 부인인 스페인 출신 마리 테레즈 왕비(Marie Thérèse)가 했다는 주장이 더 유력하다. 어떻게 보면 마리 앙투아네트는 하지도 않은 말 때문에 억울한 누명을 쓰게 된 셈이라고 말할 수도 있다.

잠시 마리 테레즈 왕비에 대해 살펴본다. 그녀는 스페인 국왕 필리페 4세의 딸로 남편인 프랑스 왕 루이 14세와는 사촌지간이다. 왕비는 많은 정부(情婦)를 두며 바람둥이 기질이 심했던 남편 루이 14세 때문에, 살아생전 많은 고통을 받았다고 한다. 사실 루이 14세와의 결혼도 스페인과 프랑스의 양국 관계 개선을 위한 전형적인 정략결혼이었다.

단두대의 이슬로 비참하게
사라진 마리 앙투아네트

●

마리 앙투아네트는 비록 프랑스 서민들의 아픔을 모르고 외면했지만 자신이 키웠던 파피용들은 무척 사랑하고 아꼈다. 그녀의 파리에 있는 파피용 하우스(Papillon House)라는 곳에서 각별히 돌보아졌다. 루이 16세 당시 프랑스 서민들의 생활은 크게 어려웠다. 많은 서민들은 하루 세 끼를 해결하기도 쉽지 않을 정도로 곤궁하였다. 따라서 서민들 입장에서는 사치가 심한 오스트리아 출신 왕비가 그녀의 애완견인 파피용을 사람보다 좋은 대우를 하며 키우는 게 좋게 보일 리가 없었다.

1789년 바스티유 감옥 습격사건으로 촉발된 프랑스 대혁명(French Revolution)은 앙시앵 레짐(Ancien Régime)이라고 불렸던 절대왕조와 기득권층 위주의 사회인 구체제의 몰락을 불러왔다. 혁명군에 의해 마리 앙투아네트와 루이 16세는 기존의 베르사유 궁전에서 튈르리 궁전으로 쫓겨나며 감금생활을 시작하게 된다. 1791년 그녀는 친정인 오스트리아 황실의 도움을 받아 감금생활에서 탈출을 시도하지만 혁명군에게 다시 붙잡히고 만다. 그 결과 이듬해 땡플탑에 유폐되는 수모를 겪는다.

루이 16세와 마리 앙투아네트는 그로부터 2년 후 1793년 형장의 이슬로 사라진다. 1793년 1월 21일 먼저 남편 루이 16세가, 다음은 부인인 마리 앙투아네트가 10월 16일 혁명광장(현재 콩코드광장)에 설치된 단두대에서 참수되며 파란만장한 삶을 마친다. 이렇게 하여 유럽 양대 왕가인 부르봉 왕가와 합스부르크 왕가의 대표에 해당하는 두 거물은 비참하게 형장의 이슬로 사라진다.

특히 마리 앙투아네트의 처형은 대단히 비참하게 진행되었다. 그녀는 손이 뒤로 묶인 상태에서 짐승의 배설물로 만들어 악취가 진동하는 퇴비 수레에 태워져서 파리 시내를 한 바퀴 돌았다. 마리 앙투아네트는 이렇게 파리 시내에서 조리돌림을 당한 후 혁명광장의 단두대에 올랐다. 이승에서 받을 수 있는 모독은 최대한 다 받고 그녀는 죽음을 맞이하였다.

프랑스 혁명세력이 프랑스 국왕과 왕비를 광장에서 공개 처형한 일은 유럽 왕국들의 격분을 불러오게 한다. 그 결과, 프랑스 혁명에 대해 좋지 않은 감정을 가지고 있던 영국을 주축으로 하여 스페인, 사르데냐 왕국 등이 반혁명의 대열에 합류하게 된다.

프랑스 혁명정부는 유럽 제국들의 이러한 심상찮은 분위기를 감지하고 누란에 빠진 나라를 지키기 위해 프랑스 전국에서 30여만 명에 달하는 의용군을 모병한다. 후일 유럽을 평정하게 되는 나폴레옹은 이런 비장한 혁명의 기운이 만든 인물이라고 할 수 있다.

마리 앙투아네트와 파피용의
죽음에 얽힌 끔찍한 얘기들

그런데 마리 앙투아네트의 단두대 처형에 대해서는 지금도 특이한 이야기 몇 가지가 전해지고 있다. 마리 앙투아네트가 기요틴(guillotine)이라 불린 단두대에 올랐을 때, 자신이 키우던 파피용과 함께 참수형에 처해졌다는 이야기가 있다. 하지만 이는 어디까지나 그녀에 대한 증오가 낳은 소문에 불과한 것으로 추정된다.

사람을 죽이는 용도로 만들어진 덩치 큰 기요틴으로 파피용 같이 불과 몇 kg에 불과한 개를 사형시키기는 쉽지 않았기 때문이다. 하지만 이런 헛소문이 나돌 정도로 당시 프랑스인들은 오스트리아 공주 출신 마리 앙투아네트를 증오했다고 보면 된다. 살아생전 마리 앙투아네트는 프랑스인들에게 정말 많은 분노와 절망을 준 것 같다.

그녀의 죽음과 관련된 또 다른 소문은 더 끔찍한 것이다. 프랑스 혁명세력은 단두대로 사람을 처형할 때 사형수들에 대한 마지막 배려 차원에서 사형수의 얼굴이 땅을 쳐다보도록 한다. 이는 잠시 후 저세상으로 가는 사형수가 자신의 몸과 얼굴을 분리시킬 거대한 칼을 보며 공포에 질려 죽지 않도록 예방한 조치다. 이러한 배려를 두고 인도주의적 차원의 배려라고 말할 수 있을지는 잘 모르겠다.

우리나라에서도 이와 비슷한 사형 방법이 있었다. 조선시대 당시 반역, 존속살인, 흉악범죄를 저지른 죄인에 대해서는 법에서 규정한 가장 잔혹한 방법으로 사형을 시켰다. 죄인의 몸을 6개로 나누는 사형법인데 이러한 처형 방법을 흔히 능지처참(陵遲處斬), 능지처사(陵遲處死)라고 불렀다.

그런데 심재우 교수의 2013년도 연구논문인 「조선시대 능지형 집행의 문화사」에 의하면 능지처참을 할 경우에도 죄인이 살아 있는 상태에서 몸을 6개로 찢지 않고 먼저 참수를 시킨 다음 목이 떨어져 나간 죄인의 몸을 말이나 소가 끄는 거열(車裂) 형식으로 찢어버렸다고 한다. 이런 사형 방법은 숨이 붙은 상태에서 몸이 6개로 찢어지는 것을 보지 않게 해주려는 일종의 배려이기도 했다.

하지만 마리 앙투아네트 그녀에게는 단두대의 칼날을 보며 죽음의 공포를 최대한 느끼도록 했다는 이야기가 있다. 즉, 사형수 마리 앙투아네트를 하늘을 보게 눕혀 놓고, 잠시 후 자신을 향해 떨어질 단두대의 칼날을 지켜보도록 만들었다는 것이다. 하지만 이 역시 남의 일에 대해 왈가왈부하는 것을 좋아하는 호사가(好事家)들이 만들어 낸 풍문일 것으로 추정된다.

5 히틀러 부부와 애견의 비참한 최후가 일본 극우 정치인들에게 주는 교훈

한일축구 경기에서 드러난
일본의 문제 많은 역사관

2013년 7월 28일 일요일 밤. 1988년 서울올림픽 당시 메인스타디움이었던 잠실종합운동장에서는 동아시아축구선수권대회 한일축구 경기가 열렸다. 그런데 당시 양국 응원전이 펼친 뜨거운 응원전의 여진(餘震)은 경기 종료 휘슬이 울린 후에도 몇 개월 동안 가며 양국 간 외교적 갈등을 고조시켰다.

일본은 자신들의 잘못을 솔직히 인정하지 않고 오히려 다른 나라에게 전가시키기로 유명한 나라다. 그날 경기의 응원전에 대해서도 일본은 비슷한 행동을 하였다. 일본인 특유의 후안무치(厚顔無恥)가 경기 후 여실히 드러난 것이다.

먼저 일본의 일부 극우 성향의 언론들과 네티즌들이 우리 응원단이 벌인 응원에 대해 강한 비판을 하기 시작했다. 특히 우리 응원단이 내건 "역사를 잊은 민족에게 미래는 없다"는 내용의 대형 통천과 임진왜란 당시 왜군을 격파하여 민족의 성웅(聖雄)으로 칭송받는 이순신 장군, 일본제국주의의 상징과도 같은 이토 히로부미(伊藤博文)를 저격한 안중근 의사 대형 현수막이 일본인들의 자존심과 기분을 상하게 만들었다.

그런데 민간 차원에서 이루어지던 공방은 하루 후인 7월 29일 정부 간의 대결로 확산되고 만다. 일본 각료가 직접 나서 이 문제를 비판하기 시작한 게 논쟁의 시발(始發)이 되었다. 시모무라 하쿠분(下村博文) 문부과학상은 한국 응원단의 이런 응원에 대해 "이 문제를 보면 한국의 국민수준(民度)에 의문이 든다"면서 5천만 한국국민 전체를 비판한 것이다.

그러면서 시모무라 하쿠분 장관은 일본인 응원단이 잠실벌에서 과거 일본제국의 침략의 상징인 욱일기(旭日旗)를 흔들며 응원하며 한국인들의 민족적 분노를 야기한 사실에 대해서는 쏙 빼고 말했다.

"역사를 잊은 민족에게 미래는 없다"는 매우 당연한 문구를 적은 우리 응원단의 행태를 문제 삼아 이웃나라 국민 전체의 국민수준을 들먹이는 일본 문부과학상을 보면서 일본이라는 나라에는 미래가 없음을 다시 한 번 느끼게 되었다.

더구나 시모무라 장관은 2007년 아베신조 1차 내각 당시 관방부(副) 장관을 지낸 인물로 "종군간호부나 종군기자는 있었지만 종군위안부는 없었다"면서 2차 세계대전 당시 종군위안부 존재 자체를 부정하며 한국을 포함한 여러 나라 피해자들을 조롱하던 사람 중 하나다. 솔직히 이웃나라의 민도를 들먹이기 전에 그런 사람이 내각의 각료로 임명되어 있는 일본의 국가 수준을 충분히 알 만하다.

개들이 있는 세계사 풍경

나치의 수법을 배우자는
일본 부총리

●

그런데 일본의 극우파 정치인들의 망언(妄言)은 여기서 그치지 않았다. 하원인 중의원(衆議院)의 의원을 11번이나 하고 총리까지 역임하였던 아베 내각의 아소 다로(麻生太郎) 부총리는 듣는 이의 귀를 의심케 하는 발언을 했다.

아소 부총리는 2013년 7월 29일 도쿄에서 열린 한 강연회에서 나치 독일이 2차 세계대전을 일으키기 전에 바이마르공화국의 헌법을 무력화시킨 과정을 설명하며, "나치정권이 바이마르 헌법을 아무도 모르게 바꿨듯이 일본도 그 수법을 배우면 좋겠다"는 취지로 말했다.

아소 부총리는 나치의 수법을 배우자는 자신의 발언이 국내외에서 큰 문제가 되자 8월 1일 발언을 비록 취소했지만, 사실 그의 7월 29일 발언은 평화헌법 제96조에 있는 의결 정족수 규정을 변경하고 일본을 평화국가에서 보통국가로 전환시키려는 그의 속마음(혼네, 本音)을 숨김없이 드러낸 것으로 볼 수 있다.

아소 부총리의 발언은 한국, 중국과 같이 2차 대전 당시 일본제국주의자들에 의해 직접적인 피해를 입었던 주변국뿐만 아니라, 나치라면 지금도 치를 뜨는 유럽 지성인들의 엄청난 비판을 초래했다. 또한 그의 발언은 일본 내 야당의 반발도 불러와서 각료 및 의원직 사퇴 압력을 받기도 했다.

이런 일본 극우 정치인들의 계산된 망언들은 철저하게 계산된 발언이다. 그들의 계산된 망언은 자국 유권자들의 표심을 결집시키고, 그들의 강한 지지를 끌어낸다는 전략이다. 자민당(自民黨)의 이런 비열한 전략은 하원인 중의원, 상원인 참의원(參議院) 선거에서 그동안 확실한 효과를 거둬 견제 세력을 무력화시켰으며 장기 집권의 기틀을 확실히 다졌다.

▶소녀상 : 주한 일본대사관 앞에는 2차 대전 당시 큰 고통을 겪었던 위안부 할머니들의 한을 담은 소녀상이 있다.

　일본의 극우파 지도자들의 이러한 비이성적인 발언에 대해 일본 내에서도 건전한 비판의 움직임도 물론 존재하고 있다. 일본이라고 해서 모두 비이성적이고 후안무치한 사람들은 있는 법이 아니기 때문이다.

　총리 재임 시절인 1995년 8월 15일 일제의 식민지 지배와 과거 동아시아 침략의 역사에 대해 무라야마 담화(村山談話)를 통해 통절(痛切)한 반성의 뜻을 발표하였던 무라야마 도미이치(村山富市) 전 총리는 2013년 8월 18일 아베 내각이 주도하는 평화헌법 개정 움직임에 대해 날선 비판의 각을 세웠다.

　무라야마 전 총리는 "평화헌법이 있었기 때문에 일본은 지금까지 전쟁을 모르고 경제발전을 이룰 수 있었다"면서 호헌(護憲)의 필요성을 강조하며, 최근 극우 성향으로 치닫고 있는 자민당 정권에 대한 견제를 주장하였다.

　그런데 일본 전직 총리이면서 현직 부총리인 아소 다로가 그렇게 닮고 싶었던 나치 독일의 최후가 어땠는지를 살펴보면 최근 부쩍 발호(跋扈)하고 있는 21세기 일본의 신극우파(新極右派) 정치인들의 최후도 쉽게 상상갈 수 있을 것 같다.

역사 앞에 참회하는
독일

●
독일과 일본. 제2차 세계대전을 일으킨 두 전범국이다. 두 나라는 2차 세계대전으로 패망한 후 한때 적국이었던 연합군에 의해 본토가 점령당하고 군정까지 겪는 수모를 당한다. 하지만 양국은 이후 각고의 노력 끝에 경제 부흥에 성공하며 세계적인 경제대국으로 발돋움한다. 여기까지는 독일과 일본이 전후부터 지금까지 똑같은 길을 갔다.

하지만 과거사 부분에 들어가서는 두 나라는 전혀 상반된 행보를 걸었다. 독일은 2차 세계대전 발발과 유대인 학살에 대한 책임을 거의 무한대로 지며 진심 어린 사과와 참회를 계속하고 있다. 독일은 홀로코스트 등으로 수많은 희생자가 발생하였던 유대인들은 물론 이웃인 폴란드 등에도 국가들에게 수없이 많이 반성과 사과를 하였다. 이제 독일의 이런 진심 어린 사과를 믿지 않는 당시 피해국들은 없다. 독일인들의 진심이 모든 전쟁 피해국들의 마음을 움직였기 때문이다.

유럽연합(EU)의 실질적인 리더이며 독일의 총리인 앙겔라 메르켈(Angela Merkel)은 2013년 8월 20일 독일 뮌헨 인근에 있는 다하우 강제수용소(Dachau Concentration Camp)를 방문해 헌화를 하고 희생자들을 추모하는 묵념을 하였다.

메르켈 총리는 희생자들의 넋을 기리는 자리에서 "다하우 수용소에 수감된 사람들의 운명을 떠올리면 깊은 슬픔과 부끄러움을 느낀다"며 과거 나치 독일이 저지른 만행에 대해 다시 한 번 마음에서 우러나오는 사과를 하였다. 다하우 수용소는 1933년 아돌프 히틀러(Adolf Hitler)가 권력을 잡은 직후 만든 정치범 수용소로 전쟁 기간 중에는 유대인, 전쟁포로, 장애인, 동성애자 등 20여만 명을 수감한 악명 높은 수용소였다.

히틀러 부부와 그들의 애견의 최후가
일본 정치인들에게 주는 교훈

●

2013년 6월 18일 동아일보에는 아베 신조(安倍晋三) 일본 총리의 외조부 기시 노부스케(岸信介) 전 총리의 비서 출신인 87세의 호리 와타루(堀涉) 비서의 인터뷰 기사가 게재되었다. 호리 전 비서는 기시 전 총리를 30여 년 보좌한 인물이지만, 자신이 모신 상관의 외손자 아베 총리의 잘못된 역사관을 강하게 비판했다.

호리 전 비서는 "일본 정부가 과거 잘못했다고 사과한 것을 뒤집으려고 하면, 그 역사는 결국 되풀이된다"면서 아베 내각의 그릇된 역사 인식에 대해 일침을 가했다. 아래 글은 호리 전 비서의 "역사는 반복될 수 있다"는 말을 되새기며 작성한 글이다.

일본 위정자들은 호리 전 비서가 한 말에서 큰 교훈을 가져야 한다. 만약 그들이 대표적인 군국주의자이며 주변국들에게 엄청난 피해를 입혔던 히틀러의 비참한 최후를 알면 역사에 대해 두려움을 가질 것이다. 인류를 공포로 몰아넣고 수많은 희생자를 낸 대가는 그렇게 비참한 법이다.

개들이 있는 세계사 풍경

아돌프 히틀러(Adolf Hitler). 제2차 세계대전을 일으키고 유럽과 북아프리카를 전쟁터로 만든 인물이다. 세계 정복이라는 헛된 욕망에 사로잡혀 수천여만 명의 민간인들을 죽음으로 몰고 간 광기 어린 지도자이기도 하다. 그는 독일 민족 우월주의에 사로잡힌 대표적인 인종차별주의자로 유태인들을 집단학살하였다. 히틀러의 광기 어린 행동 때문에 독일인들은 지금도 유태인들과 유럽 국민들에게 수없이 많은 사과를 하였고 앞으로도 해야 한다.

히틀러는 독일 민족의 우수성을 강조하기 위해 많은 노력을 기울였다. 그런 차원인지는 확실치 않지만 그는 유독 독일이 원산지인 개들을 좋아하였다. 히틀러는 독일 원산 대형 경비견들을 좋아했다. 그가 좋아했던 견종은 군견, 수색견, 경비견, 경찰견으로 최고라는 평가를 받는 저먼 셰퍼드(German Shepherd), 도베르만(Doberman), 로트바일러(Rottweiler) 등이었다.

특히 현행 동물보호법에 맹견으로 분류되어 외출할 때 반드시 입마개를 해야 하는 로트바일러의 경우, 히틀러가 특히 좋아했던 견종으로 국내에서는 히틀러 도그(Hitler dog)로 알려지기도 했다.

1945년 나치 독일군은 서부전선에서는 미국과 영국 연합군, 동부전선에서는 소련군에 밀려 거의 붕괴 직전까지 간다. 천년 제국을 꿈꾸던 독일 제3제국은 수십 년도 못 되서 멸망의 그림자가 짙게 드리우기 시작하였다. 1945년 4월 말, 제3제국의 수도 베를린은 동서 양쪽에서 연합군에 의해 포위되었다.

히틀러는 연합군의 공세로 이제 베를린의 벙커 밖으로 나가지도 못하게 되었다. 서서히 자신의 최후를 준비할 수밖에 없었다. 이때 그의 연인 에바 브라운과 함께 베를린의 벙커를 같이 지킨 개도 한 마리 있었다. 블론디라는 저먼 셰퍼드는 히틀러가 그의 연인인 에바 브라운과 함께 키우던 개였다.

원래 블론디의 주인은 마르틴 루트비히 보어만(Martin Ludwig Bormann)이다. 그는 히틀러의 부관으로 유명한 인물이다. 그저 부관이라고 하면 심부름이나 하는 사람으로 생각하기 쉽지만 보어만은 그런 하찮은 사람이 아니었다. 그의 위치를 절대 얕보면 안 된다.

보어만은 말이 총통의 부관이지 나치 독일에서 실질적인 권력자 중 한 사람이었다. 그는 자신을 통해 히틀러와 다른 고위 인사들이 만날 수 있게 하였으며 나치 독일의 정책 결정에 매우 큰 역할을 하였다. 물론 나치 내부에서 벌어진 권력 투쟁에도 보어만은 사사건건 깊숙이 개입했다. 인류에 대한 나치의 가장 큰 죄악 중 하나인 유대인 학살과 슬라브 민족 말살 정책에 대해서도 그는 관련되어 있는 것으로 전해진다.

열렬한 나치주의자 보어만이 1941년 자신이 모시던 상관인 히틀러에게 블론디를 선물한 이유는 충분히 이해가 되는 일이다. 극단적 인종주의자인 히틀러는 독일인은 물론 일을 잘하는 독일 출신의 사역견(使役犬)들도 좋아했다.

보어만이 히틀러의 그런 취향을 간파하고 독일의 대표적 사역견인 세퍼드를 선물하였다. 이렇게 상관 히틀러의 취향을 정확히 꿰뚫고 있었으니 보어만이 젊은 나이에도 불구하고 조기 출세가도를 달릴 수 있었던 것 같다.

나치의 핵심 인물인 보어만의 죽음을 놓고 1945년 종전 이후 한동안 갑론을박이 있었다. 그의 시신이 발견되지 않았으므로 그는 사실상 행방불명된 상황이었다. 어떤 이들은 그가 남미로 도주했을 가능성이 있다고 분석했다. 하지만 1972년 베를린에서 보어만의 유해로 보이는 어느 유골이 발견되면서 세계의 관심이 집중된다.

DNA 검사 결과 그의 유해임이 확실히 증명되자, 독일정부는 유해를 묘지에 묻지 않고 독일 북부에 있는 발트해의 공해상에 뿌리는 결정을 한다. 독일 정부가 이런 결정을 한 것은 보어만의 유해를 묘지에 매장할 경우, 자칫 신나치주의자들의 숭배 장소가 될 우려가 있었기 때문이다. 결국 보어만에게는 죽어서도 땅에 묻히는 평범한 운명이 허용되지 않았다. 대신 차가운 바다에서 물고

기들의 밥이 되는 신세가 결정되고 만다.

인류 전체의 생존을 위협하는 큰 죄를 지으면 죽고 나서도 편안하게 장사지낼 수 있는 평범한 운명도 허용되지 못하는 법이다.

히틀러에게 애견을 선물한 부관 보어만 얘기는 여기서 줄이고 다시 히틀러의 죽음 이야기로 돌아간다. 미군, 소련군 등 연합군들이 베를린에 대한 포위망을 좁히던 4월 29일 히틀러와 그의 연인 에바 브라운은 비밀 결혼식을 올린다. 다음 날 히틀러는 그가 그렇게 아꼈던 블론디를 연합군에게 넘겨줄 수 없다는 이유로 안락사시키라는 지시를 부하들에게 한다. 개 입장에서는 자신의 의지와 관계없이 억울하게 주인에게서 순장(殉葬)을 강요받은 셈이다. 사실 개가 전쟁의 책임을 질 필요는 전혀 없었다.

일부에서는 히틀러가 자신의 자살용으로 준비했던 청산가리의 효능을 실험하기 위해 블론디를 실험동물로 삼았다고 주장하기도 한다. 하지만 그런 주장에는 동의하고 싶지 않다. 만약 자살용으로 청산가리를 준비하였다면 그 전에 충분한 실험을 거쳤을 것이고, 아무리 독일의 전세가 불리했어도 실험대상으로 삼을 만한 포로나 수용자들은 충분히 있었을 것이다.

여하튼 블론디는 히틀러의 부하들에 의해 청산가리를 먹고 죽임을 당한다. 블론디 죽음 후 점심 식사를 마친 히틀러 부부는 마침내 자살을 한다. 자살은 히틀러의 오랜 연인이었던 부인 에바 브라운이 먼저 하였다. 그녀는 청산가리를 먹고 33살의 젊은 나이로 죽음을 맞았다. 히틀러는 청산가리 대신 권총을 입에 물고 자살했다.

히틀러는 자신의 시신이 연합군에게 발견되지 않기를 원했다. 하지만 그의 기원과는 달리 1945년 5월 5일 히틀러라는 이름을 들으면 이를 갈던 소련군에 의해 발굴되었다. 그리고 히틀러 유골 일부는 자신이 그렇게 차지하고 싶던 땅인 소련으로 이송된다.

소련 입장에서는 나치 독일이 독소불가침 조약을 어기고 소련 땅으로 진격하여, 소련 땅에서 무려 2천만 명이 넘는 사망자가 발생하였으니 히틀러에 대한 원한은 아마 하늘까지 닿았을 것이다.

여기까지가 히틀러의 죽음과 관련된 정설이다. 하지만 히틀러의 죽음은 1945년 4월 살해당한 후 이탈리아 밀라노광장에서 28살의 젊은 정부(情婦) 클라라 페타치(Clara Petacci)와 함께 시체가 거꾸로 매달려 있었던 무솔리니 (Benito Mussolini)와는 달리 확실한 법의학적 증거가 발표되지 않아, 사후에도 그의 죽음을 둘러싼 혼란은 계속되었다.

만약 일본 극우파 정권이 최근과 같이 역사 왜곡을 일삼고 종전 후 세계질서 중 하나인 평화헌법(平和憲法)을 개정하고 다시 군국주의의 길로 가고가 한다면 현재의 일본 지도자들이나 아니면 그들의 후손들은 히틀러와 같은 비참한 최후를 맞을 것 같다.

자칫 일본의 신군국주의자들은 가까운 미래에 히틀러 부부와 그 부부의 애견 블론디처럼 햇볕이 비추어지는 밝은 땅에는 연합군이 무서워서 감히 밖으로 나오지도 못하고 캄캄한 지하 벙커에서 청산가리나 권총을 놓고 죽음의 수단을 고민해야 하는 처량한 신세가 될 수 있다는 얘기다. 아마 그런 상황까지 가게 된다면 지하 벙커의 장소는 도쿄가 될 것 같다.

바로 그것이 호리 와타루 전 비서가 말하는 '다시 반복되는 역사'의 종착점이 될 수도 있다. 또한 2013년 7월 28일 한일전에서 우리 축구 응원단이 내건 응원문구 "역사를 잊은 민족에게 미래는 없다"의 진정한 의미일 것이다.

6 스코틀랜드 사슴 사냥개가 호주에서 캥거루를 잡게 된 사연

다양한 용도로
사용되고 있는 캥거루

●

오스트레일리아(이하: 호주)에는 어린 시절 엄마 몸에 있는 육아 주머니(育兒囊)에서 살아가는 유대류(有袋類, Marsupialia)라는 독특한 동물들이 살고 있다. 유대류에는 왈라비, 주머니쥐, 코알라 등 260여 종의 다양한 동물들이 있지만, 가장 유명하고 대표적인 동물은 당당한 체구를 뽐내는 캥거루(Kangaroo)일 것이다.

그런데 우리나라에서는 거의 유통되고 있지 않지만 일부 국가에서는 캥거루 고기를 식용으로 사용하고 있다. 캥거루의 고향인 호주의 경우, 캥거루 고기는 일반정육점에서 쉽게 만날 수 있는 보편적인 고기 중 하나다. 또한 캥거루 고기 주요 수입국인 러시아, 독일, 프랑스 등에서도 매년 상당한 규모의 캥거루 고기가 소비되고 있다.

캥거루 고기는 고단백 저지방 식품이어서 애호가들에게는 인기가 높다. 호주는 1959년부터 캥거루 고기를 해외에 수출하고 있는데, 캥거루 고기 생산량의 약 70%는 외국으로 수출하고, 나머지 30% 정도를 내수용으로 소비한다.

물론 이렇게 식용으로 사용되는 캥거루는 사람들이 소나 양처럼 사육하는 가축은 아니다. 사람들이 먹는 캥거루 고기는 호주의 초원에서 야생으로 살고 있다가 사냥을 통해 포획하는 캥거루들에게서 나오는 것이다.

캥거루 고기는 사람들만 먹지 않는다. 동물들도 캥거루 고기를 즐겨 먹는다. 호주의 일부 사료회사들은 캥거루 고기를 이용하여 애완동물 사료를 만들기도 한다. 우리나라에서도 시판되는 이 사료는 전 세계를 대상으로 수출되고 있다.

또한 국내외 동물원에서는 캥거루 고기를 호랑이, 사자, 표범 같은 대형고양잇과 동물들의 사료로도 제공하고 있다. 국내 일부 동물원에서도 2005년부터 맹수들에게 캥거루 고기를 제공하고 있다. 동물원 입장에서 보면 캥거루 고기는 쇠고기에 비해 가격이 저렴하면서도, 영양가가 풍부하여 경제적일 것 같다.

그런데 캥거루는 생각보다 쓸모가 많다. 캥거루를 잡으면 고기는 먹고, 그 가죽으로는 신발이나 지갑을 만들기도 한다. 캥거루 가죽은 호주 원주민들이 오래전부터 사용하던 소재였다. 이런 것을 살펴보면 캥거루는 버릴 것이 하나도 없다는 소처럼 매우 유용한 동물인 것 같다.

호주 정부가 캥거루 사냥을
허용하는 이유

●

이렇게 유용한 동물인 캥거루를 마구잡이로 잡다가는 당연히 멸종될 수도 있다. 따라서 호주에서는 아무나 캥거루를 잡을 수 없다. 오로지 호주 당국은 전문적인 훈련을 받은 엽사들에게만 캥거루 사냥에 필요한 자격증을 발급하고 있다. 또한 매년 엄격한 캥거루 사냥 쿼터도 실시하고 있다.

현재 호주에는 야생 캥거루가 약 3,500~5,000만 마리 서식하고 있는 것으로 추정되고 있다. 따라서 캥거루는 멸종위기 동물과는 거리가 멀다. 하지만 호주 당국은 연간 캥거루 사냥 쿼터를 350만 두로 엄격히 제한하면서 개체수를 관리하고 있다.

호주 당국의 관리를 받는 캥거루 관련 산업의 규모는 약 2억 7천만 호주 달러로 이를 우리 돈으로 환산하면 약 2,700억 원이며, 고용 규모는 4천여 명 정도 된다. 호주의 경제 규모를 고려하면 캥거루 관련 산업이 호주에서 차지하는 비중은 그리 편이 아니다.

세계의 많은 동물보호단체로부터 호주의 캥거루 사냥에 대해 공통적으로 "잔인하다"면서 호주 정부를 비판하고 있다. 하지만 호주 정부는 그런 비판을 받으면서까지 산업 규모가 크지 않은 캥거루 산업을 위한 사냥을 허용하고 있다.

호주 정부가 허용하는 이유는 간단하다. 호주는 광대한 국토에서 많은 농축산물을 생산하는 세계적인 농업국가이다. 따라서 국가경제에서 차지하는 농업의 비중도 높고 농민들의 발언권도 높은 편이다. 그런데 호주의 농부들이 오랜 기간에 걸쳐 줄기차게 당국에 캥거루 사냥을 요구하였기 때문이다.

호주 농부들은 캥거루 개체 수가 많아지면 농작물 수확 감소를 초래하고

양이나 소들에 먹일 목초지가 파괴될 수 있다고 우려하고 있다. 그 결과 대규모 캥거루 수렵을 허용하여 왔다. 따라서 매년 300여만 마리의 캥거루 사냥 쿼터는 호주 정부가 이런 자국 농부들의 불만을 잠재우면서, 캥거루 개체 수를 일정 수준 유지하기 위한 숫자라고 말할 수 있다.

디어 하운드는 원래
스코틀랜드의 사슴 사냥개

●

캥거루는 덩치가 크고 날래다. 따라서 캥거루를 잡기 위해서는 뭔가 특별한 방법이 필요하다. 손쉽게 헬리콥터를 타고 다니면서 엽사가 총을 쏴서 캥거루를 잡을 수도 있다. 하지만 전통적인 사냥 방법인 사냥개를 동원한 방식으로 캥거루를 잡는 경우도 있다.

호주의 캥거루 사냥에는 원래 다른 덩치 큰 동물을 잡기 위해 사용되어오던 사냥개가 사용되기도 한다. 영국의 대형 사슴들을 사냥하던 디어 하운드(Deer hound)가 그 주인공이다. 이 덩치 큰 사냥개는 호주로 와서 다소 생뚱맞게 캥거루를 사냥하는 데 사용되고 있다. 사슴 사냥개인 디어 하운드가 캥거루 사냥개로 변신한 것은 나름대로 사정이 있다.

고대 이집트제국에는 살아 있는 신(神)과 같은 절대 권력자 파라오가 있었다. 파라오들은 그들의 고상한 취미인 사냥에 사용하기 위해 사냥개들을 키웠었는데 그 개들은 경주마보다 빠른 폭발적인 속도로 날랜 사슴들을 사냥하기도 했다. 아마 개에 대한 공부를 하신 분들은 그 개가 현존하는 그레이 하운드(Grey hound)의 선조견이라는 사실을 알 것이다.

그레이 하운드는 이집트의 무덥고 건조한 날씨에 적응하기 위해 짧은 털을

개들이 있는 세계사 풍경

가진 개로 개량되어졌다. 그런데 이 개의 일부는 스코틀랜드와 러시아 같은 북유럽으로 후일 건너가게 된다. 물론 이집트에서와 같은 짧은 털이 있는 그런 몸 상태로는 북유럽의 추위를 극복하기는 매우 어려운 일이었다.

그래서 추운 곳으로 간 그레이 하운드들은 혹독한 겨울을 나기 위해 이미 오래전에 그곳에 정착하여 적응이 된 털이 긴 개들과의 교배를 통해 추위를 극복할 수 있는 개로 탈바꿈한다. 개도 살기 위해서 현지화한 것으로 보면 된다.

디어 하운드(Deerhound)는 바로 그런 추운 환경에 적응하기 위한 노력에서 탄생한 그레이 하운드의 개량종이다. 스코틀랜드는 북아프리카의 이집트와는 비교가 되지 않을 정도로 겨울에 춥다. 따라서 스코틀랜드의 추운 겨울을 나기 위해서는 그곳에 사는 개나 소, 양 같은 가축들은 긴 털과 두꺼운 가죽을 필수적으로 가지고 있다.

이렇게 스코틀랜드에서 탄생한 사슴 전문 사냥개 디어 하운드는 털이 길고 덥수룩하다는 점을 제외하고는, 그레이 하운드가 가진 신체적인 특징을 아직도 고스란히 간직하고 있다. 빠른 속도를 내기 위해 필수적인 긴 다리, 달리는 동안 신체의 균형을 잡는 데 필요한 긴 꼬리, 가늘고 쏙 들어간 허리, 끝에 갈수록 좁아지는 주둥이(tapering muzzle) 등 그레이 하운드의 느낌은 디어 하운드 온몸에서 물씬 풍긴다. 디어 하운드는 자신의 원래 원형인 그레이 하운드보다는 덩치도 훨씬 크고 뼈대도 굵다. 그런 신체적 특성상 디어 하운드는 그레이 하운드보다 속도가 좀 떨어지기도 한다.

디어 하운드의 역사는 매우 오래된 것으로 추정되고 있다. 디어 하운드는 지금부터 약 1,200여 년 전부터 스코틀랜드인들에 의해 개량되어져 만들어진 것으로 알려진다. 디어 하운드가 개발되었을 당시에는 총이라는 무기는 없었다. 사냥꾼이 활로 사슴사냥을 하던 시기였다.

하지만 총이 등장하게 되자 대형 사슴 사냥개인 디어 하운드의 인기는 급락하게 된다. 유지비가 비싼 덩치 큰 사냥개가 더 이상 필요 없게 된 것이다. 결국 디어 하운드는 자신의 고향인 스코틀랜드에서도 찬밥 신세가 되고 만다.

호주에서 캥거루 사냥개로
부활한 디어 하운드

이렇게 고향 스코틀랜드에서 일자리를 잃게 된 디어 하운드들은 스코틀랜드를 떠나 신대륙 국가들로 일자리를 찾아 떠나게 된다. 그리고 신대륙으로 간 디어 하운드들은 원래 직업인 사슴 사냥 대신 다른 동물을 사냥하는 것으로 직업까지 바꾼다. 사람으로 치면 디어 하운드는 낯선 외국으로 이민 가서, 그곳에서 전직(轉職)까지 한 것이다. 아마 디어 하운드들은 초반에 적응하느라 꽤 고생을 했을 것 같다.

북미로 건너 간 디어 하운드들은 자신들이 원래 잡았던 사슴 대신 사슴을 해치는 늑대를 사냥하는 개로 직업을 바꾼다. 이런 용도로 사용되는 북미의 디어 하운드들은 지명과 사냥감의 이름을 따서 노스 아메리칸 울프 하운드 (North American Wolf hound)라고 불러도 좋을 것 같다는 생각을 해본다. 비록 이름은 길지만 그래도 하는 일에 적합한 이름인 것 같다.

그리고 호주로 간 디어 하운드들은 호주 농부들의 요구로 시행 중인 캥거루 사냥에 사용되게 된다. 거대 사슴 사냥개가 대형 유대류를 잡는 사냥개가 된 것이다. 또한 일부 디어 하운드들은 농부라면 동서고금 누구나 싫어하는 공공의 적 멧돼지 사냥에도 사용되고 있다.

호주로 가서 캥거루나 멧돼지를 사냥하는 사냥개로 직업이 바뀐 스코틀랜드 출신의 디어 하운드들에게는 이제 현실에 맞게 오스트레일리언 캥거루 하운드(Austrailian Kangaroo hound) 또는 오스트레일리언 호그 하운드(Austrailian Hog hound)라고 개명해도 좋을 것 같다. 그게 이제 더 이상 대형 사슴을 잡지 않는 디어 하운드들의 솔직한 이름인 것 같다.

실험동물 비글의
끝나지 않는 비극

국내에서 악마견으로 매도되는
비글의 슬픈 운명

비글(Beagle)은 14세기 영국인들의 개량 작업을 통해 개발된 사냥개다. 비글의
선조는 여우를 사냥하던 영국의 대표적인 사냥개 폭스 하운드(Fox hound)들
로 추정된다. 그런 영향 때문인지 비글의 외모를 보면 여전히 폭스 하운드와
비슷한 면이 보인다. 물론 귀여운 얼굴을 가진 비글이 다소 무뚝뚝하게 보이는
폭스 하운드보다는 훨씬 예쁜 것이 사실이다.

비글은 여러 마리가 뭉쳐서 무리를 지어서 사냥하는 특징을 가지고 있다. 비
글은 예민한 후각으로 산토끼나 여우가 남긴 체취를 찾아서 추적하고 잡는

사냥개다. 따라서 비글은 상당한 체력과 함께 인내심을 가지고 있다. 이렇게 예민한 코로 사냥감이 남긴 흔적을 추적하는 사냥개들을 후각형 하운드(scent hound)라고 부른다.

직접 사냥감을 추격하여 잡는 사냥개(hound)들은 대개 성격이 외향적이고 활동적이기 마련이다. 그런 성격이 있어야지 사냥을 잘할 수 있기 때문이다. 비글은 이런 수렵견(狩獵犬)의 특징을 확실히 가진 개다.

그런데 21세기 한국에서 살고 있는 비글들은 이런 사냥과는 전혀 관계없는 일을 하며 살아가고 있다. 애완견 역할이 한국에 사는 그들의 주된 임무다. 그런데 대부분의 우리나라 애견인들은 마당이 없는 아파트나 빌라 같은 공동주택에 살고 있다. 따라서 이런 실내 공간에서 활동량이 대단한 비글을 키우다가는 자칫 문제가 발생하기도 한다.

사실 아파트의 장판을 물어뜯고 벽지를 할퀴고 긁는 일은 후각형 사냥개 비글에게는 흔해 빠진 일상이기도 하다. 천 년이 넘는 시간 동안 비글은 그렇게 살았기 때문이다. 따라서 비글 가문의 그런 역사를 제대로 알지 못한 상태에서 무심코 귀여운 비글 강아지의 눈빛만 보고 덜컥 비글을 구입한 사람들은 자라면서 터져 나오는 비글의 그런 행동에 두 손과 두 발을 다 든다.

그래서 일부 견주(犬主)들은 비글에 대해 악마견이라고 하며, 심한 경우에는 지랄견이라는 듣기 거북한 비평까지 서슴지 않고 한다. 비글이라는 개의 입장에서 생각하면 이는 상당한 오명(汚名)이며 억울한 비난이다. 활동성이 강한 후각형 사냥개라는 자신의 정체에 대해 사람들은 처음부터 알려고도 하지 않고 나중에 와서 비판만 하기 때문이다.

그런 이유 때문인지 유기견 보호소를 가보면 주인에게서 버림받은 비글을 쉽게 만날 수 있다. 비글이라는 개를 자신의 능력으로 감당할 수 없어서 길에 개를 버린 주인들의 가슴도 물론 아프겠지만, 정해진 기간 동안 입양이 되지 않으면 안락사 될 수밖에 없는 비글 입장에서도 견디기 힘든 가혹한 운명이기도 하다.

인류의 건강을 위해 희생을
강요당하는 비글

하지만 이렇게 국내에서 많은 비판의 중심에 있고, 저평가 받고 있는 비글은 지금 이 시간에도 인류를 위해 큰 희생을 치르고 있다. 필자가 너무 거창하게 비글을 칭송한다고 비판할 수도 있겠지만 비글들은 사람들의 건강과 생명을 지키기 위한 파수꾼의 역할을 묵묵히 하고 있다.

우리나라 일부 애견인들은 비글에 대해 여전히 곱지 않은 시각을 가지고 있지만, 비글은 그런 것에 전혀 개의치 않고 사람들을 위해 희생하고 있다. 이 글을 읽는 지금 이 시간에도 전 세계의 많은 동물실험실에서 비글은 자기 목숨을 담보로 한 가혹한 실험에 참여하고 있다. 물론 비글 입장에서도 비자발적인 실험일 것이다.

많은 연구실들은 질병치료를 위해 새로운 약품을 계속 개발하고 있다. 그런 신약 개발노력은 인간의 질병을 치료하고, 수명을 연장시키기 위해 반드시 필요한 것이다. 그런데 그런 신약을 소비자들을 대상으로 하여 시판하기 전에 반드시 동물실험(Animal testing)을 통해 안정성과 유효성을 시험해야 한다. 그리고 그 테스트에서 약품의 안정성이 입증되어야 시중에 시판될 수 있다.

동물실험에 사용되는 실험동물들은 해당 연구가 끝나면 보통 안락사된다. 실험동물로는 번식이 잘 되고, 세대가 짧아, 여러 세대에 걸친 영향을 관찰하기 쉬운 마우스(mouse), 랫트(rat), 햄스터(hamster), 토끼(rabbit) 등이 주로 사용된

▶비글 : 실험용으로 사용되고 있는 비글. _2012년 5월 모 수의과대학에서 촬영

다. 하지만 개나 영장류에 속하는 원숭이들도 의약품 개발 등의 목적으로 동물실험에 사용된다. 개 중에서는 귀여운 외모의 비글이 단연 많다.

비글을 동물실험에 최초로 사용한 나라는 미국이었다. 1950년대 미국의 실험실에서 시작된 비글 실험은 1960년대 일본 실험실로도 보급되고, 이후 전 세계 실험실로 널리 확산된다. 비글이 실험동물로 사용되기 시작한 것은 비글은 사람의 말을 잘 따르고, 중형견 치고는 다른 개들에 비해 취급하기가 용이했기 때문이다.

또한 비글은 크지 않은 체격에 비해 체력이 좋고, 인내심도 강한 편이다. 이는 후각형 하운드들의 공통적인 특징이기도 하다. 그럼 점이 비글이라는 견종이 약물의 안전성 및 약효 평가에 적합하다는 이유가 되기도 한다. 비글 처지에서 보면 굉장히 불행한 일이지만 실험동물로서 비글은 많은 장점을 가진 대상 동물이다. 여러 상황을 종합해 보면 비글을 이용한 동물실험은 앞으로도 계속될 것 같다는 생각이 든다.

애교 많고 사람을 잘 따르는 비글을 이용한 동물실험에 대해 외국의 애견인들은 상당한 거부감을 가지고 있다. 1990년 스웨덴의 어느 제약회사에서 비글을 이용한 동물실험을 계획하자, 독일의 유력 일간지 빌트(Bild)가 이를 보도하였다. 보도를 본 수천여 명의 신문 독자들은 스웨덴 실비아 왕비에게 비글을 이용한 동물실험을 중단할 것을 촉구하는 항의편지를 보냈다. 결국 이러한 유럽의 많은 애견인들의 힘으로 스웨덴 제약회사의 비글을 이용한 동물실험 계획은 무산되고 말았다.

우리나라 동물실험실에서도 비글은 수요가 많은 실험동물이다. 2009년 기준 연간 3,000여 마리의 비글들이 동물실험을 위한 목적으로 외국에서 국내로 수입되고 있다고 한다. 비글을 이용한 동물실험은 비글이라는 개를 좋아하는 많은 애견인들에게는 분명 견디기 어려운 가혹한 처사다.

수의과대학에서 만난
실험동물 비글의 슬픈 눈동자

●

비글은 실험실에서 곧 자신을 죽일 실험자가 와도 반가워서 꼬리를 흔들며 인사한다고 한다. 필자는 몇 년 전 동물실험과는 전혀 관계없는 일로 국내 모 수의과대학에 재직 중인 교수님을 만난 적이 있었다. 당시 그 교수님과 비글을 이용한 동물실험에 대해 이런저런 이야기를 하였다. 당시 그 교수님이 한 발언은 대략 다음과 같은 내용이었다.

"비글은 실험자의 의도에 잘 따라주는 개다. 아마 비글이 사람을 너무 좋아해서 그런 것 같다. 비글은 연구자가 주사를 놓으려고 다리를 달라고 하면 다른 실험동물들과는 달리 매우 잘 준다. 그래서 동물실험에 참여하는 대학원생들 중에는 비글을 이용한 실험을 마치고 그 개들을 안락사시킬 때는 마음이 정말 짠하다는 말을 하는 학생들도 많다."

그렇게 사람을 따르고 좋아하는 개가 비글이다. 하지만 기구한 비글의 운명을 생각하면 안타깝고 슬픈 마음만 생긴다. 그런데 실험동물 비글의 슬픈 운명은 과연 끝이 날 수 있을까? 솔직히 아직은 회의적이다. 애견가의 한 사람으로서 빨리 다른 대안이 마련되어 동물실험이 없는 그날이 왔으면 좋겠다는 생각을 한다. 또한 지금까지 동물실험에 사용된 비글을 포함한 모든 실험동물들의 명복도 빌어주고 싶다.

우리가 의약품 등 동물실험이 필요한 생필품을 사용할 때는 이를 위해 희생한 실험동물이 있음을 꼭 기억해야만 한다. 우리 인간들은 그런 가여운 실험동물들의 헌신과 희생에 감사하고 늘 미안하게 생각해야 할 의무가 있는 것이다.

그리고 비글에 대한 이 글을 읽는 독자들에게 더 이상 비글이라는 착한 개를 악마견이라고 매도하지 말자는 제안을 하고 싶다. 매년 수많은 비글들은 야속한 인간들을 위해 기꺼이 자기 한 목숨 내놓고 있다. 하지만 인류를 위한 비글들의 희생에 비해 우리 인간들은 작은 대가만 비글에게 지불하고 있다. 솔직히 이 정도 같으면 사람들이 비글들에게 너무하다는 생각이 든다. 그렇지 않은가?

8 모탈 컴뱃 투견 게임의
피의 역사

다양한 맹수들을 사용했던

블러드 스포츠의 역사

●

사람이든 동물이든 상대의 생명을 빼앗아야 끝나는 죽음의 경기(mortal combat)는 매우 오래된 역사를 가지고 있다. 인간의 가학성과 잔인성이 표출되는 피를 흘리는 경기(blood sports)는 대부분 도박과 결합되어 있다. 하지만 이런 게임은 시대에 뒤떨어졌다고 인식되어 거의 사라지고 있다. 스페인과 중남미 일부 국가에서 실시되는 투우(鬪牛), 일본에서 여전히 계속되는 투견(鬪犬), 일부 동남아 국가에서 행해지는 투계(鬪鷄) 정도만 남아 있을 뿐이다.

고대 로마제국에서는 노예나 전문 검투사들이 자신의 목숨을 담보로 하여 상대방과 목숨을 건 결투를 하였다. 그런데 그런 검투사들의 상대가 반드시 사람만은 아니었다. 검투사들이 사자, 곰, 호랑이 같은 맹수들과 목숨을 걸고 시합을 계속 진행했다.

하지만 그리스도교의 영향 등으로 인해 로마시대 이후에는 사람들이 직접 참여하는 죽음의 경기는 다른 시합으로 대체되게 된다. 중세 유럽에서는 검투사가 검투사를 죽이는 경기나 검투사가 맹수를 죽이는 경기 대신, 야생에서 포획된 곰 같은 맹수들을 사나운 개들과 싸움 붙이는 경기가 성행했다. 이 경기도 역시 어느 한쪽이 죽을 때까지 싸우게 했다. 물론 이런 시합은 도박과 같이 결합되어 대중들의 관심을 끌었다.

하지만 사나운 야생 곰들은 대중의 수요를 채워 줄 만큼 그렇게 많지 않고 구하기도 힘들었다. 그래서 사람들은 좀 더 쉬운 방법을 개발하였다. 어디서나 구하기 쉬운 소를 이용한 게임이었다. 다 큰 수컷 황소와 사나운 개를 싸움 붙이는 게임인데, 이 게임은 유럽에서 대단한 인기를 모은다.

하지만 이런 소와 개의 싸움도 잔인하다는 비판을 받으면서 도박꾼들은 또 다른 대안을 찾아 나선다. 여하튼 포기하지 않고 끊임없이 새로운 도박 수단을 찾는 도박꾼들의 노력은 알아줘야 할 것 같다. 그리고 그들은 황소와의 싸움보다도 더 손쉬운 게임을 만들어 낸다.

결론은 사나운
개끼리의 싸움으로

●

흔히 개와 개끼리 싸우는 투견을 생각하면 가장 먼저 떠오르는 개가 하나 있다. 바로 핏불 테리어(Pitbull Terrier)다. 그런데 핏불이라는 말은 핏(pit)이라는

'동물을 싸움 붙이다'라는 말과 불(bull)이라는 소를 뜻하는 말이 합쳐진 말이다. 즉, 핏불 테리어는 '황소와 싸움을 하는 개' 또는 '황소 괴롭히기 게임에 사용되는 개'라는 뜻을 가진 개라고 말할 수 있다.

따라서 핏불 테리어라는 개의 이름을 분석하면 원래 개발 목적이 다른 개를 공격하여 물어 죽이는 것이 아닌, 황소를 물고 늘어져서 쓰러뜨리는 것이라는 걸 알 수 있다.

그런데 핏불 테리어는 특정한 견종의 이름이 아니다. 핏불 테리어는 아메리칸 핏불 테리어(American Pitbull Terrier), 아메리칸 스태퍼드셔 테리어(American Staffordshire Terrier), 스태퍼드셔 불 테리어(Staffordshire Bull Terrier) 등 세 종류의 투견들을 합쳐 부르는 용어다.

이렇게 여러 종류로 구성된 핏불 테리어들은 공통의 조상 개(proto-staffords)가 있다. 핏불 테리어의 공통 조상 개는 개발 당시 불 앤드 테리어(Bull and terrier)라고 불렀다. 그러다가 시간이 지나면서 지금과 같이 여러 갈래로 갈라진다.

1835년 영국에서는 동물의 권리를 보장하고 보호하는 동물복지법이 제정된다. 이 법의 제정으로 투견시합의 역사는 획기적으로 바뀌게 된다. 곰이나 황소 등과 개가 싸우는 것은 동물보호법에 의해 원천적으로 금지된다. 그래서 사람들은 보다 손쉽고 저렴한 대안을 찾게 된다. 바로 사나운 개끼리의 싸움이었다.

따라서 우리가 아는 투견시합은 1835년 이후에 생긴 것이라고 보면 된다. 초창기 투견 시합의 규칙은 매우 잔인하면서도 간단했다. 구덩이를 파놓고 그 안에 투견들을 모두 넣고 서로 싸우게 하여 그중에서 살아남는 개가 승자가 되어 나올 수 있었던 것이다.

이런 경기에서는 자기 자신 이외 모든 개들은 적이다. 상대를 모두 물어 죽여야 그 죽음의 구덩이에서 나올 수 있는 것이 구덩이 투견 시합의 규칙이었다.

개들이 있는 세계사 풍경

이런 지옥과 같은 투견시합이야말로 진정한 의미의 데스 매치(death match), 모탈 컴뱃(mortal combat)이라고 말할 수 있을 것 같다.

국내에서 행해지는
투견시합의 불법성

●

투견시합 자체가 그 역사가 유럽에서 출발한 것이며 우리나라는 그런 투견시합의 무풍지대라고 생각할 수도 있을 것이다. 하지만 그렇지는 않다. 최근 언론을 통해 불법 투견시합을 적발하였다는 소식이 언론을 통해 보도되고 있다. 하지만 이렇게 적발되는 것보다는 훨씬 많은 불법 투견시합이 열릴 것 같은 느낌이 든다. 그러면 투견시합이 어떻게 현행 법규상 불법이 되는지 살펴본다.

먼저 투견도박 자체에 대한 부분이다. 투견시합을 여는 목적은 게임을 통해 도박판을 만들기 위한 것이다. 이런 행위는 사행산업이라고 좋게 포장한 도박산업에 대해 엄격한 규제를 하고 있는 정부의 방침을 위반한 것이다.

정부는 국가가 공인한 도박인 경마, 경정, 경륜, 카지노, 복권 등에 대해서도 정부의 재정계획에 의해 그 규모를 철저하게 관리하고 통제한다. 정부가 사행산업에 대한 규제를 하는 이유는 간단하다. 사행산업의 발전과 성장은 일확천금의 나쁜 분위기가 사회에 만연하여 근로 의욕을 저하시킬 것을 예방하기 위한 것이다.

그렇게 사행산업을 규제하는 정부 입장에서 투견도박장 같은 사설 도박장 개설 행위는 국가의 조세질서를 어지럽히고 사행산업을 부추기는 반사회적 범죄행위로 간주하고 형법에 엄한 처벌규정을 두고 있다. 형법 제247조(도박개장)에는 "영리의 목적으로 도박을 개장한 자는 3년 이하의 징역 또는 2천만 원 이

하의 벌금에 처한다"고 명시적인 처벌 조항이 있다.

도박이나 사행산업을 떠나 개와 개를 싸움 붙여 유혈이 낭자한 투견시합 자체도 상당한 불법성을 가지고 있다. 우리나라는 동물학대 방지와 동물의 건강하고 행복한 삶을 보장하기 위해 다른 선진국들과 마찬가지로 동물보호법이 제정되어 있는데, 이 법에 따르면 동물학대 방지에 대한 규정이 있다.

동물보호법 제8조제2항에는 "누구든지 동물에 대하여 다음 각 호의 학대행위를 해서는 안 된다"고 규정하며 제3호를 통해 "도박, 광고, 오락, 여흥 등의 목적으로 동물에게 상해를 입히는 행위"라고 구체적인 금지사례를 열거하고 있다. 동물보호법 제46조에는 "제8조1항부터 3항까지 규정을 위반한 자는 1년 이하의 징역 또는 1천만 원 이하의 벌금에 처한다"고 규정하고 있다.

그런데 투견 시합의 불법성은 여기서 끝나지 않는다. 투견 도박장에서는 투견 주인들이 자신의 투견이 좀 더 맹렬히 싸워서 상대를 이길 수 있도록 흥분제를 주사하기도 한다. 또한 심하게 다쳤음에도 불구하고 투견이 시합을 계속할 수 있도록 진통제 등을 임의로 주사하기도 한다.

만약 이런 행위를 하면 현행 수의사법을 위반할 가능성이 높다. 수의사법 제10조에는 동물에게 임의로 주사하는 것과 같은 무면허진료행위를 금지하고 있으며, 동법 제12조의2에서는 처방전의 발급 등을 의무화하고 있다. 해당 조항은 모두 벌칙 규정까지 두고 있다.

이렇게 투견 도박은 수많은 법규를 동시에 위반할 가능성이 매우 높다. 투견도박에 대해 딱딱하고 재미없는 법조항을 나열한 것은 명확한 목적이 있기 때문이다. 앞으로 재미로라도 절대 투견시합에는 관심을 두지 말고, 보지도 말아야 한다는 점을 강조하기 위함이다.

만약 투견시합 개최를 우연히 알게 되었을 경우에는 절대 혼자만 알고 넘어가지 말아야 한다. 그렇게 좋은 정보는 경찰이 더욱 좋아한다. 가까운 경찰서에 빨리 신고하여 경찰들과 그 정보를 공유하는 것이 바람직하다. 경찰들은 투견 도박장 개설에 대해 관심이 많으므로 이를 알게 되면 단속하기 마련이다.

사모예드

• 2013년 2월 애견협회 주최 도그쇼

1 러시아인들이 말하는 라이카라는 개의 정체는 무엇일까?

카리알라를 놓고 벌인
소련과 핀란드의 혈전

●

핀란드와 러시아의 접경 지역에는 핀란드어로는 카리알라(Karjala), 영어로는 커렐리아(Karelia)라고 부르는 땅이 있다. 이 카리알라에서부터 극동 시베리아까지의 광활한 러시아 벌판에는 혹독한 추위와 거친 환경에 적응한 주둥이가 뾰족하고, 귀도 쫑긋하게 선 스피츠(Spitz) 계열의 개들이 살고 있다. 이 개들은 마치 늑대의 외모와 같이 야성미가 철철 넘친다.

그런데 러시아 라이카 이야기를 본격적으로 하려면 카리알라에 대한 이야기가 계속 나오므로 카리알라에 대한 상세한 설명을 하고 넘어가는 것이 좋을 것 같다. 카리알라는 스웨덴, 핀란드, 러시아 등 북유럽에 있는 여러 나라들이 지난 수백여 동안 그곳을 차지하기 위해 전쟁까지 벌이면서 치열하게 경합을 펼친 곳이기도 하다. 현재와 같은 카리알라 국경선은 제2차 세계대전 이후 체결된 1947년 파리강화조약의 결과물이다.

카리알라는 한때 북구(北歐)의 강국인 스웨덴 왕국의 지배를 받았다가 러시아와 스웨덴 간의 협상을 통해 러시아의 지배를 받게 된다. 하지만 핀란드가 1917년 러시아로부터 독립을 하게 되면서부터 카리알라의 사정은 복잡하게 된다. 즉, 카리알라는 신생 독립국 핀란드와 러시아의 뒤를 이은 소비에트 연방(이후: 소련) 사이의 국경분쟁 지역이 되고 만 것이다.

카리알라와 깊게 드리웠던 전운(戰雲)은 제2차 세계대전기간 중에 마침내 폭발한다. 1939년 8월 23일 세계 양대 독재자로 지칭되던 나치 독일의 히틀러와 소비에트연방 스탈린은 세계를 깜짝 놀라게 하는 독소불가침조약을 맺는다. 이어 1939년 9월 독일과 소련은 폴란드를 침공하여 서로 사이좋게 양분해 버린다.

하지만 영토 욕심이 남다른 소련의 야욕은 폴란드 일부 점령으로 그치지 않았다. 소련은 발트해 3국인 에스토니아, 리투아니아, 라트비아도 한입에 집어 삼켜 버리고 국경문제로 사이가 좋지 않던 불편한 이웃 핀란드를 향해 총구를 겨눈다.

소련군은 핀란드군이 소련군을 먼저 공격했다는 말도 안 되는 생트집을 잡고 1939년 11월 29일 앙숙인 핀란드를 침공한다. 이른바 소련-핀란드 전쟁(Soviet-Finnish War)의 서막이 열린 것이다. 하지만 이 전쟁이 1944년까지 진행될지는 개전 당시 양측 모두 예상하지 못했다.

이 전쟁은 스칸디나비아의 혹독한 겨울에 발발해 일명 겨울전쟁(Winter War)이라고 불린다. 그런데 겨울전쟁의 전세는 무려 46만 명이라는 엄청난 대군을 투입하면서 물량공세를 펼친 소련군이 원하는 방식으로는 결코 흐르지 않았다.

소련군은 눈 덮인 빽빽한 삼림이라는 핀란드의 자연환경을 철저히 활용한 핀란드군에게 고전을 면치 못한다. 그 결과 소련군은 20만 명에 달하는 엄청난 전사자를 내고 만다. 소련군의 고전은 소련군이 생각보다 강하지 않다는 것을 전 세계에 알리는 결과를 주고 말았다. 물자와 인원이 상당히 부족한 핀란드군과의 전쟁에서 소련군이 예상 밖의 고전을 펼친 사실은 히틀러가 1939년 체결한 독소불가침 조약을 깨게 만드는 중요한 계기가 되었다. 소련 입장에서 보면 소련-핀란드 전쟁은 2천만 명의 사망자가 발생한 나치 독일과의 전면전의 예고편과도 같았다.

겨울전쟁 당시 핀란드군은 설원 위를 스키를 타고 이동하고, 순록을 이용하여 군수물자를 수송하며 현지 지형과 지세를 완벽에 가깝게 응용한 전술을 사용하며 희생을 극소화하였다. 그 결과 20만 명 이상이 전사한 소련군과는 달리 핀란드군의 전사자는 상대적으로 많지 않았다. 핀란드군은 3만 명도 안 되는 전사자가 났지만, 워낙 인구 소국이어서 그러한 전사자도 국가 차원에서 살펴보면 엄청난 희생이었다.

하지만 단기전이 아닌 소련과 같은 거대 국가와 나라의 존망을 걸고 펼치는 장기전을 하기에는 불과 수백만 명의 인구를 가진 소국 핀란드의 국력은 역부족이었다. 결국 핀란드는 1940년 3월 6일 카리알라를 포함한 자국 영토의 10%를 러시아에 할양하는 조건으로 강화조약을 맺고 전쟁을 종료한다. 겨울전쟁은 핀란드 입장에서 전쟁의 내용에서는 승리했지만, 협상 결과는 패전과 같은 전쟁이었다.

하지만 핀란드에게도 기회는 곧 찾아왔다. 나치 독일이 소련과 체결한 독소불가침조약을 어기고 1941년 6월 22일 수백만 대군으로 소련을 침공하자, 소

개들이 있는 세계사 풍경

련은 더 이상 핀란드에 대한 추가 침공을 하기 어려운 상태가 되었다. 핀란드는 독일의 소련 침공 시기에 맞춰 독일의 지원을 받으며 카리알라 등 겨울전쟁 결과 빼앗겼던 땅을 다시 회복한다는 명목으로 소련과의 전쟁을 1년 만에 다시 시작한다.

독일과의 전쟁으로 나라 전체를 빼앗길 위기에 처했던 소련은 핀란드와의 전쟁에는 더 이상 집중하기 어려운 상황이 된다. 역사가들이 겨울전쟁에 이은 전쟁이라는 의미로 이 전쟁을 계속전쟁(Continuation War)이라고 부르고 있다. 핀란드는 계속전쟁 결과 겨울전쟁에서 잃었던 땅은 회복하는 것은 물론 소련 영토 일부까지 점령하는 전과를 올리게 된다.

핀란드는 1944년 나치 독일의 패망이 거의 확정적인 상황이 되자 입장을 바꾸지 않을 수 없었다. 핀란드는 나치 독일과의 관계를 청산하고 오히려 독일군을 공격하기 시작한다. 그러면서 소련과는 카리알라를 포함한 분쟁 지역에 대한 영토 협상을 재개한다.

제2차 세계대전 종전 후 체결된 1947년 파리강화조약 결과, 핀란드는 카리알라를 포함한 자국 영토의 12%에 해당되는 땅을 다시 소련에게 할양한다. 이렇게 핀란드가 소련에게 빼앗긴 카리알라는 소련과 두 차례의 전쟁까지 치른 핀란드인 입장에서는 수많은 전사자와 실향민이 대량 발생한 한 많은 땅일 수밖에 없다.

핀란드와 소련의 전쟁 이야기를 하다 보니 마치 핀란드가 제2차 세계대전 당시 나치 독일을 편들고 옹호하며 그들의 입장에서 싸운 나라라고 이해할 수도 있다. 하지만 핀란드가 독일의 지원을 받아 소련과의 계속전쟁을 한 것은 자국의 생존을 위한 불가피한 조치였다고 볼 수 있다. 또한 계속전쟁을 실시한 핀란드의 목적은 영토 팽창이 아닌 실지 회복이었기 때문에 침략전쟁으로 보기에는 어려움이 있다. 만약 핀란드가 침략적인 야욕이 있었다면 나치 독일의 레닌그라드 지원군 파병 요청을 수용하였을 것이지만 핀란드는 독일에 병력을 지원하지 않았다.

핀란드를 위한 변명을 하나 더하면 1944년 핀란드가 그동안 우호적인 관계를 유지하던 나치 독일과의 관계를 청산하고 독일군을 공격한 것은 지조 없는 외교가 아닌 어쩔 수 없는 소국의 외교적 선택이라고 설명할 수도 있다.

러시아인들이 생각하는
라이카라는 말의 의미

러시아인들은 카리알라를 시작으로 극동 시베리아까지의 광활한 벌판에 사는 개들을 통칭해서 라이카(Laika)라고 부른다. 그래서 러시아인들이 이렇게 부르는 라이카는 특정한 견종(犬種)을 뜻하는 것이 아니다. 다양한 러시아의 개들이 두루 포함하는 말이다.

그런데 러시아 라이카들은 한 가지 역할만 하는 개가 아니다. 주어진 상황에 맞는 다양한 역할을 수행하는 멀티 플레이어(multi player)들이다. 이런 라이카들은 사냥, 경비, 양치기 같은 특정 업무만 수행하는 서구의 개들과는 근본적으로 다르다.

라이카들은 주인과 함께 사냥을 할 때는 사냥개가 되고, 집을 지킬 때는 경비견이 되며, 겨울에 눈이 내려 사람들의 이동이 불편해지면 유용한 교통수단인 썰매개(sled dog)로도 변신한다. 이렇게 라이카들은 러시아인들을 위해 매우 다양한 역할을 한다.

다양한 일을 척척 처리하는 개 라이카의 이름은 무슨 뜻을 가지고 있을까? 라이카는 러시아어로 '짖는 개' 또는 '짖는 동물'이라는 뜻을 가지고 있다. 라이

개들이 있는 세계사 풍경

카를 군이 영어로 번역한다면 아마 바커(barker)라고 할 수 있다. 따라서 러시아 사람들의 입장에서는 잘 짖는 개들은 다 라이카인 셈이다.

라이카라는 말을 보면 개의 짖는 소리를 흉내 내서 만든 의성어 멍멍이가 생각난다. 아마 서로 그 맥이 상통하는 것 같다. 그런데 멍멍이를 영어로 번역한다면 뭐라고 할 수 있을까? 아마 멍멍이도 바커가 아닐까 하는 생각이 든다.

그러면 러시아의 많은 개들 중에서 어느 개들이 라이카라는 이름에 걸맞게 잘 짖을까? 이는 어느 개가 라이카라는 본연의 이름에 적합한 개인지 알아내는 문제이기도 하다. 개들이 수행하는 임무를 생각하면 사냥개나 경비견들이 잘 짖어야 할 것 같다.

사냥개들 같은 경우에는 "주인님, 우리(사냥개)가 사냥감을 포위했으니 빨리 와서 처리하세요"라는 의미에서 마구 짖어댈 것이다. 경비견들도 마찬가지다. "주인님, 낯선 사람이 있으니 빨리 잡아 가세요"라는 뜻으로 짖을 수도 있다.

하지만 이러한 구분은 라이카들에게 아무런 의미가 없다. 러시아의 대자연에서 사냥을 하고 집을 지키는 개는 같은 개이기 때문이다. 라이카들은 낮에는 주인과 함께 사냥을 하고, 밤에는 주인과 자신이 사는 집의 경계를 자청한다. 즉, 라이카들은 낮에는 공격수로, 밤에는 수비수로 일을 하는 것이다. 이를 사자성어로 옮기면 주공야수(晝攻夜守)라고 할 수 있겠다.

러시아인들이 생각하는 라이카라는 개는 이렇게 광범위하게 해석되고 간주된다. 하지만 우리나라 애견인들과 사냥꾼들은 라이카를 좀 더 좁은 의미에서 생각한다. 우리나라 사람들이 생각하는 라이카는 눈 덮인 겨울 산하를 뒤지며 고라니나 멧돼지를 추적하여 잡는 러시아산 사냥개를 떠올리기 때문이다.

그런 의미에서 일부 사냥꾼들은 함경도가 고향인 풍산개도 넓은 의미에서 라이카의 범주에 넣고 해석하기도 한다. 하지만 그렇게 간단히 규정하기에는 고려할 점이 많다. 일단은 이 개에 대한 연구가 아직은 부족하다고 생각된다.

보다 신중한 접근이 필요한 것 같다.

러시아인들의 라이카에 대한 인식과는 달리 국제애견단체들이 보는 라이카에 대한 입장은 다르다. 견종별로 엄격한 혈통 관리를 강조하는 국제 애견단체들이 러시아식의 포괄적인 분류를 허용하지 않기 때문이다.

벨기에에 본부가 있는 국제축견연맹(FCI: Fédération Cynologique Internationale)은 러시아 라이카의 종류를 단 세 종류만 인정하고 있다. 일명 러소우 유러피언 라이카라고도 불리는 러션 유러피언 라이카(Russian European Laika), 웨스트 시베리안 라이카(West Siberian Laika), 이스트 시베리안 라이카(East Siberian Laika)가 그것이다.

러시아인들에게는 핀란드, 노르웨이 개들도 라이카

그런데 라이카들의 범위를 광범위하게 보는 러시아인들은 이 세 종류의 라이카 외에 다른 개들도 라이카로 보기도 한다. 러시아인들이 러시아 라이카 외의 외국 개를 라이카로 볼 때는 스칸디나비아와 관련이 있다. 좀 더 구체적으로 얘기하면 북방 스피츠 계열에 속하는 러시아 라이카들과 마찬가지로 스칸디나비아의 북방 스피츠 계열의 개들도 라이카로 보는 것이다.

노르웨이의 사슴 전문 사냥개인 노르위전 엘크 하운드(Norwegian Elkhound)의 경우, 러시아인들은 노르위전 엘크 라이카(Norwegian Elk Laika)라고 부른다. 또한 진돗개 황구(黃狗)와 비슷한 외모를 가진 핀란드의 피니시 스피츠(Finnish Spitz)는 피니시 버드 라이카(Finnish Bird Laika)라고 한다. 피니시 스피츠는 핀란드의 국견에 해당되는 개로 상당한 대우를 받고 있다. 심지어 핀란

개들이 있는 세계사 풍경

드에는 피니시 스피츠의 그림
으로 만든 기념우표도 있다.

▶시베리안 허스키 : 시베리안 허스키도 러시아에서는 라이카라고도
불린다. _2012년 2월 인천 월미도 애견 카페 물란에서 촬영

러시아인들이 피니시 스피
츠를 피니시 버드 라이카로
바꿔 부르는 데는 그만한 이
유가 있다. 이 개는 200kg을
훌쩍 넘는 불곰이나 800kg
에 달하는 대형 사슴 무스
(moose) 같은 동물들을 사냥
할 때도 사용되지만, 물새 사
냥에도 아주 뛰어난 기량을 보이기 때문이다.

피니시 스피츠는 하운드(Hound) 계열의 사냥개와 같은 수렵견(狩獵犬)이면
서, 그와 동시에 세터나 포인터 같은 조렵견(鳥獵犬, Gun dog)이고, 골든 리트
리버 같은 회수견(回收犬, Retriever) 역할도 한다. 이 정도 같으면 피니시 스피
츠는 혼자서 북을 치고 장구도 치고 꽹과리도 치는 격이다. 그래서 러시아인들
은 피니시 스피츠를 새 사냥개라고도 부르는 것이다. 그리고 보니 피니시 스피
츠의 다재다능함도 러시아 라이카들에 비해 전혀 뒤떨어지지 않는 것 같고 비
슷한 것 같다.

러시아인들의 라이카라는 개에 대한 확장성은 여기서 끝나지 않는다. 러시
아인들은 시베리아가 고향인 사모예드(Samoyed)나 시베리안 허스키(Siberian
Husky) 같은 썰매개 그룹에 속하는 개들도 라이카라고 부른다. 미소가 아름
다운 순백의 미견(美犬) 사모예드의 경우, 사모예드 라이카(Samoyed Laika)라
고 부르며, 시베리안 허스키는 야쿠트 라이카(Yakut Laika)라고도 칭한다.

그런데 러시아의 일부 애견인들은 국제 공인 라이카인 러션 유러피언 라이

카, 웨스트 시베리안 라이카, 이스트 시베리안 라이카 이외에 카렐로 피니시 라이카(Karelo Finnish Laika)와 커릴리언 베어 도그(Karelian Bear Dog)를 합쳐 라이카를 모두 다섯 종류로 보기도 한다. 하지만 국제 애견단체들은 라이카는 FCI가 지정한 세 종류만 인정하고 있다.

뇌조, 꿩, 오리 같은 새들을 사냥하는 데 사용하는 카렐로 피니시 라이카와 유라시안 불곰과 무스 같은 대형사슴을 잡는 사냥개인 커릴리언 베어 도그는 모두 러시아-핀란드 군인 수십만 명이 전사한 땅인 카리알라가 원산지인 개들이다. 이 개들은 해외에서는 아직 무명(無名)에 가까운 사냥개들이지만, 러시아와 스칸디나비아 현지에서는 뛰어난 사냥 실력 때문에 상당한 인기를 끌고 있는 개들이다.

참고로 FCI는 지난 2006년 카렐로 피니시 라이카와 피니시 스피츠는 견종들 간에 차이가 없다고 결론 내리고 카렐로 피니시 라이카를 피니시 스피츠에 합쳐버렸다. 공식적으로 카렐로 피니시 라이카는 고유한 이름을 잃게 되었다.

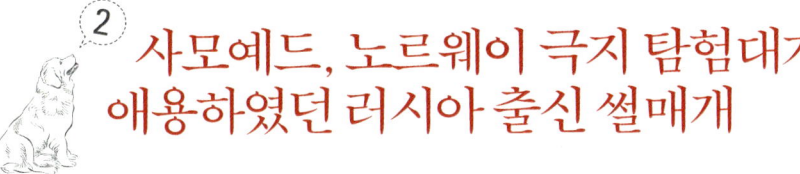

2 사모예드, 노르웨이 극지 탐험대가 애용하였던 러시아 출신 썰매개

난센, 아문센 등 노르웨이 원정대와 함께 한
사모예드들의 비극적 운명

사모예드(Samoyed). 아름다운 순백의 풍성한 털과 깜찍한 외모를 가진 개다. 세계의 많은 애견인들로부터 폭넓은 사랑을 받고 있는 개이기도 하다. 사모예드라는 개의 이름은 오랜 기간 동안 이 개를 키웠던 서북부 러시아에 사는 사모예드족의 이름에서 유래된 것이다.

사모예드족은 우리가 중고등학교 국어 수업시간에 많이 들어봐서 너무나 익숙한 우랄어족(Uralic)에 포함된다. 사모예드족은 네네츠족, 에네츠족, 타브기족, 셀쿠프족 등 규모가 작은 4개 부족으로 이루어져 있으며 이 부족들 중에서는 네네츠(Nenets) 부족의 규모가 가장 큰 편이다.

사모예드인들은 전형적인 유목민족이다. 그런데 양이나 말을 키우는 다른 유목민족들과 달리 사모예드인들은 자기 민족 이름과 동일한 이름을 가진 사모예드라는 개를 이용하여 순록을 계절에 따라 적합한 목초지로 이동시키며 키우고 산다. 따라서 사모예드인들에게 사모예드라는 개는 순록과 함께 생존을 위한 필수적인 존재이기도 하다.

사모예드는 썰매개(sled dog)로서의 명성이 매우 높다. 하지만 우리나라 사람들은 사모예드를 썰매개로 잘 생각하지 않고 시베리안 허스키(Siberian Husky), 알래스칸 맬러뮤트(Alaskan Malamute) 정도만 썰매개로 생각하는 경향이 있다. 하지만 사모예드의 썰매개로서의 능력은 이 두 견종에 비해 결코 뒤지지 않는다.

사모예드는 남북극에 대한 탐험 러시가 한창일 때 노르웨이 유명한 극지 탐험가 난센(Fridtjof Nansen, 1861~1930)과 함께 북극원정에 참여했다. 그런데 난센은 썰매개 사모예드를 이용한 북극권 원정을 준비하면서 사모예드에게 줄 사료를 준비된 것 외에 특별한 방법으로 현지에서 조달하는 계획도 짰다. 그리고 난센은 이 계획을 시행하기도 하였다.

난센의 특별한 썰매개 사료 조달 방법은 말 그대로 약육강식(弱肉强食)이었다. 원정을 하면서 약하거나 힘이 부치는 사모예드가 있으면, 그 고기를 강한 사모예드에게 주었다. 약한 동료의 살을 먹고 뼈를 부숴서 먹어야지만 자신이 살 수 있는 썰매개 사모예드의 입장에서 보면 정말 잔인한 극지원정이라고 말할 수 있다. 이러한 원정 결과 난센의 사모예드 썰매개 중 소수만 살아서 귀환할 수 있었다.

참고로 난센은 극지탐험 활동을 종료하고 정치가 겸 외교관으로 변신한다. 그는 1922년 노벨평화상을 수상하는데, 이는 그가 러시아 난민 구제와 1차 세계대전으로 발생한 포로들의 본국 송환 작업에 크게 기여하였기 때문이다.

난센과 같은 노르웨이 탐험가 아문센(Roald Amundsen)도 그와 비슷한 방법을 사용하여 남극을 정복한 것으로 전해진다. 1911년 실시된 그의 남극원정에서는 힘이 부치는 썰매개들을 죽여서 그 고기를 아직 힘이 남은 썰매개들에게 먹이로 주고 그 개들의 털가죽은 원정대의 외투가 되었다. 그 결과, 아문센의 52마리의 썰매개 중 무사 귀환한 썰매개는 11마리에 불과했다. 아문센의 남극원정에는 북극권의 썰매개인 그린란드개는 물론 사모예드도 일부 포함된 것으로 알려진다.

썰매개를 이용한 난센과 아문센의 극지원정에는 이런 공통점을 가지고 있었다. 노르웨이 원정대 외에도 영국의 탐험영웅인 섀클턴(Ernest Henry Shackleton)도 극지 원정 때 사모예드를 데리고 갔다.

사모예드인들에게는 맥가이버견, 사모예드

●

그런데 시베리아에서 사모예드들의 역할은 단순히 썰매를 끄는 것으로만 그치지 않았다. 이 개들은 사모예드족의 재산목록 1호인 순록을 지키는 목양견 역할을 한다. 사모예드가 순록을 지키는 것을 보면 이 개가 러프 콜리(Rough Collie), 셰틀랜드 시프 도그(Shetland Sheep Dog)같이 목양견 목적으로 처음부터 개량된 것이 아닌가 하는 생각이 든다.

솔직히 세계적으로 양치기개는 많다. 흔한 그룹의 개들이다. 하지만 북극권에서 순록을 지키는 것이 주 임무인 개들은 극히 드물다. 널리 알려진 얘기는 아니지만 옛날 보더 콜리(Border Collie)의 선조견들은 스코틀랜드로 넘어오기 전에 노르웨이계 바이킹들의 순록을 지키는 역할을 했다는 얘기도 있다.

썰매견과 목록견(牧鹿犬)의 역할 외에도 사모예드의 역할은 몇 개 더 있다. 사모예드는 귀엽고 아름다운 외모와는 달리 사냥개의 역할도 의외로 잘한다고 한다. 즉, 사모예드는 눈이 오면 주인을 태우고 썰매개 역할을 하다가도 갑자기 사냥개로 돌변하여 무스(moose) 같은 대형 사슴을 잡는 데도 사용된다.

솔직히 순백의 아름답고 풍성한 털을 가지고 있고, 북극여우같이 귀엽고 앙증스러운 얼굴을 가지고 있어서 미소천사라는 별명까지 가지고 있는 사모예드가 다른 동물을 추격하여 공격하는 사냥개라는 사실이 믿기지가 않는다. 정말 보기와는 딴판이다.

사모예드는 사냥을 하거나 썰매를 끌고 나서 주인과 함께 귀가하면 야생의 늑대와 곰들로부터 주인 가족의 안전을 책임지는 경비견 역할도 한다. 이 정도 능력을 가진 개라면 만능견이라고 말할 수 있을 것이다. 사모예드를 두고 '애견계의 맥가이버'라고 칭송하지 않을 수 없다.

그렇지만 사모예드의 역할은 여기서 끝나지 않는다. 사모예드의 원래 고향인 시베리아 벌판이 아닌 전 세계 다른 곳에 사는 21세기의 대부분 사모예드들은 썰매를 끌거나, 순록을 지키거나, 경비견 역할을 하지 않는다. 이들은 일하는 개들인 사역견(使役犬)들이 하는 실용적인 일 외에 순백의 아름다운 외모와 순한 성품으로 애견인들의 사랑을 듬뿍 받는 애견 역할을 잘하고 있다.

많은 애견인들은 아름다운 사모예드의 자태 하나만으로도 언제든지 칭찬하고 사랑할 준비가 되어 있다. 사모예드 입장에서는 거친 러시아 벌판에서 온갖 궂은 일을 다해야 하는 처지였는데 21세기가 되어 참 편한 팔자로 바뀐 것 같다. 그런데 정작 사모예드가 행복해하고 더 좋아하는 일은 썰매도 끌고, 사냥도 하고, 경계도 서는 것일 수도 있다. 답답한 아파트에 갇혀 온종일 빈둥거리다가 잠만 자는 것보다는 그것이 더 좋을 수 있기 때문이다.

개들이 있는 세계사 풍경

▶**사모예드** : 러시아에서는 사모예드로 라이카라고 부르기도 한다. _사모예드 강아지는 2013년 홍콩 몽콕의 펫숍에서 촬영

일본 스피츠와 차우차우 개발에
사모예드가 과연 사용되었을까?

아름다운 사모예드가 깜찍한 외모를 가진 재패니즈 스피츠(Japanese Spitz)를 개발하는 데 상당한 역할을 했다는 주장도 제기되고 있다. 일본인들이 대형견에 속하는 사모예드를 선택적으로 교배하여 현재와 같은 중소형견 크기의 일본 스피츠로 축소 개량했다는 것이 이 주장의 주요 내용이다. 사실 재패니즈 스피츠와 사모예드는 체격은 많이 차이 나지만 외모는 흡사하다. 어떻게 보면 이 두 견종의 차이는 스탠다드 푸들(Standard Poodle)과 토이 푸들(Toy Poodle)의 차이와도 비슷하다.

물론 재패니즈 스피츠 개발과 관련하여 다른 주장도 있다. 이 개의 개발을 위해 일본인들이 러시아의 사모예드가 아닌 독일계 스피츠를 동원되었다는 것이 주요 내용이다. 19세기 말부터 20세기 초까지 일부 독일인들은 독일에서 키우던 스피츠 계열의 개들을 데리고 사업차 만주로 갔다고 한다. 나중에 만주로 진출한 일본인들 중에서 일부가 독일인들이 데리고 온 독일계 스피츠를 일본으로 데려갔고, 그 개들을 개량하여 현재와 같은 재패니즈 스피츠를 만들었다는 것이다.

내몽골과 만주가 원산인 사자개 차우차우(Chow Chow)의 혈통에 관한 여러 가지 주장 중에는 사모예드와 관련된 것도 있다. 북방 스피츠 계열인 사모예드와 티베트가 원산지인 티베탄 마스티프(Tibetan Mastiff)가 교잡을 하여 만들어진 게 사모예드라는 주장이다.

그러나 이 주장은 아직 확실한 정설로 받아들여지지는 않았다. 그런데 차우차우의 외모를 보면 스피츠의 특징과 마스티프의 특징이 모두 보이는 게 사실이다. 따라서 이런 주장도 상당한 설득력이 있다.

개들이 있는 세계사 풍경

3 소련의 스푸트니크 2호에 탑승한 라이카의 비참한 최후

미국 사회를 충격에 빠트린
소련의 스푸트니크호 발사

나치독일과 일본제국의 패망으로 막을 내린 제2차 세계대전 종전 후 세계는 미국과 소련이 지배하는 양극체제로 새롭게 재편된다. 양국은 국방은 물론 산업, 문화, 스포츠 등 거의 모든 분야에서 이념과 체제의 우위성을 강조하기 위해 치열한 경쟁을 벌였다. 그중에서도 두드러지게 성과가 나서 자국민에게는 희망을 주고 상대국에게는 충격을 줄 수 있는 우주산업 분야에서는 그야말로 국운을 건 경쟁을 하였다.

그러던 어느 날 소련은 미국 국민들에게 엄청난 충격을 안겨주는 사건을 터트린다. 1957년 10월 4일 소련은 스푸트니크 1호 발사에 성공한 것이다. 당시 서구사회 특히 미국이 받았던 충격은 엄청났다. 미국 사회가 받은 충격을 사회학적 용어로 '스푸트니크 위기(Sputnik crisis)'라고 부르기도 했다.

미국인들은 1950년대만 해도 소련에 대해서 낮게 평가하였다. 제2차 세계대전 때 미국이 도와주지 않았다면 아돌프 히틀러의 나치 독일군에게 점령되었을 나라, 아직도 모든 분야에서 미국을 따라 오려면 몇 백 년은 걸릴 유럽의 후진국 정도로만 생각했다. 하지만 그런 미국인들의 오만과 편견은 소련의 스푸트니크라는 인공위성 발사로 여지없이 무너지고 만다.

미국 사회는 소련의 큰 성공에 엄청난 자극을 받고 변화의 노력을 기울인다. 특히 과학, 기술, 교육, 군사 부분에서는 혁신과 반성을 요구하는 목소리가 많았다. 결과론적으로 보면 스푸트니크의 발사 성공은 단기적으로는 소련의 자존심을 고양시키는 역할을 했지만 장기적으로는 미국의 발전에 오히려 더 큰 역할을 하였다. 스푸트니크 발사 성공은 미국과 소련 두 강국의 치열한 군비경쟁, 우주개발 경쟁을 본격적으로 촉진시킨 역할도 하였다.

참고로 스푸트니크(Sputnik)는 러시아어로 동반자, 위성이라는 뜻을 가지고 있지만, 당시 서구 사회에서 스푸트니크는 소련의 인공위성을 뜻하였다.

스푸트니크호에 탑승한 라이카는
사실상 실험용 동물

그런데 소련의 스푸트니크 발사는 한 번에 그치지 않고 계속되었다. 소련은 스푸트니크 1호 발사 성공 한 달 후인 1957년 11월 3일 스푸트니크 2호 발사를 실시한다. 그런데 2호 발사 때는 특이하게도 그 인공위성 안에 라이카(Laika)라

개들이 있는 세계사 풍경

는 이름을 가진 개 한 마리를 탑승시키고 발사되었다.

그런데 소련 과학자들이 2호 스푸트니크 발사에 라이카라는 개를 탑승시키고 발사한 이유는 매우 간단하다. 일종의 동물실험인 것이다. 제약회사가 사람에게 사용할 신약을 개발하면서 먼저 동물실험을 통해 안정성을 검증받으려는 것과 거의 같은 이유였다. 여기서 제약회사는 러시아로 신약은 사람이 타는 유인(有人) 우주선으로만 바꾸면 된다. 즉, 러시아는 스푸트니크 2호에 탑승한 라이카를 통해 유인 우주선 개발에 필요한 정보가 필요했다.

물론 가련한 개 라이카는 지구로 귀환하지 못했다. 소련의 스푸트니크 2호는 우주 공간에서 1958년 1월 14일 소멸되었다. 라이카의 시체도 우주의 먼지가 되어 사라지고 말았다. 영원한 우주미아가 된 셈이다.

미국을 충격에 빠트렸던 스푸트니크에 탔던 라이카라는 개의 정체에 대해 알아보겠다. 그런데 생명체 라이카는 너무나 출신 성분이 비천하였다. 라이카는 소련의 수도 모스크바 시내를 노숙하던 떠돌이 개였다. 그렇지만 이 개는 인공위성을 타고 최초로 무중력 상태에 진입한 지구의 첫 생명체가 된 것이다. 스푸트니크를 탄 라이카는 견종의 이름이 아니며 개의 이름을 의미한다.

라이카의 죽음을 둘러싼
진실 공방

●

하지만 그런 영광은 개에게는 아무 의미가 없을 것이다. 오히려 우주선에 탑승한 개 라이카에게는 가혹한 운명이었을 것이다. 라이카는 비록 주인이 버렸던 유기견이었지만 그래도 모스크바 시내를 떠돌며 걸식을 하며 자신의 생명을 지킬 수 있었다. 하지만 사람들에 의해 스푸트니크에 태워져서 우주로 추방된 라이카는 온몸이 산화되며 목숨을 잃는다. 이렇게 모스크바의 유기견이었던 라이카는 우주의 영원한 미아가 되고 만다. 애당초 라이카에는 우주 왕복 티켓은 없었고, 편도 티켓 한 장만이 주어졌을 뿐이었다.

스푸트니크 2호 발사 후 당시 소련 우주당국은 라이카가 미리 준비한 약물에 의해 고통 없이 죽었다고 발표했다. 하지만 2002년 언론을 통해 알려진 사실에 의하면 당시 소련의 발표는 거짓인 것으로 드러났다.

라이카는 스푸트니크 2호 발사 후 수 시간 만에 사망하였는데, 발사 후 개의 심장 박동 수가 평소보다 3배 이상 올라가는 등 상당한 고통을 경험하고 죽었다는 것이다. 라이카는 발사 당시 온몸이 좁은 공간에 묶인 상태였다. 그 공간에서 라이카는 자신의 마지막 수 시간을 엄청난 고통과 함께 보내다가 생을 마감한 것이다. 애견인의 한 사람으로서 안타깝기만 한 유기견의 최후다.

라이카의 희생 뒤에도 러시아는 개를 이용한 우주여행에 계속 나선다. 특히 1960년에 있었던 스푸트니크 5호에는 벨카와 스트렐카라는 개 두 마리를 탑승시켰는데, 지구 주변을 17바퀴나 돌고 무사히 귀환한다.

이러한 스푸트니크 5호의 성공은 1961년 소련의 유인 우주선 개발에 큰 영향을 미친다. 지금도 사람들은 유인 우주선 보스토크(Vostok) 1호에 타고 1시간여 지구 주변을 선회하였던 소련 공군의 조종사 유리 가가린(Yuri Gagarin)을 최초의 우주인이라고 생각하고 기억하고 있다. 하지만 인류의 우주 개발을 위해 희생되었던 라이카의 죽음에 대해서는 별다른 관심을 기울이지 않고 있다. 죽어서 한줌 시체도 지구로 돌아오지 못하고 영원한 우주 미아가 된 한없이 가여운 라이카에 대해서는…….

러시아 블라디미르 푸틴 대통령을 둘러싼 애견외교

베네수엘라에서 애견외교를 펼친
푸틴 대통령

현존하는 지구상 모든 나라의 정상들 중 가장 강한 카리스마를 가진 지도자는 단연 러시아 대통령 블라디미르 푸틴(Vladimir Putin)이다. 푸틴 대통령은 세상 사람들이 잊을 만하면 웃옷을 벗고 우람한 근육을 자랑하며 외신면을 화려하게 장식한다.

푸틴 대통령은 야생이 살아 숨 쉬는 러시아의 지도자답게 취미활동도 대단히 활동적이며 역동적이다. 외신을 통해 지금까지 보도된 그의 취미 생활은 사냥, 유도, 아이스하키, 스킨 스쿠버, 해저 탐사, 승마 등이다. 또한 그는 일반인들은 범접하기도 어려운 항공기, 모터 보터, 탱크, 포뮬러1 차량 등을 직접 조종하는 모습도 수시로 보여준다.

그런데 푸틴 대통령은 밖으로 드러나는 이런 강인함과는 달리 부드러운 면도 상당히 있다. 널리 알려진 일은 아니지만 그는 개를 매우 사랑하는 애견가이기도 하다. 개를 좋아하는 푸틴 대통령의 부드러운 취향은 종종 언론을 통해 전해지기도 한다. 몇 년 전 배드민턴을 치고 있는 푸틴 대통령의 사진이 소개되었을 때, 라켓을 잡은 그의 바로 옆에는 공중으로 날아가는 셔틀콕을 응시하는 개 한 마리가 같이 앵글에 잡혔다. 그 사진 한 장만으로도 푸틴 대통령이 얼마나 개를 좋아하는지 증명하기에 충분하였다.

그런데 이렇게 애견가로만 알려졌던 푸틴 대통령은 2012년 의외로 개를 이용한 애견외교(愛犬外交)를 시도한다. 그리고 깔끔하게 소기의 성과를 거둔다. 그는 중남미의 대표적 반미 국가 베네수엘라를 상대로 애견외교의 정석을 보여줬다.

21세기 러시아에게 중남미 최대 맹방(盟邦)은 엄청난 석유매장 규모를 자랑하는 베네수엘라다. 베네수엘라는 석유를 외화가 부족한 가난한 중남미 이웃 국가들에게 원조하는 형식의 오일외교를 통해 그 위세를 확장시키고 있다. 이런 베네수엘라에 비해 경제사정이 좋지 않은 쿠바의 전략적 가치는 과거에 비해 많이 떨어지고 있는 게 사실이다.

2012년 9월 26일 베네수엘라 대통령 선거운동은 막바지를 향해 달리고 있었다. 이미 3번이나 연거푸 대통령직을 유지하고 있던 우고 차베스(Hugo Chavez) 대통령의 당선이 유력했지만, 푸틴 대통령은 그를 위해 뭔가 한 방을 터트리길 원했던 같았다. 푸틴 대통령만큼 차베스의 당선을 간절히 원한 다른 주요국가의 정상은 없었을 것이다.

푸틴 대통령은 이 나라의 대선 기간 중에 러시아 국영 석유회사인 로스네프

개들이 있는 세계사 풍경

티사의 이고리 세친 회장을 베네수엘라로 보낸다. 참고로 로스네프티사는 최근 인수합병을 통해 세계 제1위 석유기업 자리를 놓고 미국의 엑손모빌사와 경쟁을 벌일 정도로 급성장한 회사이기도 하다. 푸틴 대통령의 심부름으로 베네수엘라로 건너 간 세친 회장은 의외의 선물 보따리를 차베스 대통령에게 주고 온다. 놀랍게도 푸틴 대통령의 선물은 러시아의 대표적인 애견인 블랙 러션 테리어(Black Russian Terrier, 약칭: BRT)였다. 세계 유수의 대기업 총수가 개 한 마리를 선물하기 위해 베네수엘라로 건너간 것이다.

그런데 푸틴 대통령이 차베스 대통령에게 선물한 것은 단순한 강아지 한 마리만을 뜻하지 않는 것이었다. 푸틴 대통령은 러시아의 정상으로서 차베스 대통령의 당선을 진심으로 바란다는 뜻을 강아지 한 마리를 통해 베네수엘라를 포함한 전 세계 사람들에게 전달한 것이나 마찬가지였기 때문이다.

아마 푸틴 대통령은 베네수엘라 국민들의 표심에 강아지 한 마리를 선물하며 호소한 것 같다는 생각이 든다. 러시아가 고향인 강아지 한 마리를 베네수엘라 대선 기간 중 후보로 입후보한 차베스 대통령에게 선물로 준 행위는 분명히 애견외교라고 말할 수 있는 정치적 행보다. 때론 강아지 한 마리가 이렇게 큰 역할을 할 수도 있다고 생각하니 놀랍기만 하다. 그리고 그런 발상을 한 푸틴 대통령의 외교력도 대단하다고 평가하고 싶다.

애견외교를 통한 푸틴 대통령의 노력 덕분이었는지는 확실하지 않지만 중남미 반미의 아이콘인 차베스 대통령은 대통령 4선이라는 고지를 정복한다. 하지만 차베스 대통령의 4선 성공은 오래가지 못하고 금방 막을 내리고 만다. 그는 비록 힘든 대선에서는 승리하였지만, 자신을 2년 넘게 괴롭혔던 병마와의 싸움에서 지고 말았기 때문이다. 차베스 대통령은 결국 2013년 사망한다.

차베스 대통령의 사망으로 베네수엘라 국민들은 2013년 새로운 대통령을 선출을 위해 또 다시 대선을 치러야만 했다. 하지만 푸틴 대통령은 2013년 베네수엘라 대선에서는 2012년 대선과는 달리 러시아산 블랙 러션 테리어 강아지를 이용한 애견외교를 하지는 않았다. 상당한 정무 감각을 가진 푸틴 대통령은 "베네수엘라에서 애견외교의 효과는 지났다"라는 점을 이미 간파한 것 같다는 생각이 든다.

소련이 심혈을 기울여 만든
블랙 러션 테리어

●

그런데 앞선 글을 읽다 보면 푸틴 대통령이 베네수엘라의 차베스 대통령을 돕기 위해 선물한 블랙 러션 테리어가 무엇인지 잘 모르는 분들도 많을 것이다. 블랙 러션 테리어는 구(舊) 소련 시절 국가 차원에서 필요한 사역견(使役犬)을 얻기 위해 추진하였던 사역견 개발 프로젝트의 일환으로 탄생한 견종이다.

사역견은 경비, 경계, 폭발물 탐지, 마약 탐지, 맹인 인도 등 인간을 돕기 위한 일을 하는데 적합한 개들을 통칭하는 말이다. 세계적으로 많이 보급된 사역견으로는 저먼 셰퍼드(German Shepherd), 도베르만(Doberman), 래브라도 리트리버(Labrador Retriever), 골든 리트리버(Golden Retriever) 등이 있다.

그렇다고 블랙 러션 테리어의 혈통이 야생 늑대에서 바로 나오거나, 하늘에서 뚝 떨어진 것은 물론 아니다. 따라서 이 개를 개발하기 위해 다양한 견종의 개들이 동원되었다. 이러한 블랙 러션 테리어 개발의 역사를 알아보기 위해서는 1945년 나치독일의 무조건 항복 선언으로 패망한 당시 독일의 상황을 잠시 살펴봐야 한다.

나치독일의 항복으로 독일 영토는 전승국들에 의해 분할 통치된다. 승전국 중 미국, 프랑스, 영국 등 서방국가가 통치한 지역은 후일 자본주의 국가인 서

독(西獨)으로 독립하고, 소련군이 점령한 지역은 공산국가인 동독(東獨)으로 후일 각각 독립하게 된다. 독일이 2차 대전을 일으키고 무고한 사람들을 죽게 만든 죄의 대가는 나라의 분단이었다.

전쟁에서 이긴 전승국들은 점령지에서 좋은 물자가 있으면 자신의 전리품을 챙기는 경향이 있다. 전승국 소련도 그랬다. 소련군도 당시 점령지 동독에서 많은 예술품과 유물들을 본국으로 실어갔다고 한다. 그런데 당시 소련이 동독에게서 가져간 물자 목록에는 2차 세계대전 당시 독일군을 위해 우수한 능력을 보였던 독일이 원산인 군용견과 사역견들도 상당수 포함되었다고 한다.

소련은 점령지 동독에서 조달한 우수한 사역견들을 중심으로 국가 차원에서 필요한 특수목적견을 개발하는 프로젝트를 추진한다. 그리고 그런 소련 당국의 노력은 마침내 결실을 거두게 된다. 그 결과물이 러시아가 베네수엘라 대선 당시 애견외교를 할 때 사용하였던 블랙 러션 테리어였다.

그러면 어떤 개들이 소련이 만든 걸작 블랙 러션 테리어 개발에 사용되었는지 궁금할 만하다. 그런데 본격적으로 블랙 러션 테리어에 대한 설명을 하기에 앞서 이 개의 이름에 붙은 테리어(Terrier)라는 애견 용어에 대한 설명부터 하는 것이 먼저인 것 같다.

성급하게 결론부터 말하면 블랙 러션 테리어라는 개 이름에는 있지만, 이 개는 영국이 고향인 소형 사냥개 테리어들과는 큰 관계가 없다. 또한 국제애견단체들은 블랙 러션 테리어를 테리어로 분류하지 않고 사역견으로 분류한다.

테리어는 대부분 영국이 고향인 작은 체구의 개들로 토끼나 쥐 같은 작은 사냥감을 날쌔게 잡는 사냥개다. 물론 호주가 고향인 실키 테리어(Silky Terrier)나 오스트레일리언 테리어(Austrailian Terrier) 등도 있지만, 이 개들의 선조는 모두 영국이 고향인 테리어들이었다. 따라서 주인을 따라 호주에 이민을 간 영국 테리어의 후손들이 일부 개량되어 호주산 테리어가 된 것이다. 따라서 테리어라는 소형견의 혈통은 모두 영국에서 나왔다고 생각하면 된다.

하지만 러시아의 자랑 블랙 러션 테리어는 애당초 사냥을 위해 만들어진 것도 아니고 다른 테리어들과는 달리 체구가 왜소하지도 않다. 오히려 체격으로 구분하자면 충분히 대형견에 속할 만큼 당당한 체구를 보유하고 있다.

이 개에 대한 이러한 생뚱맞은 작명은 소형견 티베탄 스패니얼(Tibetan Spaniel)과 중형견 티베탄 테리어(Tibetan Terrier)의 경우에서도 발생한다. 티베탄 스패니얼은 스페인의 작은 개라는 뜻을 가진 스패니얼 그룹과는 아무런 관련이 없고, 티베탄 테리어도 영국 혈통인 사냥개 테리어들과는 전혀 관계없는 개다. 오히려 티베탄 테리어는 사냥과는 전혀 반대되는 의미를 가진 목양견에 속하는 개다.

블랙 러션 테리어를 개발하기 위해서는 20여 종이나 되는 많은 견종들이 투입되었다. 물론 이런 작업에 동원된 20개 견종의 정확한 명단은 공개되지 않고 비밀에 쌓여져 있다. 필자가 아는 상당수 견종 개발의 경우, 해당 작업에 동원된 정확한 견종들의 명단이 공개되지 않고 있다. 이런 비밀주의는 새로 개발한 견종에 대한 신비스러움과 독창성을 유지하기 위한 불가피한 조치인 것 같다.

블랙 러션 테리어 개발을 위해 동원된 견종 중 지금까지 알려진 것은 다음과 같다. 독일이 원산지인 자이언트 슈나우저(Giant Schnauzer), 로트바일러(Rottweiler), 캐나다가 원산지인 뉴펀들랜드(Newfoundland), 러시아가 원산지인 코카시안 오브차카(Caucasian Ovtcharka)와 이제는 멸종된 모스크바 워터 도그(Moskva Water Dog) 등이다.

그 외에도 테리어 그룹 중에서는 유일하게 '테리어의 왕'이라고 불리는 에어데일 테리어(Airedale Terrier)가 참가하였다. 에어데일 테리어가 테리어의 왕이라고 불리는 이유는 이 개가 테리어 중에서는 가장 체격이 크기 때문이다. 에어데일 테리어는 1, 2차 세계대전 당시 영국군의 군견으로 크게 활약한 기록도 있다.

블랙 러션 테리어를 소련 시절 만든 이유는 체제 유지에 필수적인 군용견과 경찰견을 충분히 확보하기 위해서다. 그런데 이 개가 개발된 시기가 공교롭게 스탈린 독재정권 시절이다 보니 블랙 러션 테리어를 스탈린 도그(Stalin dog)라고도 부르기도 했다.

영리한 개 이름에 히틀러와 맞먹는 독재자이며 자신의 독재 권력을 확고하게 만들기 위해 수천만 명의 러시아인들을 기꺼이 학살하였던 인류 최악의 독재자 중 하나인 스탈린을 붙이는 것 자체는 좀 꺼림직하기도 하다.

그런데 스탈린 도그 외에도 히틀러 도그(Hitler dog)라는 오명을 뒤집어 쓴 개도 있다. 로트바일러가 바로 그 개다. 블랙 러시안 테리어 개발에도 사용된 로트바일러는 수색, 경비 등의 용도로 나치 독일군에 의해 사용되던 개들이다. 그런데 제2차 세계대전의 원흉 히틀러는 독일산 로트바일러의 용맹성과 충성심을 매우 높게 평가하여 늘 곁에 두었다. 그래서 로트바일러를 일명 히틀러 도그라고 부르기도 했다. 솔직히 히틀러 도그와 스탈린 도그 중에서 어느 것이 개에게 더 모욕적인 이름인지 잘 모르겠다. 둘 다 우열을 가리기 힘든 막상막하의 악명 같다는 느낌이 든다.

블랙 러션 테리어는 소련 당국의 해외반출 금지 방침 때문에 상당 기간 동안 외국으로 반출되지 않았다. 그래도 이 개는 1957년 소련의 애견클럽인 레드 스타 켄넬(Red Star Kennel)에서 공인을 받았고, 일부 강아지들은 소련 내 민간 분양 희망자들에게 분양되기도 했다. 하지만 그 당시 소련의 통제 하에 있었던 동구의 공산국가 헝가리, 체코에는 블랙 러션 테리어들이 소개되었다.

동구권 국가들에 비해 미국의 블랙 러션 테리어 도입은 상당히 뒤늦게 이루어졌다. 그 결과, 미국에서 블랙 러션 테리어가 공인견종으로 인정받게 된 것은 러시아의 애견클럽이 이 개를 공인한 지 무려 47년 후인 2004년이었다.

블랙 러션 테리어는 소련이 국가적인 차원에서 만든 사역견답게 주인에 대한 충성심이 매우 높고 용맹한 편이다. 또한 이 개는 높은 난이도의 일을 처리해야 하므로 지능도 상당히 뛰어난 편이다. 블랙 러션 테리어의 외모는 마치 자이언트 슈나우저와 에어데일 테리어를 반반씩 섞어 놓은 모습 같다.

일본이 푸틴 대통령에게 펼친
애견외교

개를 좋아하는 푸틴 대통령과 관련된 애견외교는 하나 더 있다. 이번 애견외교는 푸틴 대통령이 능동적으로 실시한 것이 아니라 상대국에서 푸틴 대통령을 상대로 벌인 외교전이다. 입장이 좀 바뀐 애견외교라고 할 수 있다.

영토문제에 매우 민감한 편인 일본은 러시아와의 관계에서 가장 큰 현안은 단연 에토로후, 구나시리, 시코탄, 하보마이 등 북방 4개 도서 반환 문제다. 북방 도서들은 일본의 홋카이도(北海道)와 러시아의 쿠릴 열도(Kuril 列島) 사이에 위치한 섬들로 이 섬들을 둘러싼 양국 간 분쟁의 역사는 오래되었다.

일본의 경우, 1945년 제2차 세계대전 종전 후 당시 소련군이 이 4개 섬들을 빼앗았다고 주장하고 있다. 이에 반해 러시아는 1951년 승전국과 패전국인 일본이 체결한 샌프란시스코 강화조약에서 일본은 쿠릴 열도에 대한 모든 권리를 포기했다고 주장한다.

또한 북방 4개 섬의 기점에 대한 이들 국가들의 인식에도 상당한 차이가 있다. 일본은 북방 4개 도서는 쿠릴열도에 속하는 섬이 아니라 일본 4대섬 중 가장 북쪽에 위치한 홋카이도에 부속된 섬들이라고 주장하는 반면, 러시아는 북방 4개 도서도 홋카이도 부속 도서가 아닌 쿠릴 열도에 속하는 작은 섬 중 4

개에 불과하다고 주장한다.

여하튼 이 문제에 대해서는 1945년 이후 거의 70년 동안 양국이 같은 주장을 되풀이 하며 대립하고 있다. 물론 북방 4개 도서에 대한 실효적인 지배는 러시아 측에서 계속하고 있다. 북방 4개 도서 문제를 해결하기 위해 고민을 거듭하던 일본은 러시아의 푸틴 대통령이 상당한 애견가임을 알고 애견외교를 펼친다.

일본은 2012년 8월 4일 겐바 고이치로(玄葉光一郎) 외상을 통해 일본의 아키타견(秋田犬) 강아지 한 마리를 푸틴 대통령에게 선물한다. 일본 정부가 푸틴 대통령에게 강아지를 선물한 것은 표면적으로 일본과 러시아 양국의 우애를 돈독하게 하기 위한 목적이지만 실상은 러시아에게서 북방도서를 반환받기 위해 양국 간에 좀 더 부드러운 환경을 조성하기 위한 목적이 숨어 있을 것이다.

푸틴 대통령의 바로 전 전임자는 메드베데프(Medvedev)다. 그는 전직 러시아 대통령이면서 현직 총리이기도 하다. 메드베데프는 2010년 11월 대통령 재임 시절 현직 러시아 대통령 신분으로는 처음으로 북방 4개 도서 중 하나인 구나시리(國後)를 방문한다. 그 자리에서 그는 "쿠릴 열도 4개 섬은 러시아가 실효지배하고 있는 곳인 만큼 (일본의 북방도서 반환 요구에는) 절대 응할 수 없다"면서 영토 수호의지를 강조한다.

메드베데프 당시 러시아 대통령의 이러한 쿠릴 열도 방문은 당시 일본 사회에 엄청난 충격을 던져주었다. 간 나오토(管直人) 일본 총리는 메드베데프 대통령의 구나시리 방문에 대해 "용서하기 힘든 폭거"라고 규탄하기도 했다. 하지만 이는 대국 러시아를 상대로 할 수 있는 일본 특유의 말로만 하는 비난전에 불과했다. 일본이 러시아의 심기를 강하게 건드리기는 현실적으로 어려웠기 때문이다.

메드베데프의 이러한 행보는 러시아 대통령에서 총리가 되어서도 변하지 않았다. 메드베데프 총리는 2012년 7월 3일 러시아 총리 신분으로 다시 구나시리를 방문하여 변함없는 영토 수호 의지를 분명히 강조하면서 일본 정국을 또 뒤흔들어 놓았다.

메드베데프에 이어 다시 러시아 대통령으로 복귀한 푸틴 대통령은 전임자에 비해서는 북방도서 문제에 대해 비교적 전향적인 태도를 보이고 있었다. 따라서 일본은 푸틴 대통령의 대통령직 복귀에 누구보다도 환영하는 분위기를 보였다. 하지만 러시아에 애견외교를 펼쳤던 일본의 노력은 아직도 결실을 잘 맺지 못하고 있는 상황이다.

푸틴 대통령은 자신의 1기 대통령 재임 시절에는 북방도서 반환문제에 대해 긍정적으로 검토했지만, 이 문제에 대한 러시아 국내 여론이 상당히 좋지 않다는 소식을 접하고 다시 백지화하는 방향으로 전환하고 있기 때문이다. 일본 정부 입장에서는 소득 없이 아까운 아키타견 한 마리만 러시아의 대통령에게 보내버린 꼴이 되고 만 것 같다. 앞으로 이 문제가 어떤 방향으로 진행될지 관심을 가져볼 만하다.

개들이 있는 세계사 풍경

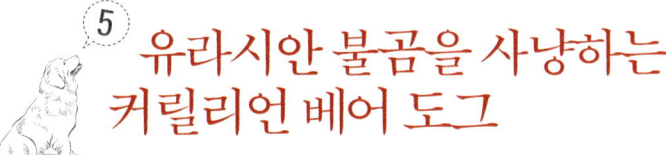

5 유라시안 불곰을 사냥하는 커릴리언 베어 도그

러시아인들이 인정하는 핀란드의
라이카 커릴리언 베어 도그

유라시안 불곰(Eurasian Brown Bear)은 엄청난 덩치를 자랑하는 무시무시한 곰이다. 이 곰은 스칸디나비아, 시베리아, 만주 등 유럽과 아시아의 춥고 삼림이 많은 지역에서 서식하는데, 다 자란 수컷은 265~355kg에 이르며 최대 481kg까지 나가기도 한다. 암컷 유라시안불곰은 수컷에 비해서는 덩치가 작아 150~250kg에 이른다. 우리나라에서 사는 반달가슴곰은 100kg 내외의 체구여서 애당초 이런 불곰과는 비교하기도 어렵다.

스칸디나비아 반도에는 유라시안 불곰 외에도 말코손바닥사슴이라는 엄청난 체구의 사슴이 있다. 영어로는 간단히 무스(Moose)라고 부르는 이 거대 사슴의 수컷은 800kg에 달할 정도로 거대한 체구다. 말코손바닥사슴의 키는 말보다 크며, 몸무게는 한우보다 훨씬 무겁다.

그런데 이런 대형동물들을 사냥하는 핀란드의 전문 사냥개가 있다. 커릴리언 베어 도그(Karelian Bear Dog)라고 불리는 이 사냥개는 유라시안 불곰, 늑대, 무스 등 대형 야생동물부터 다람쥐, 토끼 등 작은 동물들까지 다양한 동물들을 사냥한다.

이렇게 핀란드가 원산지인 사냥개인 커릴리언 베어 도그를 러시아의 개들에 포함시켜 같이 소개하는 데는 그만한 이유가 있다. 일부 러시아 애견인들은 이 개를 비록 핀란드가 고향이지만 라이카의 범주에 넣고 보기 때문이다. 또한 지리적으로도 커릴리언 베어 도그의 고향인 카리알라는 핀란드와 러시아의 접경 지역으로 이 개와 러시아 라이카들은 혈연적으로도 가깝기 때문이다.

그런데 커릴리언 베어 도그를 라이카의 일종으로 보는 러시아인들의 분류법에 대해 카리알라의 영유권을 놓고 전쟁까지 벌였던 핀란드인들은 긍정적으로 보지는 않을 것 같다. 참고로 커릴리언 베어 도그라는 개의 이름에 있는 커릴리어(Karelia)는 영어식 발음으로 카리알라를 읽은 것이다. 따라서 핀란드식으로는 카리알라로 읽는 게 맞다.

앞서 핀란드와 소련과의 전쟁 편에서 자세히 설명하였듯이 2013년 현재 카리알라 지역의 대부분은 2차 세계대전의 전승국인 러시아가 차지하고 있고, 핀란드는 일부 지역만 차지하고 있다.

커릴리언 베어 도그는 여러 나라가 각축을 벌였던 카리알라에서 수천 년 동안 카리알라인들의 생존에 꼭 필요한 사냥감을 사냥하는 역할을 했다. 카리알라 지역에는 신석기시대 당시 현재의 커릴리언 베어 도그와 러소우 유러피언 라이카(Russo-European Laika)의 공통 조상인 개가 존재하였다.

개들이 있는 세계사 풍경

사실 러시아의 라이카에 속하는 러소우 유러피언 라이카는 핀란드 개인 커릴리언 베어 도그와 혈통상으로는 거의 차이가 없다고 봐야 한다. 다만 두 개의 원산지가 러시아와 핀란드에 각각 분할되다 보니 별개의 다른 견종이 되었다고 보는 것이 맞다.

따라서 커릴리언 베어 도그도 라이카의 한 종류라고 볼 수 있다. 즉, 러시아가 원산이 아닌 유일한 라이카가 커릴리언 베어 도그다.

▶커릴리언 베어 도그 : 국내에서는 멧돼지 사냥개로 사용되는 커릴리언 베어 도그. _필자의 지인이 보내 준 사진

핀란드의 곰 사냥개가
미국의 곰 사냥개가 된 이유

커릴리언 베어 도그의 핀란드 안에서의 입지는 매우 탄탄하다. 이 개는 핀란드의 천연기념물로 지정되어 있어 국가의 보호를 받고 있으며, 핀란드인들이 사슴사냥을 하러 갈 때 꼭 데리고 가는 개다. 외국의 사냥꾼들에게도 커릴리언 베어 도그는 인기가 높아 두터운 애호가들을 보유하고 있다.

그런데 2차 세계대전이 한창 진행 중이던 1940년대에는 이 개는 거의 멸종 위기까지 갔다. 1940년대는 핀란드가 국운을 걸고 소련과 두 차례 큰 전쟁을 진행 중이던 시기였다. 전쟁이 나면 이렇게 사람은 물론 개들의 운명도 위험해지기 마련이다. 하지만 커릴리언 베어 도그는 세계대전에도 불구하고 멸종되지 않는다.

커릴리언 베어 도그들이 멸종되지 않고 오늘날까지 그 명맥이 이어지는 것은 독지가들의 의지가 크게 작용하였다. 일부 핀란드 독지가들이 확보한 순수 혈통 40마리의 커릴리언 베어 도그를 기초로 하여 종전 후 복원사업을 실시하여 오늘날과 같은 안정적인 견종으로 발전하였다. 따라서 이제 전 세계에 보급된 커릴리언 베어 도그들은 핀란드 애호가들이 2차 대전 후 확보하였던 40마리 개들의 후손이라고 말할 수 있다.

커릴리언 베어 도그들은 지금도 카리알라 지역에서 곰 사냥을 하고 있지만 예전 같지는 못하다. 카리알라에는 예전 같이 많은 곰들이 서식하고 있지 않기 때문이다. 그런데 이 개는 스칸디나비아가 아닌 다른 장소에서 요즘 곰을 사냥하고 있다. 새로운 곰 사냥터에서의 곰 사냥은 과거 핀란드인들이 식육과 가죽을 확보하기 위한 목적의 사냥이 아니다. 새로운 사냥의 목적은 생태계의 균형을 맞추기 위해 실시하는 곰의 개체 수 조절에 있다.

핀란드의 곰 사냥개 커릴리언 베어도그들이 요즘 곰 사냥을 하는 장소는 미국의 요세미티 국립공원(Yosemiti National Park)이다. 미국인들은 세계 최고의 곰 사냥개인 커릴리언 베어도그를 파트너 삼아서 공원 내 생태계를 안정적으로 유지하기 위해 곰 개체 수를 조절하고 있다.

커릴리언 베어 도그의
곰 사냥 방법

●

커릴리언 베어 도그를 이용하여 곰을 사냥할 때는 한 마리가 아닌 반드시 두 마리 이상을 사용한다. 이 개가 곰을 사냥한다고 해서 곰을 직접 공격하여 문다는 뜻은 아니다. 커릴리언 베어 도그의 체중은 20kg을 조금 넘는다. 따라서 이 개가 직접 불곰을 공격하여 물고 뜯다가는 아마 목숨 보전을 하기 어려울 것이다.

따라서 커릴리언 베어 도그들은 불곰을 발견하면 짖는다는 뜻을 가진 라이카 출신답게 우렁차게 짖어댄다. 그러면서 이 개들은 불곰의 주위를 맴돌며 불곰이 자기들의 포위망을 벗어나 도망을 가지 못하도록 한다.

불곰의 입장에서는 빨리 커릴리언 베어 도그들이 구축한 포위망을 뚫고 가고 싶겠지만, 이 용맹한 개들은 불곰에게 전혀 틈을 주지 않는다. 개들이 이렇게 시간을 충분히 벌어주면 사냥꾼을 멀리서 자신의 개들이 내는 울음소리를 듣고 달려오게 된다. 커릴리언 베어 도그들의 포위망에 갇혀 있던 불곰은 총을 들고 온 사냥꾼에 의해 최후를 맞게 된다.

이상 살펴본 것과 같이 커릴리언 베어 도그의 용맹성은 정말 대단하다. 그래서 국내외 많은 사냥꾼들은 이 개를 꼭 가지고 싶어 한다. 내가 만약 사냥꾼이라도 이런 개만 있으면 못 잡을 사냥감이 없겠다는 생각을 해본다.

커릴리언 베어 도그하면 빼놓을 수 없는 것이 하나 더 있다. 이 개는 주인에 대한 충성심이 매우 높아, 사냥을 하다가 맹수가 자기 주인의 목숨을 노릴 경우 주인을 지키기 위해 목숨을 걸고 맹수와의 일대일 승부도 피하지 않는다고 한다. 사냥터에 이런 개들만 있다면 세상에 무서울 것은 하나도 없겠다는 생각이 든다.

CHAPTER

4

치와와/세상에서 가장 작은 개 치와와는
멕시코가 원산인 것으로 알려지고 있다.

• 2012년 건대 애견한마당 축제

1 치와와, 고대 멕시코 톨텍족의 신성한 개일까?

단언컨대 한국과 일본에서

가장 비싼 개는 치와와

세상에서 가장 작은 개는 치와와(Chihuahuas)다. 성견(成犬)이 되어도 1kg이 안 되는 개체도 많고 아무리 커도 1.5kg을 잘 넘기지 않기 때문이다. 치와와는 작은 체구에 적합한 깜찍하고 귀여운 외모를 가지고 있어서 세계적으로도 인기가 높다.

2012~2013년 기준으로 한국과 일본에서 가장 인기 있는 소형견은 단연 치와와다. 또한 가장 고가에 거래되는 개도 치와와다. 필자는 지난 2012년 8월 일본을 방문하여 어느 애견 상점(pet shop)을 방문한 적이 있었다. 그런데 생후

2개월 불과한 화이트 치와와 암컷 강아지 한 마리가 무려 358,000엔에 팔리는 것을 보고 기겁을 하고 말았다. 우리 돈으로 계산하면 520만 원에 가까운 액수였다.

그런데 더욱 나를 놀라게 한 것은 블랙 탄(Black & Tan) 치와와 강아지의 가격이었다. 블랙 탄 암컷 강아지는 398,000엔으로 판매되었다. 우리 돈으로는 580만 원에 가까운 엄청난 고가였다. 일본에서 블랙 탄 치와와가 화이트 치와와에 비해 더 비싼 이유는 수요가 더 많기 때문이다. 일본인들의 그런 선호도 때문인지 길거리에서 만난 치와와들 중에서는 블랙 탄 치와와가 많았다.

그렇다고 해서 이 두 강아지들의 수준이 엄청나게 높은 것은 아니었다. 개는 일반적으로 전람회 출전을 목표로 하는 도그 쇼 출전견(dog show type)들과 가정집에서 애완견으로 키우는 펫 타입(pet type)으로 나눌 수 있다. 내가 펫숍에서 본 치와와 강아지들은 일반적인 펫 타입용이었다. 애당초 도그쇼 출전은 생각하지 않는 강아지들이었다.

만약 전람회 출전을 염두에 두고 치와와 강아지를 구입하려면 그 가격으로는 어렵다고 한다. 도대체 얼마를 주어야 최고 수준의 치와와를 일본에서 구입할 수 있을지 답이 보이지 않는다.

국내에서도 치와와는 고가로 거래된다. 수도권의 펫숍을 방문해 보면 소형견 중에서 가장 비싼 개는 단연 치와와라는 것을 금방 알 수 있다. 블랙 탄, 화이트, 파티 칼라 등 특이한 색상의 치와와는 강아지라도 한 마리당 200~300만 원에 거래되는 경우가 많다.

치와와가 이렇게 비싼 이유는 치와와에 대한 수요는 많지만, 만성적으로 공급이 부족하기 때문이다. 치와와 공급이 수요를 따라가지 못하는 것은 여러 이유가 있다. 치와와는 다른 개들과는 달리 워낙 체구가 작아서 한꺼번에 여러 마리를 임신하기가 힘들다. 또한 체구에 비해 머리가 커서 난산을 잘한다. 치와

와의 머리는 애플 돔(apple dome)으로 불리는 전형적인 짱구 스타일이다. 머리가 크면 암컷 입장에서는 출산에 상당히 부담스럽다.

불도그(Bull dog)의 혈통을 받은 개들이 난산을 많이 하는 이유도 치와와와 같이 큰 머리가 원인이 되는 경우가 대부분이다. 개가 난산을 하게 되면 어미와 새끼를 살리기 위해 부득이 제왕절개수술(帝王切開手術)을 통해 출산을 해야 한다. 하지만 제왕절개수술을 통해 개가 새끼를 낳을 경우, 다음번에 다시 모견(母犬)이 임신하고 출산하기에 상당한 부담이 생기게 된다. 따라서 이러한 복합적인 이유 때문에 치와와 강아지는 비쌀 수밖에 없다.

그런데 작은 체구에도 불구하고 치와와는 의외로 용맹하다. 자기보다 훨씬 덩치 큰 개들에게 겁을 먹지 않고 당당히 맞서는 용맹함을 가진 개다. 필자의 외가에서 키웠던 치와와는 지신에 비해 덩치가 40배나 큰 일본 아키다견에게 덤벼들어 주변 사람들을 당황하게 만든 적이 있다. 당시 그런 치와와의 돌발행동 때문에 나를 포함한 많은 사람들이 그 개를 말리느라 곤혹을 치른 적이 있었다.

치와와의 기원을 놓고
제기되는 세 가지 주장들

●

전 세계에 광범위하게 보급된 치와와는 일부 이견이 있지만 19세기 말 멕시코에서 미국으로 건너간 개들의 후손으로 추정하는 것이 지금까지의 정설이다. 그런데 치와와가 미국으로 유입되기 전 멕시코 내에서 어떤 개였는지에 대해서는 확실하지 않은 것도 사실이다. 그러면 치와와의 기원에 관한 여러 주장들을 소개한다. 물론 다수설부터 먼저 소개한다.

먼저, 다수설인 '멕시코 재래종견 개량설'이다. 멕시코의 수도인 멕시코시티 인근을 기반으로 하던 톨텍족(Toltec)은 10~12세기 강력한 군사력을 기반으로 인근 작은 부족들을 하나하나 병합하며 멕시코에서 상당한 영향력을 행사한다. 톨텍족은 12세기 멸망하기 전까지 멕시코 중부 지역은 물론 유카탄 반도와 미시시피 강 인근까지 영향력을 확대시킨다.

당시 톨텍족(Toltec)들은 지금은 멸종하고 자취를 감춘 테치치(Techichi)라는 작은 개를 키웠다. 그런데 톨텍족을 포함한 고대 멕시코 원주민들은 그들이 숭배하는 신들에 대한 제사를 매우 소중하게 생각하여 그들이 소중하게 생각하는 것들을 제물로 많이 바쳤다.

심지어 일부 고대 멕시코 부족들은 신에게 바치는 제물을 확보하기 위해 전쟁을 벌여 포로를 확보하기도 했다. 그리고 그 포로들을 죽여 제사를 치루기도 했다. 이렇게 인신공양에 필요한 제물을 확보하기 위해 벌인 전쟁을 '꽃의 전쟁'이라고 한다. 고대 멕시코에서 횡횡하던 인신공양의 악습은 멜 깁슨(Mel Gibson)이 감독한 영화 〈아포칼립토(Apocalypto)〉를 보면 잘 알 수 있다.

테치치도 톨텍족이 이렇게 중요하게 생각하는 제사에 사용되었던 제물이었다. 우리나라로 치면 테치치는 명절에 사용하는 제수용품의 하나였다고 볼 수 있다. 하지만 테치치의 활용은 이것으로 끝나지 않았다. 고대 일부 멕시코인들은 권세 있는 사람이 죽으면 키우던 테치치를 죽여 같이 묻어 주었다고 한다. 일종의 순장인 셈이다. 순장을 하든, 죽여서 제수용품으로 사용하던 개의 입장에서 보면 끔찍한 일이 아닐 수 없다.

톨텍족의 문명을 계승한 아즈텍(Aztec)인들도 테치치를 신성한 용도로 키웠다. 원래 아즈텍인들의 문화수준은 톨텍족에 비해 낙후된 편이었지만 톨텍의 선진 문물을 접하면서 상당한 발전을 이룬 것으로 전해진다.

이렇게 오랜 시간을 멕시코에서 살던 테치치는 19세기 말 일부가 국경을 넘어 미국으로 건너가게 된다. 그리고 미국에서 테치치는 미국인들의 손을 거치면서 다른 소형견들의 혈통이 투입되게 되었고 지금과 같은 초소형 애완견인 치와와로 탄생하였다는 것이 '테치치 멕시코 기원설'의 주요 내용이다.

하지만 이러한 주장에는 누가, 언제, 왜 테치치를 멕시코에서 미국에 데려갔는지, 미국인들이 어떤 방법을 사용하여 테치치를 개량하였는지에 대한 정확한 기술이 전혀 없다. 즉, 문헌상의 근거는 없는 구전(口傳)으로 전해져 내려오는 이야기라고 할 수 있다. 하지만 여러 역사적 사실 관계를 고려하면 설득력이 있는 게 사실이다.

비교적 소수설에 속하는 '중국 혈통설'이다. 아편전쟁 패전을 시작으로 19세기 중국은 제국주의 열강들의 각축장이었다. 그런 혼란스런 중국에서 한몫 챙기지 못한 제국주의 열강은 바보에 속할 정도였다. 열강들의 잇따른 침탈에 이어 부패하고 무능한 탐관오리들의 발호도 중국인들의 삶을 힘들게 하였다.

그래서 많은 중국인들은 새로운 삶을 찾아서 19세기 말 이후 미국과 멕시코 등으로 이민을 갔다. 그런데 멕시코로 건너간 중국인 중 일부는 중국에서 키우던 작은 개를 데리고 갔고 그들이 오늘날 치와와의 선조가 되었다는 것이 '치와와 중국 혈통 전래설'이다. 물론 이 이야기는 개연성은 충분히 있을 수 있지만 확실한 근거는 없다.

치와와 전래설에 대한 또 다른 이야기도 있다. 아즈텍 제국을 붕괴시키고 멕시코를 정복한 나라는 스페인이다. 멕시코에 새로운 식민지를 만든 스페인 사람들은 치와와의 선조에 해당되는 개를 유럽에서 데리고 왔고 그 개들이 현재 치와와의 선조가 되었다는 것이다. 이른바 '치와와 스페인 소형견 기원설'이다. 이 이야기는 중국 혈통설 기원설과 마찬가지로 어느 정도 가능성은 있지만, 높게 느껴지지는 않는다.

장모종 치와와를 만들기 위해
투입된 다른 소형견들은 누구?

치와와 기원설에 대한 마지막 이야기는 전체 치와와에 해당되는 얘기는 아니다. 단지 털이 긴 장모종 치와와(long coat)들에게만 해당되는 것이다. 즉, 단모종 치와와(smooth coat)에게는 해당되지 않는다. 참고로 지금은 장모종 치와와가 우리 주변에 많지만 치와와의 원형은 단모종이다. 장모종 치와와는 단모종 치와와를 개량하여 만든 개량종이다.

장모종 치와와의 개량 과정에 대한 이야기는 단모종 치와와에 어느 개의 혈통이 들어가 있느냐 하는 것과 같은 것이다. 애견인들은 치와와의 원형인 단모종 치와와에 털이 길고 무척 아름다운 포메라니안(Pomeranian), 파피용(Papillon), 요크셔 테리어(Yorkshire Terrier) 등의 혈통이 들어간 것으로 추정한다.

물론 이 책의 앞부분에서 언급하였듯이 특정 견종을 개량할 경우, 그 개발 과정에 참여한 다른 견종이 있으면 그 명단을 밝히지 않는 것이 관례라고 말할 수 있다. 따라서 치와와 장모종 개발에 투입된 견종을 정확하게 정의하기는 힘들다.

치와와의 기원에 관해 여러 주장들을 얘기했지만 그중에서도 가장 믿을 만한 주장은 톨텍인들과 아즈텍인들의 신성한 애견 테치치의 후손설, 즉 멕시코 기원설인 것 같다. 그리고 단모종 치와와에 서양이 고향인 작은 소형견들의 혈통이 들어가서 개량되어 오늘날과 같은 장모종 치와와도 태어난 것으로 보인다.

물론 이런 치와와 개량 과정에는 중국 이민자들과 함께 들어온 중국 소형견들이나, 스페인 정복자들과 함께 멕시코로 유입된 유럽의 소형견들이 포함되어 있을 수도 있다. 세상일은 모르는 법이기 때문이다.

2 아즈텍인들이 벌거숭이 개를
칠면조 고기 밑에 놓고 먹었던 이유

아즈텍인에게 토사구팽 당했던
벌거숭이 개

개라는 동물은 추위를 막고 피부를 보호하기 위해 털과 가죽을 가지고 있다. 하지만 극히 일부 견종들은 털이 아예 없다. 이들 벌거숭이 개 중에서 가장 대표적인 개는 중국이 고향인 차이니즈 크레스티드 도그(Chinese crested dog)이다. 그런데 그 개 이름에는 특이하게도 조류의 머리에 나 있는 벼슬을 의미하는 크레스티드(crested)가 있다. 크레스티드라는 말이 개 이름에 있는 이유는 이 개는 몸통에는 털이 없지만, 신기하게도 머리에는 마치 닭의 벼슬 같은 털이 나 있기 때문이다.

구대륙에 속하는 중국에 차이니즈 크레스티드 도그라는 벌거숭이 개가 있다면, 신대륙인 멕시코와 페루에도 각각 멕시칸 헤어리스 도그(Mexican hairless dog)와 페루비언 헤어리스 도그(Peruvian hairless dog)라는 벌거숭이 개들이 있다. 개 이름에 붙어 있는 헤어리스(hairless)는 '털이 없다'는 의미를 가지고 있어서, 이 개들의 이름을 굳이 우리말로 번역하면 '멕시코의 털 없는 개', '페루의 털 없는 개'라고 할 수 있다.

벌거숭이 개들의 역사는 생각 외로 길다. 그중에서도 멕시칸 헤어리스 도그의 역사는 무려 5천여 년 전까지 올라갈 정도로 오래되었다. 이렇게 수천여 년 동안 멕시코에서 살았던 멕시칸 헤어리스 도그는 찬란한 아즈텍 문명(Aztecan civilization)의 주역 아즈텍인들에게는 매우 소중한 존재로 취급되었다.

아즈텍인들은 평상시에는 멕시칸 헤어리스 도그들을 이용하여 사슴을 사냥하였다. 스코틀랜드의 디어 하운드(Deer Hound)와 비슷한 역할을 멕시코에서 한 것이다. 하지만 사슴 사냥 외에도 멕시칸 헤어리스 도그들은 아즈텍인들을 위한 특별한 용도로도 활용되었다. 앞서 설명한 테치치와도 그 용도가 비슷했다.

아즈텍인들은 그들이 모시는 신들을 섬기는 제사를 중요하게 생각했다. 그들은 제사를 지낼 때 살아 있는 사람들을 죽여 신의 제물로 바쳤다. 심지어 산 사람의 가슴을 칼로 절개하고 그의 심장을 꺼내 신에게 바치며 신의 축복을 기원하였다. 놀랍게도 이렇게 죽은 사람들의 인육까지 제사에 참여하였던 사제들이 먹기도 했다. 규모가 큰 제사의 경우 한꺼번에 만 명이 넘는 제물을 신께 바치기도 했다. 생각만 해도 끔찍하다 못해 전율까지 느껴진다.

멕시칸 헤어리스 도그는 아즈텍인들이 이렇게 소중하게 생각하는 제사에 올리는 중요한 제수용품이었다. 우리나라 사람들이 조상을 모시는 제사를 지낼 때 조기도 굽고, 쇠고기 산적도 익혀 제사상에 올리듯이 아즈텍인들은 이 벌거

개들이 있는 세계사 풍경

숭이 개를 그렇게 사용하였다.

여기까지 이야기를 하니 중국 사자성어인 토사구팽(兔死狗烹)이 생각난다. 토사구팽은 토끼 사냥이 끝나면 필요 없어진 사냥개를 사람들이 구워 먹는다는 뜻인데, 멕시칸 헤어리스 도그의 경우에도 사슴 사냥을 한 후 주인에게 잡아먹히는 운명이니, 토사구팽에 등장하는 사냥개와 마찬가지로 처량한 신세가 아닐 수 없다.

죽은 주인을 저승으로 모시는
벌거숭이 개

그런데 멕시칸 헤어리스 도그들은 제사상에 올라가는 일 외에도 주인이 죽으면 따라 죽어야 하는 슬픈 운명을 가지고 있었다. 그런데 고대 멕시코인들이 이 개를 죽여 순장을 한 것은 그만한 특별한 이유가 있었다. 그들은 이 개를 단순한 개로 보지 않았고 대단한 영적인 능력이 있는 존재로 보았기 때문이다. 아즈텍인들이 벌거숭이 개가 자기 주인이 죽으면 주인을 모시고 이승에서 저승으로 인도하는 역할을 한다고 여겼다.

제사를 중시하는 아즈텍인들이 그렇게 생각하고 있으니 멕시코의 벌거숭이 개들은 자기 주인이 죽으면 죽음을 면하기 어려웠다. 멕시칸 헤어리스 도그의 이런 역할을 보면 고대 이집트 신화에 등장하는 죽음의 사자 아누비스의 역할과도 비슷하다는 생각도 든다. 아누비스에 대한 이야기는 이집트 편에서 좀 더 자세히 할 예정이니 여기서 설명은 생략한다.

멕시칸 헤어리스 도그에 대한 아즈텍인들의 생각은 여기서 그치지 않았다. 아즈텍인들은 이 벌거숭이 개는 저승에서도 자기가 이승에서 모시던 죽은 주인의 귀여운 애완견, 듬직한 사냥개가 되어 계속 주인을 잘 모실 것이라고도 믿었다.

그런데 멕시칸 헤어리스 도그를 제사 때 제물로 사용한 것은 아즈텍인들에만 해당되는 것은 아니었다. 아즈텍인들에 앞서 멕시코를 지배했던 톨텍족(Toltec)도 이 벌거숭이 개들을 제사 때 제물이나 희생양으로 삼았다. 톨텍족의 경우, 앞서도 언급하였듯이 현존하는 가장 작은 개 치와와의 선조로 여겨지는 테치치(Techichi)도 제사용으로 사용하였다.

여하튼 고대 멕시코인들은 그들이 키우던 개들을 잡아서 제사 때는 제수용품으로 사용하고, 주인이 죽으면 순장하였다. 잔인한 풍습인 것 같다.

칠면조 고기 밑에 두고 먹었던
벌거숭이 개의 고기

●

아즈텍인들은 축제가 되면 아메리카 대륙의 특산물인 칠면조를 잡아서 먹었다. 그런데 그들은 멕시칸 헤어리스 도그도 축제 때 같이 잡아서 칠면조 고기와 같은 접시에 놓고 먹었다. 그런데 이렇게 같은 접시에 두 동물의 고기를 놓고 먹을 때 순서가 있었다. 아즈텍인들은 벌거숭이 개의 고기를 칠면조 고기 아래에 깔고 먹었다고 한다.

아즈텍인들이 그렇게 먹은 이유는 벌거숭이 개의 고기가 워낙 귀했기 때문이다. 잡기 쉽고 어디에서나 흔했던 칠면조 고기는 위에 올려서 먼저 먹고, 벌거숭이 개고기는 나중에 먹기 위한 목적인 것으로 추정된다. 하지만 벌거숭이 개를 귀하게 여겨 그런 것인지, 아니면 그 개의 고기가 너무 맛있어서 그랬는지는 정확히는 잘 모르겠다.

스페인의 멕시코 정복 이후, 톨텍인과 아즈텍인들에 의해 폭넓은 사랑을 받던 멕시칸 헤어리스 도그는 오랜 기간 쇠락의 길을 걷게 된다. 그 결과 멕시코의 벌거숭이 개는 결국 멸종 위기까지 이르게 된다. 하지만 1950년대부터 시작된 멕시코 애견협회의 체계적인 번식 프로그램 덕분에 멕시칸 헤어리스 도그는 멸종 위기를 넘기고 오늘날까지 그 명맥이 전해지고 있다.

③ 미국 독립전쟁과 쿠바의
공산혁명이 개들에 끼친 영향

영국의 폭스 하운드를 개량하여 만든
아메리칸 폭스 하운드

미국에는 아주 뛰어난 여우 사냥개가 있다. 이 개의 원래 뿌리는 많은 미국인들과 같이 영국에 있다. 현재 미국인들의 선조들과 함께 대서양을 건너 영국에서 미국으로 온 여우 사냥개의 이름은 빼어난 사냥 실력을 자랑하는 아메리칸 폭스 하운드(American Fox Hound)다.

그런데 아메리칸 폭스 하운드의 탄생 배경에는 위인전의 주인공으로 자주 등장하는 인물들이 등장한다. 사실 그 사람들의 활동과 그로 인한 미국의 독립이 없었다면 오늘날 아메리카 폭스 하운드라는 사냥개는 이 세상에 존재하지 않았을 것이다.

아메리칸 폭스 하운드의 원형이며 시조는 영국에서 태어난 폭스 하운드(Fox Hound)다. 일부 애견 단체들은 여우 사냥개의 원조인 폭스 하운드와 폭스 하운드를 개량하여 만든 개량종인 아메리칸 폭스 하운드를 구분하기 위해 폭스 하운드를 잉글리시 폭스 하운드(English Fox Hound)라고 부르기도 한다. 하지만 대부분의 경우에는 그렇게 부르지 않고, 간단히 폭스 하운드라고 한다.

그런데 아마 이런 의문이 충분히 들 수 있을 것이다. '영국의 폭스 하운드를 그냥 미국에서 사용하면 되지 왜 굳이 개량하였을까' 하는 것이다. 그런 이유를 알기 위해서는 미국 독립 당시의 역사를 간단히 살펴볼 필요가 있다. 그러면 충분히 이해할 수 있다.

먼저 매우 간단한 얘기 하나부터 꺼낸다. 지금까지 전해지는 이야기로는 1650년경 로버트 브룩(Robert Brook)이라는 사람이 미국 땅에 최초로 영국에서 폭스 하운드를 미국으로 수입했다고 한다. 물론 그 사람보다 먼저 미국 땅에 폭스 하운드를 수입한 사람도 있을 수 있다. 17세기 중반 식민지 당국에 영국에서 개를 수입하겠다고 철저하게 신고하지는 않았을 것 같기 때문이다. 여하튼 이 문제는 중요한 문제가 아니다. 그래서 바로 건너뛰고 본론인 미국 독립 관련 상황을 살펴본다.

조지 워싱턴, 라파예트 그리고
아메리칸 폭스 하운드

●

아메리칸 폭스 하운드의 탄생과 관련하여 가장 큰 전기가 된 사건은 단연 미국독립전쟁(American Revolution War)이었다. 그러면 식민지 아메리카는 모국 영국으로부터 왜 독립을 하려고 했을까? 여기에는 크게 두 가지 이유가 있었다.

하나는 식민지 아메리카에 대한 영국의 과도한 조세정책 때문이었다. 솔직히 세금을 더 걷겠다고 하면 누가 좋아하겠는가? 증세 정책은 동서고금을 막론하고 국민들이 가장 싫어하는 정책이다. 더구나 내가 다른 사람보다 안 내도 될 세금을 더 내고 있다고 생각하면 불만은 차곡차곡 누적되기 마련이다.

또 다른 하나는 아메리카 식민지인들의 북미 대륙 중서부로의 팽창 욕구를 식민 종주국인 영국 정부가 계속 제재했기 때문이다. 영국 입장에서는 이주민들의 토지 소유 욕구 때문에 식민지 주둔군의 병력을 계속 증가해야 하는 현실적이고 재정적인 문제가 부담스러운 상황이었다.

그 외에도 영국인들에 비해 각종 차별을 받고 있던 식민지인들의 불만은 계속 누적되었다. 결국 상처가 곪으면 터지듯이 불만은 폭발하고 만다. 식민지인들은 대담하게 무장봉기 형식으로 불만을 표출한다.

1775년 민병 성격의 아메리카 식민지 군대와 최정예 영국군과의 개전 초기에 지구상 대부분의 사람들은 영국의 승리를 확신했다. 당시 영국군은 병력과 장비 면에서 식민지군을 압도하고도 남았기 때문이다. 개전 초기 식민지군의 병력은 2만여 명에 불과했지만, 영국군은 그 두 배인 4만 명이 넘었다. 병력의 숫자에서도 많은 차이가 있었지만 무장의 질적인 면에서도 우열은 뚜렷하였다. 또한 영국군에게는 자신들을 지원할 수 있는 2만 여 명에 달하는 독일 출신 용병들도 확보하였다.

하지만 전쟁의 흐름은 이런 객관적인 전력대로 흐르지 않았다. 식민지군에 대한 동정 여론도 있었지만 평소 영국에 대한 시각이 좋지 않았던 프랑스, 스페인, 네덜란드 등 유럽의 강국들이 식민지군 지원에 나섬에 따라 전세는 식민지군에게 우호적으로 바뀌기 시작한다.

이런 유럽 국가들이 참전함에 따라 독립전쟁의 성격은 대영제국 내부의 내

전에서 국제전으로 바뀌게 되었다. 이 중에서도 1776년 영국에 대한 프랑스의 선전포고와 대규모 참전은 독립을 열망하던 식민지인들에게는 상당한 힘이 되었다.

아메리카 대륙에서 일어난 전쟁에 대해 대서양 건너편에 있는 프랑스인들의 관심은 상당히 높았다. 프랑스는 영국의 오랜 앙숙으로 유럽과 신대륙 곳곳에서 이권(利權)을 놓고 오랜 기간 전쟁을 하며 적대적인 관계를 유지해 오고 있었다. 따라서 프랑스는 그런 숙적 영국이 식민지 해방을 막기 위해 전쟁을 벌이는 것에 대해 관심을 가질 수밖에 없었다.

프랑스인 중에서도 귀족가문 출신 라파예트(Lafayette)라는 청년의 관심은 남달랐다. 그는 21살의 나이로 신대륙으로 가는 배를 타고, 식민지인들의 독립전쟁에 동참한다. 라파예트는 그런 공을 인정받아 전쟁 발발 1년 후인 1776년 식민지군의 소장으로 임명된다.

독립군의 주요 간부가 된 라파예트는 프랑스로 귀국하여, 대규모 프랑스 지원군 파병을 위해 노력한다. 그는 1780년 4월 식민지군 버지니아군 총사령관으로 취임하기까지 한다. 라파예트는 드디어 1781년 7월 요크타운에서 식민지군이 영국군의 항복을 받아내게 되자, 1782년 프랑스로 돌아간다.

미국 독립전쟁의 공신 중 한 명인 라파예트의 미국을 위한 활약은 보통 여기까지 기록되어 있다. 하지만 그의 미국 사랑은 여기서 끝나지 않았다. 라파예트는 미국인들의 향후 생활에도 영향을 끼칠 만한 행동을 하고 떠났다.

라파예트는 본국인 프랑스로 귀국하기 전에 사냥을 좋아하는 조지 워싱턴 사령관을 위해 자신이 프랑스에서 미국으로 데리고 왔던 사냥개들을 선물한다. 사냥을 좋아하고 사냥개들을 많이 키우던 조지 워싱턴(George Washington) 사령관에게는 라파예트의 프랑스 사냥개들은 상당한 호기심의 대상이었다.

결국 조지 워싱턴의 라파예트가 선물로 준 프랑스 사냥개들은 영국 폭스 하운드와 교배를 하여 새로운 미국의 사냥개를 만들어 낸다. 라파예트가 워싱턴에게 선물로 준 프랑스의 사냥개들의 정체가 정확하게 무엇인지는 전해지지 않고 있다. 이렇게 해서 태어난 미국의 개량종 폭스 하운드들은 원조인 영국의 폭스 하운드보다는 체구가 조금 작은 편이다.

그런데 프랑스 개와 영국 개를 교배하여 새로운 미국 개를 만든 것은 당시 신생 독립국 미국 입장에서는 의미가 있는 일로 여겨진다. 미국은 종주국인 영국으로부터 독립하기 위해 독립전쟁을 하며 5만 명이라는 막대한 인명손실을 감수했다. 당시 신생국 미국의 작은 인구 규모를 감안하면 5만 명이라는 숫자는 엄청난 희생이라고 볼 수 있다.

그런데 그 독립전쟁을 이끌었던 조지 워싱턴 사령관이 계속 영국 사냥개들을 데리고 사냥하는 것은 일반 국민들이 보기에는 그렇게 좋은 모습은 아니기 때문이었다. 따라서 미국이 고유의 여우 사냥개를 개발하고, 워싱턴이 그 개를 데리고 사냥하는 게 훨씬 보기 좋은 모습이었다.

더구나 새로운 미국 사냥개 개발을 위해 동원된 다른 사냥개가 인적, 물적 지원을 아끼지 않았던 프랑스가 준 선물이라면 더욱 더 좋은 것이다. 그리고 더욱 좋은 점은 미국 독립전쟁의 또 다른 영웅인 라파예트가 워싱턴 사령관에게 준 개였다는 사실이었다. 이렇게 탄생한 아메리칸 폭스 하운드는 영국에 대한 확실한 차별화 의지를 대내외로 강조하며, 자신들을 지원해주었던 프랑스와의 우호관계를 강조할 수 있는 상징과도 같은 존재였다.

정말 완벽한 하모니가 아닌가? 조지 워싱턴 대통령과 라파예트 장군 미국의 두 독립 영웅의 우정이 전해지고, 프랑스와 신생 독립국 미국 양국의 우애가 노출되는 그런 살아 있는 상징과도 같은 존재. 그런 의미에서 탄생하여 새로운 역사를 쓰고 있는 사냥개가 아메리칸 폭스 하운드다.

개들이 있는 세계사 풍경

미국 대통령이 키우는 개를 흔히 퍼스트 도그(First dog)라고 부른다. 많은 애견가들은 미국 퍼스트 도그의 시작을 미국 독립전쟁의 상징이며 초대 대통령인 조지 워싱턴이 키웠던 사냥개들로 보고 있다. 물론 미국 독립의 상징은 아메리칸 폭스 하운드들이다.

물론 이 글에 대해 비판적인 입장을 취하는 사람도 있을 것이다. 필자가 지나치게 그 의미를 확대 해석했다고 비판할 여지도 충분히 있다. 하지만 아메리칸 폭스 하운드 탄생에는 이런 정치적 의미가 숨어 있다는 것은 엄연한 사실이다.

하바니즈의 원래 고향은
카나리아일까, 몰타일까?

미국의 플로리다 반도 바로 아래에는 쿠바(Cuba)라는 섬나라가 있다. 카리브 해의 작은 섬나라 쿠바는 1959년 1월 공산혁명에 성공하여 한때 미국의 턱 밑에서 미국의 안보를 심각하게 위협하던 눈엣가시 같은 존재였다. 쿠바의 전략적 가치는 미국과 소련이 핵전쟁 일보 직전까지 갔던 1962년 쿠바 미사일 위기(Cuban missile crisis) 때 절정에 달하기도 했다. 당시 미·소 양강은 핵전쟁도 서로 불사할 만큼 극단적인 대치를 하였다.

하지만 소련의 붕괴 이후 탈이념 시대는 종언을 맞게 되었고, 그 결과 지구상에 남아 있는 공산주의 국가는 이제 손에 꼽을 정도로만 남게 되었다. 따라서 쿠바라는 섬이 가졌던 전략적 가치도 50여 년 전에 비해서 많이 떨어지게 되었다.

이렇게 이제는 지구상에 몇 남지 않은 공산주의국가가 된 쿠바에는 독특한 개가 존재하고 있다. 쿠바의 수도 하바나(Havana)가 고향이어서 그 이름을 딴 하바니즈(Havanese)라고 부르는 작고 아름다운 개다. 빛나고 화사하며 귀엽기까지 한 이 개의 원래 고향은 유럽으로 추정된다.

그런데 하바니즈는 어떤 경로를 통해 유럽에서 이역만리에 있는 카리브 해의 섬나라 쿠바까지 오게 되었고 정착하게 되었을까? 하바니즈의 뿌리를 캐보면 재미있는 역사 이야기들이 몇 개 숨어 있다. 비숑 프리제, 코통 드 튈레아르와 같은 비숑(Bichon) 계열의 하바니즈가 카리브 해에 정착하게 된 것에 대해서는 크게 두 가지 설이 전해져 내려오고 있다.

먼저 좀 더 유력한 설인 '테네리페(Tenerife) 전래설'부터 살펴본다. 스페인에서 배를 타고 아프리카 연안을 거쳐 남으로 내려가면 스페인령인 카나리아 제도(Islas Canaria)가 나온다. 카나리아 제도는 우리나라 국민들에게는 원양어업의 전초기지로 널리 알려진 라스팔마스(Las Palmas)가 있는 제도이며 그 섬들 중에서도 가장 큰 섬은 테네리페다.

테네리페 섬에는 지금은 멸종했지만 비숑 테네리페(Bichon Tenerife)라는 비숑 계열이 존재했었다. 그런데 이 개는 카나리아의 스페인 선원들에 의해 프랑스로 전래되었고, 후일 비숑 계열의 개 중에서 가장 유명한 비숑 프리제(Bichon Frise)로 개량되었다고 한다. 훌륭한 자손, 정확하게 말하면 개량종을 만들어 놓고 정작 자신은 멸종해버리고 만 개가 비숑 테네리페다.

그런데 비숑 테네리페는 카나리아 제도에서 완전 멸종하기 전에 스페인 선원들에 의해 테네리페 섬에서 쿠바로 건너가서 블랑퀴토 데 라 하바나(Blanquito de la Habana)라는 개의 선조가 되었다. 그 후 블랑퀴토 데 라 하바나는 푸들(Poodle)을 포함한 다른 서양 소형견들과의 교배를 통해 현재의 하바니즈로 개량되었다고 한다.

그런데 블랑퀴토 데 라 하바나도 비숑 테네리페처럼 오래전에 멸종되었고 지금은 전해지지 않고 있다. 이 개 역시 하바니즈라는 훌륭한 후손은 남겨 놓고 정작 자기는 비숑 테네리페의 경우와 마찬가지로 멸종한 것이다.

다음은 하바니즈의 뿌리가 지중해의 작은 섬 몰타에서 출발하였다는 '몰타 기원설'에 대한 것이다. 몰타(Malta)는 하바니즈뿐만 아니라 많은 비숑 계열의 개들이 출발한 장소로 거론되는 곳이기도 하다.

그런 몰타에서 하바니즈의 선조가 전래되었다는 주장은 매우 간단한 내용을 기반으로 하고 있다. 몰타에는 오래전부터 하바니즈와 거의 비슷한 소형견이 있었는데, 지중해와 카리브 해를 오가던 배를 통해 그 개가 쿠바에 가게 되었고 이 개가 현지에서 다른 견종의 개들과 교배하여 하바니즈의 선조가 되었다는 것이다.

이 이야기에서 하바니즈의 선조들이 어떤 경로를 통해 쿠바로 전래되었는지는 구체적으로 규명되어 있지 않다. 또한 쿠바에 도착한 하바니즈의 선조견들이 현지에서 어떤 개들과의 교배를 통해 현재와 같은 앙증맞은 개가 되었는지도 역시 불분명하다.

어떤 애견전문가들은 유럽에서 쿠바로 간 소형견들이 몰타가 원산지인 몰티즈나 이탈리아가 원산지인 볼로니즈(Bolognese), 프랑스의 푸들 등과의 혈통 교류를 통해 하바니즈로 개량되었다고 주장하기도 한다. 하지만 이 역시도 불분명하다.

그런데 필자는 하바니즈의 뿌리를 놓고 논쟁을 하는 것은 그리 큰 의미가 없다고 생각한다. 그렇게 생각하는 이유는 지금부터 이어지는 구체적인 이야기들이 하바니즈에게는 훨씬 더 중요하기 때문이다.

쿠바 공산혁명과 천신만고 끝에
미국으로 건너가는 하바니즈

미국의 턱 밑에 있는 쿠바는 1959년 1월 피델 카스트로(Fidel Castro), 라울 카스트로(Raúl) 형제와 체 게바라(Che Guevara) 등이 주축이 된 공산주의 세력들에 의해 공산주의혁명에 성공하고 공산주의국가로 탈바꿈하게 된다.

그런데 공산혁명이 일어난 대부분의 나라에서는 늘 발생하는 일이지만, 쿠바에서도 부유층들은 자신의 목숨을 걸고 탈출하여 해외로 도피하려고 하였다. 그리고 이런 사건들과 쿠바의 귀여운 애완견 하바니즈의 역사는 매우 밀접한 관련이 있다.

쿠바가 공산화되기 전만 해도 하바니즈는 쿠바 부유층들에게 많은 사랑을 받던 인기 애완견이었다. 하지만 공산혁명이 성공하게 되자 하바니즈의 전성시대도 위기를 맞게 되었다. 소련, 중국, 동구권 국가들의 경우에서 나타나듯이 공산권 국가에서는 일부 특수목적으로 개량하는 사역견을 제외하고는 개에 대해 거의 관심을 두지 않았다.

특히 문화대혁명의 예에서도 알 수 있듯이 소형 애완견의 경우 '부르주아의 상징'이라고 여기며 박해까지 받게 된 경우도 있었다. 따라서 공산 쿠바에 남게 된 대부분의 하바니즈들의 운명도 그리 밝지 못했다.

쿠바 공산화 이후 많은 쿠바인들은 공산화된 쿠바에서 탈출하여 이웃 미국으로 가기 위해 목숨을 걸고 작은 보트에 몸을 실었다. 쿠바를 탈출하고 싶은 욕구가 강했던 난민들은 한 명이라도 보트에 더 태우기 위해 그들의 짐을 최소화하며 사람들을 태웠었다.

이런 심각한 상황에서 쿠바 난민들은 공산화되기 전에 애지중지 키웠던 하바니즈를 보트에 챙겨 같이 나올 여유가 없었다. 비록 사랑하지만 어쩔 수 없이 개를 버리고 가야 하는 당시 쿠바 난민들의 마음을 생각하니 안타깝기만 하다. 하지만 이렇게 힘든 과정에도 불구하고 극소수의 하바니즈들은 미국으로의 도피에 성공한다. 하지만 그 숫자는 너무 작았다. 1970년대까지 미국에 도착한 하바니즈는 11마리에 불과했다.

하지만 귀엽고 앙증맞은 하바니즈의 외모는 미국의 브리더들을 매료시키기에 충분하였다. 이후 하바니즈를 번식시키기 위한 노력이 시작되었고, 급속히 미국에서 그 숫자가 증가하게 되었다. 지금도 하바니즈는 미국애견협회(AKC)에서 빠른 속도로 증가하는 견종 중에 하나로 거론되고 있다.

하바니즈는 매우 유순하고 사람을 잘 따르는 개다. 따라서 실내에서 사육하는 가정견으로는 거의 완벽하다는 평가를 받고 있다. 다만 이 개는 주인을 너무 좋아해서 개를 혼자 있게 하면 상당히 힘들어한다. 따라서 장시간 하바니즈를 집에 혼자 두고 외출하는 것은 개에게 정신적 문제를 일으킬 수 있다. 따라서 가급적 이 개를 데리고 다니는 것이 좋다.

그런데 공산혁명 이후 쿠바 안에 남아 있던 하바니즈들이 어떻게 관리되었을까? 필자의 개인적인 생각으로는 공산주의 국가인 쿠바에서 하바니즈에 대한 혈통 관리를 제대로 하지 못했을 것 같다는 생각이 든다.

아마 제대로 혈통 관리가 된 순종 하바니즈를 찾기 위해서는 이 개의 원산지인 쿠바가 아닌 미국에서 찾아가야 할 것 같다는 생각이 든다. 하바니즈에 대한 글을 마치면서 이 개가 워낙 귀해서 사진 촬영을 하지 못하고, 대신 글로만 설명한 것에 대해 너그러운 양해를 부탁드린다.

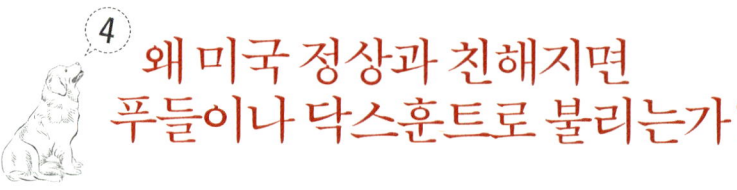

왜 미국 정상과 친해지면
푸들이나 닥스훈트로 불리는가?

푸들의 고향을 두고 벌어진
독일과 프랑스의 경쟁

●

푸들(Poodle)은 많은 애견 중에서 가장 영리하면서도 주인의 말을 잘 듣는 순한 개로 손꼽힌다. 까칠하고 새침한 성격의 요크셔 테리어나 전형적인 깍쟁이인 포메라니안 등과는 달리 푸들은 주인을 무척 잘 따르는 개다. 내가 키웠던 많은 푸들들은 오로지 주인의 행동 하나하나에 모든 관심을 쏟고 주인만 졸졸 따라 다녔다. 사생활을 찾으려는 다른 견종들과는 달리 푸들은 당초 처음부터 자신의 사생활 따위는 안중에도 없었다.

푸들은 체구에 따라 토이 푸들(Toy Poodle)을 포함하여 미니어처 푸들

▶푸들 : 2011년 건대 애견한마당 축제에 참가한 미니어처 푸들

(Miniature Poodle), 스탠다드 푸들(Standard Poodle) 등 모두 세 종류가 있다. 하지만 그런 구분에 관계없이 푸들은 오직 주인으로부터 많은 사랑을 받기를 간절히 원한다. 만약 주인의 말을 잘 듣고 착한 성격의 개를 키우고 싶은 분들이 있다면 푸들만한 개는 없을 것이라고 자신 있게 말할 수 있다.

아시아권보다는 구미권에서 푸들의 인기가 높다. 이런 인기 때문에 프랑스와 독일은 한때 자국(自國)이 푸들의 진짜 원산지라고 주장하기도 했다. 푸들의 고향을 놓고 벌인 양국의 경쟁은 결국 국제애견단체들이 프랑스의 편을 들면서 프랑스의 승리로 끝났다. 이후 독일은 이 문제에 대해 더 이상 의문을 제기하고 있지는 않다.

토니 블레어 총리가
부시 대통령의 푸들이 된 이유

●

다른 견종들에 비해 유독 주인을 좋아하고 잘 따르는 푸들의 성격을 장황하게 늘어놓은 것은 다음에 풀어나갈 글의 내용과 밀접한 관계가 있기 때문이다. 특히 국제 정치에서 푸들이 가진 이런 성격과 관련하여 새로운 신종어가 등장하고 있고 광범위하게 사용되고 있다. 결론부터 얘기하면 개와 관련된 비유는 동서고금을 막론하고 부정적인 것이 많다. 푸들을 이용한 비유도 내용이 그리 긍정적이지 못하다.

푸들이라는 견종 이름은 이상하게도 외교 용어 또는 국제 정치 용어가 되고 있다. 그것도 국제적으로 유명한 정치인들에게 푸들이라는 별명이 붙고 있다. 도대체 푸들의 무슨 측면 때문에 이런 개 종류 이름이 유행하고 있는지 살펴본다.

영국의 총리를 지낸 토니 블레어(Anthony Charles Lynton Blair). 그는 1994년 49세의 젊은 나이로 노동당의 당수로 선출된다. 그리고 불과 3년 후 1997년 총선에서 승리하며 보수당 18년 장기집권을 종식시키고, 노동당이 그렇게도 원했던 정권교체를 달성한다.

내각책임제 국가인 영국에서는 총선 승리에서 승리하는 당의 당수는 내각을 책임지는 총리가 된다. 그는 52세의 나이로 총리가 된다. 당시 토니 블레어는 젊고 잘생긴 외모 때문에 영국은 물론 세계적으로 큰 인기를 누렸었다.

또한 토니 블레어는 '제3의 길'이라는 새로운 정치 방안을 주장한 철학과 의식을 갖춘 정치 지도자로도 평가되었다. 이러한 정치적인 기반 덕분에 그의 취임 초기 지지율은 무려 83%에 달했다. 그의 앞길은 탄탄대로가 열린 것 같았다.

하지만 토니 블레어는 취임 6년 만에 발발한 이라크 전쟁 때문에 더 이상 극복하기 어려운 위기에 처하고 만다. 그는 2003년 미국을 상대로 벌어졌던 9·11 테러에 대해 미국과 함께 '테러와의 전쟁(War on Terror)'을 벌이면서 조지 W. 부시(George W. Bush)의 충실한 개라는 의미의 '부시의 푸들'이라는 달갑지 않은 별명을 얻었기 때문이다.

여기서 말하는 푸들이라는 견종의 의미는 주인이 시키는 말을 잘 듣는 영리하고 착한 개라는 뜻이다. 즉, 블레어의 실질적인 주인은 미국의 부시 대통령이고, 블레어 자신은 부시 대통령의 말 잘 듣는 순둥이 푸들이라는 의미다. 참 모욕적인 별명이 아닐 수 없다.

블레어 총리는 '부시의 푸들'이라는 멍에를 부담스러워했다. 2003년 5월 16일 미국 상원이 수여하는 최고 영예의 상징인 '골든 메달(Golden medal)' 수상자로 선정되었지만, 그는 그 메달을 수령하지 않았다. 블레어 총리는 메달을 목에 걸면 더 많은 비판이 쏟아질 것을 우려했기 때문이다.

영국의 블레어 총리에 이어 또 다른 '부시의 푸들들'도 있었다. 한 명은 프랑스의 대통령 사르코지(Nicolas Sarkozy)였고, 다른 한 명은 일본 국내에서 인기가 높아 장기집권을 했던 고이즈미 준이치로(小泉純一郎) 총리였다.

사르코지 대통령이 부시 대통령의
닥스훈트가 된 이유

그런데 사르코지 프랑스 대통령에게는 '부시의 푸들'이라는 불명예스러운 별명 외에도 또 다른 개와 관련된 별명이 있었다. 물론 개와 관련된 그 별명도 미국과 관련이 있고 유명한 애완견과도 관련 있다. 사르코지 대통령은 2007년 8월

11일 부시 대통령과 미국 메인(Maine)주에 있는 부시 대통령 가족별장에서 식사를 같이하였다. 그런데 문제는 그날 먹었던 식사 메뉴였다. 프랑스 언론들은 양국 정상의 식사메뉴를 비판하며 사르코지 대통령에게 새로운 별명을 하나 더 지어준다.

미국-프랑스 양국 정상이 그날 먹은 음식은 모두 미국의 대표적 서민음식인 핫도그(hot dog)와 햄버거(hamburger)였다. 그런데 공교롭게도 이 두 서민 음식은 모두 독일에서 미국으로 전래된 패스트푸드였다.

프랑스와 독일은 제1, 2차 세계대전 훨씬 이전에도 나폴레옹전쟁, 보불전쟁 등을 통해 지난 수백여 년 동안 전쟁을 한 경험이 있는 앙숙으로 지내왔다. 프랑스 언론이 이렇게 흥분하면서 사르코지 대통령을 '부시의 닥스훈트'라고 비판했던 이유에는 프랑스 대통령이 미국까지 가서 미국 대통령과 함께 독일에서 건너온 음식을 먹었다는 것 자체가 크게 작용한 것 같다.

그런데 프랑스 언론들은 왜 사르코지 대통령에게 '부시의 닥스훈트'라고 비판했을까? 여기에는 핫도그와 관련된 숨어 있는 이야기가 있다. 19세기 중엽 독일의 프랑크푸르트(Frankfrut) 지방에서는 돼지고기와 쇠고기를 혼합해 만든 소시지를 기다란 빵에 넣어 간단하게 먹는 요리가 성행했다.

그 음식은 돈이 없고, 빨리 식사해야 하는 서민과 노동자 계층을 위한 음식이었다. 기다란 빵에 넣어 먹는 긴 소시지를 독일인들은 지역의 명칭을 따서 프랑크 소시지(Frank sausage)라고 불렀는데, 일부 독일인들은 닥스훈트 소시지(Dachshund sausage)라고도 불렀다.

독일인들이 음식 이름에 개 이름을 붙인 것은 닥스훈트(Dachshund)라는 독일 사냥개와 소시지의 모양이 비슷하다고 느꼈기 때문이다. 닥스훈트는 다리가 짧고 몸통은 긴 특이한 신체구조를 가지고 있다. 독일인들은 그 둘의 공통점을 기가 막히게 파악하고, 음식 이름에 붙여 버린 것이다.

개늘이 있는 세계사 풍경

말이 나온 김에 닥스훈트에 대한 간략한 설명을 하고 넘어 가겠다. 닥스훈트는 예민한 후각을 이용해 사냥감의 체취를 감지하고 추격하는 후각형 하운드(Scent hound)의 일종이다. 닥스(Dachs)는 독일어로 오소리를, 훈트(Hund)는 사냥개를 뜻한다. 즉, 닥스훈트는 오소리 사냥을 위해 태어난 개다. 닥스훈트는 가늘고 긴 몸을 이용해 오소리, 토끼, 여우 등이 파놓은 좁은 굴에 들어가서 굴 속에 숨어 있는 사냥감을 물고 나오거나 사냥감을 놀래 켜서 굴 밖으로 나오게 하는 역할을 했다. 이렇게 사냥감이 굴 밖으로 나오면 닥스훈트보다 몸이 좀 더 빠른 다른 사냥개들이 덮쳤다.

그런데 일명 닥스훈트 소시지를 빵에 넣은 요리가 독일에서 미국으로 건너 가면서 핫도그라는 다소 생뚱맞은 이름으로 변한다. 이 음식을 파는 미국인 상인들의 입장에서는 닥스훈트(Dachshund)라는 스펠링이 특이한 독일 단어를

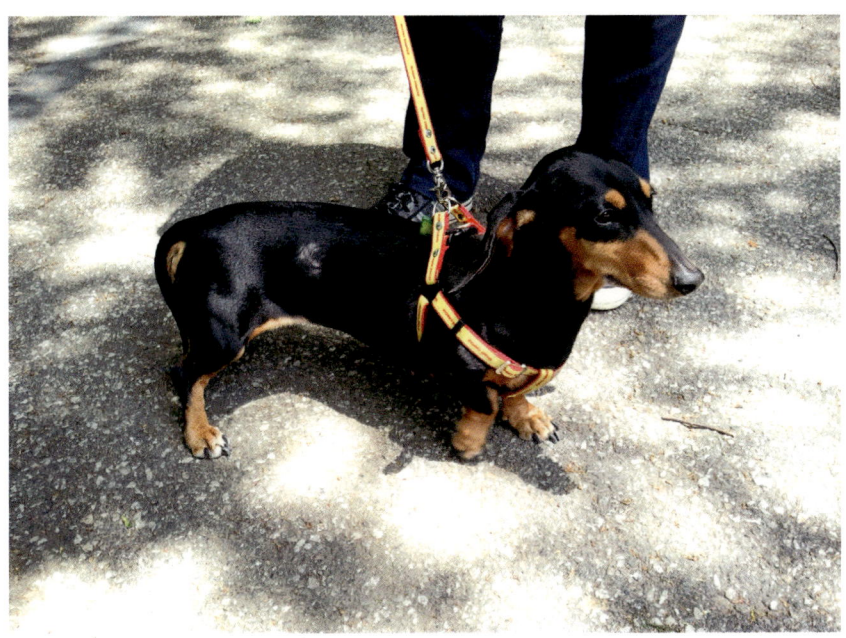

▶닥스훈트 : 2012년 5월 건대부고 교정에서 만난 닥스훈트

쓰기도 어려웠고, 음식을 사먹는 미국인들도 그 말을 이해하기 어려웠다.

그래서 그 음식을 파는 미국 상인들은 음식 이름을 변경하였다. 특정 사냥개의 이름인 닥스훈트를 간단하게 모든 개를 뜻하는 도그(dog)로 바꾸고, 불에 구운 소시지는 뜨거우므로 음식 이름 앞에 핫(hot)이라는 접두어를 붙여 버렸다. 그 결과 닥스훈트 소시지 요리는 핫도그라는 매우 간편하고 기억하기 좋은 이름을 가진 최신 미국 요리로 화려하게 탈바꿈한다.

미국 상인들의 이러한 적절한 네이밍 전략이 없었다면 내가 생각하기에 핫도그는 오늘날과 같은 서민층의 대표적인 음식이 되진 못했을 것 같다. 단언컨대 닥스훈트 소시지라는 길고 이상한 이름을 사용했다면 아마 그런 음식은 벌써 없어졌을 수도 있다. 이렇게 이름은 중요한 존재인 것 같다.

5 개가 죽으면 백악관 대변인이 브리핑, 퍼스트 도그란 어떤 존재일까?

국내에도 퍼스트 도그
문화 탄생 조짐이 보인다

2013년 2월 25일 박근혜 대통령은 청와대 입성에 앞서 자신이 오랫동안 살았던 서울시 강남구 삼성동 이웃 주민들과 이별 인사를 나누었다. TV를 통해 생중계된 이 장면은 일반 국민들이 보기에는 자칫 밋밋하게 흐를 수도 있었다. 하지만 그날 우리나라 사람들에게는 익숙하지 않은 특이한 광경이 갑자기 등장하였다.

삼성동 이웃주민들은 향후 청와대로 5년간 떠나는 대통령을 위해 태어난 지 얼마 안 된 진돗개 강아지 한 쌍을 선물한 것이다. 그리고 박근혜 대통령이 선

▶진돗개 : 필자의 후배가 키우는 진돗개. _2013년 7월 촬영

물 받은 진돗개 강아지들을 안고 환하게 웃는 모습이 TV를 통해 실시간 전국으로 방영되었다. 솔직히 그 장면이 그날 행사의 하이라이트였다.

2013년 1월부터 전국적으로 동물등록제가 시행 중에 있다. 동물등록제를 하는 목적은 애견 주인들의 책임을 강화하고, 만약 개를 잃어버렸을 때 신속하게 찾기 위한 것이다. 따라서 동물등록제는 유기견 방지를 위해 만들어진 제도라고 말할 수 있다. 박근혜 대통령도 동물보호법을 준수하기 위해 자신이 2013년 2월 25일 삼성동 주민들에게서 선물 받은 진돗개 강아지 새롬이(암컷)와 희망이(수컷)를 4월 30일 종로구에 있는 어느 동물병원에서 반려동물로 등록하였다고 한다.

대통령의 애견과 관련된 두 사건을 보고 있으면서 예전과 다른 점이 눈에 보인다. 이제 우리나라도 대통령이 키우는 개들의 동정이 애견을 가족처럼 생각하는 미국과 같은 애견 선진국들과 같이 언론을 통해 여과 없이 보도되기 시작했다는 점이다. 그동안 우리나라 대통령들은 비록 개를 키웠지만, 이번 대통령처럼 이렇게 언론에 그 개를 노출하고 키웠던 적은 없었던 것 같다. 바야흐로 우리나라에서도 미국의 제도로만 알아왔던 '퍼스트 도그(First dog)'의 개념이 도입되고 있는 것 같다.

강아지 판 아메리칸 드림,
퍼스트 도그

●

퍼스트 도그에 대한 논의를 하기 전에 미국인들이 대통령과 그 가족들을 부르는 호칭부터 알아볼 필요가 있다. 미국인들은 대통령을 미스터 프레지던트(Mr. President), 그의 부인을 퍼스트레이디(First Lady), 직계 가족을 퍼스트 패밀리(First Family)라고 부른다. 퍼스트라는 말을 앞에 붙이는 것은 그만큼 존경심을 담고 있다는 뜻이다.

우리나라에서도 이와 비슷한 호칭이 있다. 대통령의 부인을 영부인(令夫人), 대통령의 아들은 영식(令息), 딸은 영애(令愛), 손자와 손녀는 영손(令孫)이라고 부른다. 우리는 대통령의 가족들에게 영(令)이라는 말을 붙인다. 한자사전인 옥편을 찾아보면 영이라는 한자는 '우두머리'라는 뜻을 가진 것으로 나온다. 어떻게 보면 미국에서 사용하는 말인 퍼스트와도 의미가 서로 닿아 있는 것 같다.

그런데 미국인들의 대통령에 대한 배려는 여기서 그치지 않는다. 대통령과 그 직계 가족들이 키우는 개를 퍼스트 도그라고 한다. 대통령의 가족에 그가 키우는 개까지 특별대우를 하는 셈이다. 호칭에서만 그치지 않는다. 퍼스트 도그의 사소한 동향도 언론의 취재 대상이 된다. 이렇게 개도 주인을 잘 만나면 퍼스트 도그가 되는 나라가 미국이다. 강아지 판 아메리칸 드림이라고 할 수 있다.

퍼스트 도그 역사의 시초는 앞서 살펴본 것처럼 미국의 독립전쟁 영웅이며 건국 대통령인 조지 워싱턴으로 볼 수 있다. 그는 많은 개를 키웠던 소문난 애견가다. 워싱턴 대통령은 폭스 하운드라는 여우 사냥개를 열 마리 넘게 키울 만큼 개를 좋아했다고 한다. 워싱턴 대통령은 아메리칸 폭스 하운드라는 새로운 견종까지 만들 정도로 애견 사랑이 각별한 인물이었다. 당시 그가 대통령으로 재직하며 키웠던 폭스 하운드들을 미국 역사상 최초의 퍼스트 도그로 볼 수 있다.

그런데 워싱턴 대통령이 많은 폭스 하운드들을 키웠다는 사실은 그가 상당한 재력가였고, 귀족 출신의 인사였음을 나타내는 것이기도 하다. 폭스 하운드를 키우던 영국인들에 대한 이야기를 들으면 금방 이해가 갈 것이다. 미국을 지배하던 시절 영국 본토의 귀족들은 폭스 하운드를 풀어 놓고 말을 타고 다니며 여우 사냥을 하였다. 당시 영국 귀족들은 사냥 행차에는 수십 마리의 비글이나 폭스 하운드가 동원되었다. 이런 사냥은 부유한 귀족들만의 전통이었으며 사교 방식이기도 했다.

귀족들이 좋아하는 이런 방식의 사냥을 하기 위해서는 많은 사냥개들과 말들을 키워야 한다. 따라서 먹고 살기 힘든 평민들의 입장에서는 이런 사냥은 생각하기도 힘든 사냥이다. 따라서 조지 워싱턴이 귀족들만의 스포츠를 좋아했다는 자체가 이미 그의 집안은 부유한 명문귀족 출신이라는 것을 증명하고도 남는 것이다.

퍼스트 도그가 죽으면
백악관 대변인이 브리핑까지

●

대통령 가족들이 키우는 개 퍼스트 도그에 대한 미국인들의 관심은 매우 높다. 그래서 퍼스트 도그에 대한 것은 시시콜콜한 것도 기사가 되기도 한다. 만약 퍼스트 도그가 죽게 되면 이는 대형 뉴스가 된다. 그리고 그 사건이 중대하다고 판단될 때에는 백악관 대변인이 직접 마이크를 잡고 브리핑을 하고 기자들에게 관련 자료를 배포하기도 한다.

퍼스트 도그가 미국 사회에서 얼마나 중요한 존재인지를 증명하는 좋은 예가 하나 있어서 소개한다. 2004년 2월 22일 미국인들은 뉴욕 타임스를 통해 엄청난 비보(悲報)를 접한다. 기사의 제목은 "Bush Mourn Death Of Their Dog Spot"였으며 기사의 주제는 "부시 대통령 일가가 자신들의 애견 스팟의 죽음을 슬퍼한다"는 것이었다.

서구인들이 개를 좋아한다고 하지만, 미국 유력지가 이런 제목으로 기사를 쓴다는 것 자체가 한국인의 시각으로서는 쉽게 이해하기 힘들게 사실이다. 한발 더 나가서 당시 백악관 대변인 스콧 맥클레런(Scott McClellan)은 이와 관련한 추가 브리핑까지 하였다. 그는 "부시 대통령 부부를 포함한 모든 가족들은 스팟을 보내며 매우 슬퍼했다"고 말하며 퍼스트 도그의 죽음과 그로 인한 대통령 가족의 슬픔에 대해 언론에 백 브리핑까지 해주었다. 미국 사람들이 얼마나 애견을 사랑하는지 증명하는 사건이다.

그러면 여기서 사후 백악관 대변인까지 나서 브리핑을 하게 만든 스팟(Spot)이라는 어떤 개인지 살펴볼 필요가 있을 것 같다. 스팟은 부시 대통령의 부친인 아버지 부시 대통령이 키우던 밀리라는 개의 새끼였다. 즉, 퍼스트 도그의 영예를 대를 이어 차지한 뼈대 있는 견공 가문에 속한다. 밀리와 스팟은 새를 전문으로 사냥하는 건 도그(gun dog)의 한 종류인 스프링거 스패니얼(Springer Spaniel)이다.

오바마 미국 대통령에 이어 2016년 차기 미국 대선에 민주당 대통령 후보로 유력하게 거론되고 있는 힐러리 클린턴 전 국무장관도 소문난 애견인이다. 그녀는 백악관에서 퍼스트레이디로 있던 시절 자신이 키웠던 퍼스트 도그에 대한 국민들의 편지를 모아 책으로 발간한 적도 있다.

사람도 아닌 개에게 팬레터를 보내는 나라가 미국이며, 퍼스트레이디가 그런 편지들을 모아 많은 사람들이 볼 수 있도록 책으로 만든 나라가 미국이다. 미국인의 유별난 애견 사랑은 이렇게 대단하다는 생각이 든다.

대통령이 되면 개를 키우겠다는
약속을 지킨 오바마 대통령

오바마 대통령과 관련한 존 매케인 후보를 누르고 2012년 대통령에 당선된 후 선거 기간 중 유권자들을 대상으로 자신이 했던 작은 공약을 지킨다. 개털 알레르기 때문에 개를 키우지 않던 대통령 가족들이 개를 키우기 시작한 것이다.

2009년 4월 13일 뉴욕 타임스는 오바마 대통령의 강아지에 대한 뉴스를 보도했다. "Obama Search Ends With a Puppy Named Bo"라는 제목의 기사를 통해 오바마 대통령이 강아지 이름을 보(Bo)라고 지었다는 사실을 보도한 적이 있다. 미국 유력지의 이런 기사를 보면서 미국인들이 오바마 대통령의 6개월 된 포르투기즈 워트 도그(Portuguese Water Dog)의 이름에도 상당한 관심을 가지고 있음을 알 수 있다.

미국에서 반려동물을 기르는 유권자들은 대선 후보 중 반려동물을 좋아하고 직접 기르는 후보가 있으면 그에게 좀 더 많이 지지를 보낼 것이라고 조사되어 화제가 된 적도 있다. AP통신과 야후가 2008년 6월 13일부터 22일까지 열흘 동안 미국 성인 남녀 1,759명을 대상으로 조사한 결과, 반려동물을 키우는 유권자들은 개와 고양이는 물론 거북이, 물고기까지 키우고 있던 당시 공화당 존 매케인 후보에 대해 43%의 지지를 보낸 반면, 대선 당시 반려동물을 키우지는 않으면서 만약 자신이 당선이 되면 딸들에게 개를 선물하겠다고 약속한 민주당 오바마 후보는 37%의 지지만 보낸 것으로 조사됐다.

2008년 미국 대선,
다른 후보와 달랐던 오바마 후보의 고민

●

지난 2008년 미국 대선은 승부를 예측하기 어려운 대단한 접전이었다. 공화당의 존 매케인(John McCain) 후보와 민주당 버락 오바마(Barack Obama) 후보가 벌인 선거전은 미국인들은 물론 필자 같은 외국인들에게도 손에 땀을 쥐게 만들기에 충분한 접전이었다.

그런데 미국 역사상 최초의 흑인 대통령을 노리던 오바마 후보에게는 다른 후보들에게는 찾기 어려운 보기 드문 문제점이 하나 있었다. 그런데 오바마 후보의 문제점은 사람에 관한 것이 아니었다. 애완동물(pet)에 대한 문제였다. 더 범위를 좁혀서 설명하면 개를 키우는 것과 관련된 문제였다.

아마 우리나라 사람들의 입장에서는 도저히 이해가 안 가는 문제일 것이다. "개가 어떻게 하여 미국 대선에게 문제가 되지" 하고 의아해할 것이다. 하지만 개의 사육 여부는 미국 대선에서는 문제가 된다. 개를 좋아하는 많은 유권자들은 대통령 후보의 자질을 평가할 때 그런 것까지 본다. 미국이라는 나라는 정말 알다가도 모를 나라인 것 같다.

오바마 후보의 강력한 경쟁자인 매케인 후보는 많은 애완동물들을 키운 경험이 있었다. 선거전이 진행 중이던 당시에도 매케인 후보는 자신의 집에서 보통의 미국인들과 마찬가지로 개를 키우고 있었다. 하지만 오바마 후보는 개털에 대한 알레르기가 있는 딸 때문에 개를 키울 수 없는 처지였다. 그래서 오바마 후보 가족들은 집에서 개를 키우지 않았다.

그런데 미국 대통령을 선출하는 선거에서 왜 개를 키우느냐 그렇지 않느냐 하는 문제가 대선 득표에 영향을 줄까? 그것은 미국인들의 유별난 애견 사랑 때문이다. 미국인들 중에는 자신이 키우는 개를 가족과 같이 소중한 존재로 여기는 사람들이 상당히 많다. 따라서 박빙의 선거전을 펼치는 후보의 입장에서는 개를 키우지 않고 있다는 중요한 사실은 유권자들의 표심에 부정적으로 작용할 수밖에 없다.

가령 비글(Beagle)이라는 개를 키우는 대선 후보와 개를 아예 키우지 않는 후보가 미국 대선전에서 박빙의 승부를 펼치고 있다고 가정해보자. 비글을 키우는 후보는 자신의 트위터나 블로그 등을 통해 비글을 안고 활짝 웃는 모습을 의도적으로 많이 노출할 것이다.

물론 후보의 의도된 노출은 좁게는 비글을 좋아하는 유권자, 넓게는 개를 좋아하는 많은 유권자들의 표심에 감정적으로 호소하는 것이다. 아마 그 후보는 내심 "저도 여러분과 같이 개를 사랑하는 애견인입니다"라는 메시지를 전하고 있을 것이다. 비글을 안고 있는 후보의 이렇게 부드러운 사진을 접하는 유권자들은 개를 아예 키우지 않고 있다는 후보에 비해 긍정적인 영향을 가질 수밖에 없을 것이다.

동물을 이용한 이미지 개선과 관련한 참고할 만한 사항이 하나 있다. 기업들은 광고의 효과를 올리기 흔히 3B라는 것을 광고에 넣어서 활용하기도 한다.

개들이 있는 세계사 풍경

아이를 뜻하는 Baby, 미인을 뜻하는 Beauty, 동물을 뜻하는 Beast가 바로 3B의 구성요소들이다. 그중에서도 동물을 이용한 광고도 최근 국내외에서도 늘어나고 있는 추세다.

참고로 바로 옆 사진은 필자가 지난 2013년 8월 홍콩의 몽콕 이스트(Monkok East) 전철역에서 촬영한 광고사진이다. 털 복숭이 차우차우와 귀여운 남자 아이를 모델로 활용한 에어컨 광고인데, 일단 이런 광고는 보기에도 귀엽고 다시 보고 싶은 생각이 들게 만들어 준다. 광고 효과를 극대화시킨다고 할 수 있다.

▶에어컨 광고 : 차우차우의 풍성한 털과 뚱뚱한 체격은 보기에도 덥다. 그래서 사진과 같이 차우차우는 더운 여름철 홍콩의 에어컨 광고 모델로 등장하기도 한다.

그런데 이번에는 비글을 실험동물로 사용하는 제약회사나 화장품회사의 CEO나 대주주가 출마할 경우, 그 후보는 많은 애견 사육자들에게 비호감의 대상이 될 가능성이 높다. 우리나라는 아직 개를 포함한 애완동물과 관련한 이슈가 대선에 부각되지 않았지만, 애견들의 천국이라고 지칭되는 미국의 경우 대선 캠프에서는 이런 부분에 대해서도 미리 이슈 관리를 해야 한다.

미국은 전 세계에서 가장 많은 개를 키우는 나라다. 2013년 기준 미국 인구는 3억 7백만 명인데 개는 7,600만 마리나 있다. 인구 4명당 한 마리를 개를 키우는 것이며, 4인 가족을 기준으로 계산하면 1가구당 한 마리의 개를 키우는 것이다. 따라서 개를 키우고 사랑하는 문제는 박빙의 선거전이 펼쳐질 경우, 결정적인 승부수가 될 수도 있는 문제이기 때문이다.

이런 상황을 고려하면 오바마 후보의 상황은 결코 좋은 환경이 아니었다. 그래서 선거전을 진행하던 오바마 후보는 아주 특별한 공약을 하나 한다. "만약 내가 대통령에 당선된다면 백악관에서 개를 키우겠다"고 만천하에 공표한 것이었다. 그래서 개로 인해 발생할 수 있었던 위기는 겨우 넘기게 된다.

국회의원, 지방자치단체장 선거 등에 출마한 사람들의 얘기를 들어보면 "선거에서 당선되기 위해서는 악마에게라도 영혼을 팔겠다"는 분들이 더러 있었다. 그렇게 다급한 심정이 되는 것이 선거에 출마한 사람들의 솔직한 마음이다. 이는 동양과 서양이 서로 다르지 않을 것 같다는 생각이 든다.

퍼스트 도그를 놓고 벌인 페루의 벌거숭이 개와
포르투갈의 워터 도그의 승부

그런데 막상 오바마 대통령이 당선이 되자 이제는 어느 개를 키울 것이냐 하는 문제에 대해 미국의 여론은 주목하게 된다. 이때 발 빠르게 움직인 쪽은 의외로 페루 정부였다. 미국 주재 페루대사관은 몸에 털이 없어 개털 알레르기에 대해 걱정할 필요가 없는 페루비언 헤어리스 도그(Peruvian hairless dog)를 오바마 대통령에게 선물하려 했다. 5년이 지난 지금 생각해 보아도 좋은 아이디어인 것 같다는 생각이 든다.

만약 페루 정부의 계획이 성공했다면 미국 역사상 처음으로 벌거숭이 개인 페루비언 헤어리스 도그가 백악관의 퍼스트 도그(First dog)가 되는 것이었다. 그랬다면 페루 정부와 국민들 입장에서는 역사적인 사건이 아닐 수 없었을 것이다.

하지만 아쉽게도 페루 정부의 계획은 성공하지 못했다. 퍼스트레이디인 미

개들이 있는 세계사 풍경

쉘 오바마(Michell Obama) 여사가 이제는 작고하였지만 당시 상원의원이었던 에드워드 케네디(Edward Kennedy) 의원 등과의 조율을 통해 포르투기즈 워터 도그(Portuguese Water Dog)를 선정했기 때문이다. 그런데 포르투기즈 워터 도그의 선정 배경은 크게 두 가지가 있다.

첫째는 정치적 요인 때문이다. 포르투기즈 워터 도그는 흑백이 절묘하게 섞여 있는 털을 가지고 있다. 그래서 흑인 최초의 대통령이 백인들과 함께 이상적인 미국을 만든다는 것을 강조하기엔 안성맞춤인 견종이었다. 역시 노련한 정치인 에드워드 케네디 의원의 훌륭한 정무적 감각을 읽을 수 있다.

둘째, 포르투기즈 워터 도그는 털이 거의 빠지지 않는 견종이어서 비교적 개털 알레르기로부터 자유로울 수 있다는 현실적인 면이 있다. 이는 개털 알레르기가 있는 딸에 대한 세심한 배려라고 말할 수 있다.

오바마 대통령의 이러한 선택은 퍼루비언 헤어리스 도그의 미국 퍼스트 도그 선정을 간절히 바라고 있던 페루 정부로서는 아마 두고두고 아쉬운 결정이었을 것이다. 만약 2009년 초 퍼루비안 헤어리스 도그가 미국 대통령의 퍼스트 도그로 선정되었다면, 재선에 성공한 오바마 대통령의 임기 8년 동안 그 벌거숭이 개는 백악관 앞마당을 활보했을 것이다.

그리고 퍼루비언 헤어리스 도그를 바라보는 오바마 대통령 가족들은 늘 페루라는 나라를 생각하였을 것이다. 또한 미국인들과 전 세계의 많은 애견인들도 신문과 방송을 통해 계속 되풀이되는 페루라는 나라의 국명에 익숙해질 것이다. 페루라는 국가 차원에서 이보다 더 좋은 홍보대사가 있었을까 하는 생각이 든다.

벌써부터 오바마 대통령의 다음 미국 대통령은 어떤 개를 백악관에서 키울지 궁금해지기 시작한다. 혹시 우리나라의 대표 명견이며 영리한 진돗개를 키우지는 않을까 하는 기대도 해본다. 그리고 그런 작업도 필요하지 않을까 생각한다.

6 아메리카 너구리와 퓨마를 나무 위로 몰아서 잡는 북미 사냥개들

너구리와 아메리카 너구리는
전혀 다른 동물

북아메리카에는 아시아대륙에 폭넓게 서식하고 있는 너구리와 외모가 비슷한 동물이 있다. 라쿤(racoon)이라고 간단하게 불리는 이 동물의 정확한 이름은 아메리카 너구리(Northern racoon)다. 컴퓨터게임을 영화로 만들어 세계적으로 흥행에 성공한 레지던트 이블 시리즈의 공간적 배경인 라쿤 시티(Racoon City) 도 이 동물의 이름에서 유래한 것이다.

참고로 너구리는 개과 동물에 속하는 동물로 계통도로 살펴보면 동물계-척삭동물문-포유강-식육목-개과-너구리속-너구리종에 속한다.

▶너구리 : 국립 과천과학관에서 촬영한 우리나라에서 서식하는 너구리들의 박제. _2013년 8월 촬영

　하지만 라쿤은 개과 동물에 속하지 않고 아메리카 너구리과에 속하는 식육 동물이다. 라쿤의 계통도는 너구리와 식육목까지는 같지만 이후에는 독자적인 계보를 걷고 있다. 참고로 라쿤은 아메리카 너구리과-아메리카 너구리속-아메리카 너구리종에 속한다.

　너구리와 라쿤의 외모는 얼핏 비슷하기도 하지만 자세히 보면 차이점이 분명히 드러난다. 너구리는 체형이 전반적으로 통통하다. 이에 비해 라쿤은 날씬한 외모를 가지고 있다. 조금 말랐다는 느낌을 준다. 또한 너구리는 얼굴도 체형과 같이 둥근 편이지만 라쿤은 그렇지 않고 비교적 뾰족한 주둥이를 보이며 날카롭게 보인다. 결론적으로 말하면 너구리보다는 라쿤이 좀 더 날렵하게 생겼고 실제 하는 행동도 그렇게 보인다.

외국의 생태계를
교란시키고 있는 라쿤

●

라쿤은 혹독한 겨울이 유명한 북미 대륙의 추위를 견디기 위해 방한력이 좋은 털가죽을 가지고 있다. 또한 털가죽도 아름다워서 사냥꾼들이 좋아하는 사냥 감이었다. 그래서 북미 사냥꾼들은 많은 라쿤 전용 사냥개들을 개발하면서 이들을 사냥하여 왔다. 라쿤의 털은 국내에서도 수요가 많아서 요즘 겨울이 되면 라쿤 털이 있는 외투를 입고 다니는 사람들을 흔히 볼 수 있다.

사냥감으로서 라쿤의 인기는 라쿤 전용 사냥개들이 많이 존재하고 있다는 것이 증명한다. 라쿤이라는 동물을 잡기 위한 목적으로 개량된 북미 사냥개들은 한두 종류가 아니다. 그룹으로도 존재한다. 그런 라쿤 전문 사냥개들을 한데 모아 라쿤 하운드(racoon hound)라고 부르기도 한다.

좋은 사냥감인 라쿤은 상당히 귀여운 외모를 가지고 있다. 더구나 매우 영리하여 애완동물로서의 덕목을 갖췄다. 그래서 최근 라쿤을 애완동물로 키우는 사람들도 있다. 국내에서도 인터넷을 조금만 뒤지면 라쿤을 분양하는 글들을 쉽게 찾을 수 있다.

라쿤은 영리한 두뇌는 물론 먹이와 기후 등 외부환경에 적응하는 능력도 탁월하다. 최근 북미 야생 생태계에 살던 일부 라쿤들은 원래 서식지인 산림지역을 떠나 사람들의 공간인 주요 도시로 진출하고 있다고 한다. 자발적으로 도시로 이주한 라쿤들은 도시의 쓰레기통을 뒤지며 먹잇감을 찾고 있다. 우리나라 길고양이들과 거의 비슷한 행동을 하는 것이다. 영리한 라쿤들이 이제 힘들게 사냥을 하지 않고 쓰레기통만 뒤져도 먹고 살 수 있다는 법을 알기 시작한 것 같다.

라쿤의 이러한 뛰어난 외부환경 적응력은 생태계에 적지 않은 문제를 일으키기도 한다. 라쿤은 20세기 중반을 지나며 북미가 아닌 전 세계로 널리 보급되

▶라쿤 : 철창 속에 갇힌 라쿤. _2013년 촬영

게 된다. 애완동물 애호가들의 요구로 라쿤을 수입한 나라도 있고, 세계 각지에 주둔하고 있는 해외주둔 미군의 애완동물로 나간 경우도 있다. 모피생산을 목적으로 라쿤을 수입한 나라도 있었고 라쿤 사냥을 위해 수입한 나라도 있다. 정말 다양한 목적으로 라쿤은 지구촌 방방곡곡으로 퍼져나갔다.

이렇게 해외로 나간 라쿤은 특유의 적응력을 자랑하며 지구촌 구석구석에 둥지를 틀었다. 그들은 왕성한 생존력으로 종족을 번식시킨다. 야생 라쿤이 많은 독일의 경우, 라쿤 개체 수가 무려 20만~40만 마리나 되는 것으로 추정된다. 그래서 독일 일부 주에서는 라쿤을 사냥 대상 동물로 허가하고 있다. 이 정도 라쿤 숫자 같으면 생태계에 충분히 교란을 줄 수 있는 숫자다.

라쿤은 원숭이에 뒤지지 않을 정도로 나무를 잘 탄다. 라쿤이 나무를 잘 타는 것은 신체 구조에서 그 이유를 찾을 수 있다. 라쿤은 앞발을 마치 원숭이의 손과 비슷한 용도로 사용한다. 나무 타기에 익숙한 라쿤들은 먹잇감을 찾기 위해, 자기보다 덩치 큰 포식동물을 피하기 위해 나무를 탄다.

따라서 라쿤 개체 수의 과다한 증가는 나무에 둥지를 짓고 새끼를 키우는 새들에게는 끔찍한 재앙과 같다. 야생 조류들은 라쿤이라는 침입자에게 부화 중인 알이나 힘들게 키운 새끼를 잃는다. 하지만 이런 주장에 대해 일부 생태학자들은 의문을 제기하기도 한다.

라쿤은 독일 외에도 프랑스, 구소련, 일본 열도의 자연 생태계에서도 보이고 있다. 그들은 해당 국가에서 외래 야생동물이 되어 나름대로 생존하고 있다. 이제는 거의 해당 지역에서 토착화되었다고 보는 것이 맞을 듯하다.

라쿤, 퓨마 같은 사냥감들을
나무 위로 몰아서 잡는 미국의 사냥개들

그러면 이렇게 영리하고, 나무도 잘 타고 날쌘 라쿤을 어떻게 잡을 수 있을까? 북미 사냥꾼들은 특별히 개발한 사냥개들을 이용해 라쿤을 잡는다. 그런데 북미 너구리 사냥개들은 구대륙에서는 사용하지 않는 독특한 방법으로 라쿤을 사냥한다.

라쿤 전문 사냥개인 라쿤 하운드를 이용한 라쿤 사냥법은 의외로 간단하다. 라쿤 하운드들은 먼저 빼어난 후각으로 라쿤의 흔적을 찾고, 그다음은 라쿤을 끈질기게 추적하여 사냥감이 사냥개들을 피해 나무 위로 올라가게 만든다. 라쿤은 위기에 처하면 나무에 올라가는 습성이 있기 때문에 개들은 이런 라쿤의 습성을 이용하여 나무 위로 라쿤을 몰아버린 것이다. 결과적으로 사냥개들은 사냥감을 포수가 잡기 좋은 위치로 몰아준 것이다. 이런 상황이 되면 사냥꾼은 코너로 몰려 움직이지 못하게 된 라쿤을 총을 쏴서 잡으면 된다.

이 특이한 사냥의 성공 여부는 전적으로 나무 위로 사냥감을 몰고 가는 사

개들이 있는 세계사 풍경

냥개들의 능력에 달려 있다. 따라서 이런 방법으로 라쿤 사냥을 하려면 평소 사냥개들을 잘 훈련시켜야 한다. 사냥을 하는 사냥꾼보다 사냥개의 기량이 훨씬 중요한 사냥이기 때문이다. 이런 독특한 북미 지역의 사냥 법을 트리잉(treeing)이라 한다. 트리잉은 나무 위로 사냥감을 몬다는 뜻으로 해석하면 된다.

이런 트리잉에 사용되는 사냥개는 영국, 프랑스에서 바로 미국 대륙으로 데려간 사냥개들이 아닌 미국에서 오랜 기간에 걸쳐 개량한 라쿤 하운드 계열에 속하는 개들이다. 물론 이 개들의 선조는 영국이 고향이었지만, 17세기 현재 미국인의 조상들과 함께 신대륙으로 온 것이다. 이후 이들은 프랑스, 독일 혈통의 사냥개들과 선택적으로 교배되어 북미 대륙의 독특한 라쿤 사냥개가 되었다.

트리잉 사냥에 적합한 개는 북미 대륙 중에서도 모두 미국에서만 개량되었다. 블랙 앤 탄 쿤 하운드(Black and tan coon hound), 트리잉 워커 쿤 하운드(Treeing walker coon hound), 블랙 마우스 커(Black mouth cur) 등이 대표적이다.

그런데 여기서 의문점이 하나 생긴다. 라쿤 사냥개들이 이름에 붙어 있는 라쿤만 사냥할까? 그건 아니다. 이 개들이 트리잉을 통해 잡는 사냥감은 다양하다. 라쿤 하운드 계열의 사냥개들은 라쿤처럼 위기가 닥치면 나무를 타서 몸을 숨기는 사냥감들을 주로 잡는다.

라쿤 하운드들의 사냥감은 예상외로 다양하고 대형 동물들이다. 라쿤은 사냥감 중에서는 작은 편에 속한다. 아메리칸 흑곰(American black bear)과 산사자(山獅子), 쿠거(cougar)로도 불리는 퓨마도 라쿤 하운드들의 사냥감이다.

퓨마의 경우 워낙 은밀하게 이동하고 찾아내기가 쉽지 않아 라쿤 하운드들이 후각으로 이들을 추격하여 트리잉을 통해 나무 위로 몰아 사냥한다. 퓨마는 매우 민첩하고 남의 눈에 띄지 않게 행동하는 맹수라서 다른 사냥감들에 비해 사냥하기가 무척 까다롭다. 따라서 사냥꾼들이 라쿤 하운드들의 도움을 받지 않은 상태에서 퓨마를 잡기는 매우 어렵다.

CHAPTER

5

코통 드 튈레아르/마다가스카르의

아름다운 면회송이. 코통 드 튈레아르

• 2013년 서울 여의도에서 촬영

고대 이집트의 죽음의 사자 아누비스는 자칼인가, 개인가?

이집트 신화에 등장하는
죽음의 사자 아누비스

아누비스(Anubis)는 고대 이집트 신화에 등장하는 죽음과 관련 있는 신(神)이다. 아누비스는 이집트 최고의 신이라고 지칭되는 태양신 라(Ra)의 아들이라는 이야기도 전해지지만, 지하 세계의 지배자이며 재판관인 오시리스(Osiris)가 동생인 세트(Seth)의 아내인 제수(弟嫂) 네프티스(Nephthys)와 간통하여 낳은 사생아라는 얘기도 있다.

아누비스는 인간 세상에서 죽은 자(死者)들을 저승으로 인도하고 저승 문을 열어서 지하세계의 심판관인 오시리스의 법정에 세우는 중요한 역할을 한

개들이 있는 세계사 풍경

다. 또한 아누비스는 법정에서 죽은 자의 심장을 꺼내 저울에 달아 죽은 사람이 인간 세상에서 하였던 행위를 판정하기도 한다. 이렇게 신화 속의 아누비스는 저승사자와 심판관의 역할도 한 것 같다.

아누비스하면 이집트 피라미드 등에서 발견되는 미라(mummy)와 분리하여 생각할 수 없는 신이다. 아누비스는 자신의 아버지인 오시리스가 악의 신 세트의 손에 피살될 때, 오시리스의 시체를 베로 감아서 미라로 만들었다. 이 사건이 있은 후로 아누비스는 이집트에서 장례(葬禮)를 주관하는 신의 모습으로 등장한다.

아누비스의 모습은 그림을 통해 많이 전해지고 있다. 그림 속 아누비스의 모습은 머리는 검은 개나 자칼(Jackal)의 모습이며 피부는 매우 검은 색깔의 띈 남자의 모습이다. 그런데 종종 아누비스가 반수반인(半獸反人)의 모습이 아닌 머리부터 발끝까지 검은 개나 자칼의 모습을 하고 등장하는 경우도 있다.

필자는 집안 거실에 이집트인이 직접 그린 아누비스 그림 한 점을 걸어 놓고 있다. 그런데 필자의 그림에 있는 아누비스는 반수반인의 모습이 아니라 온전한 동물의 모습을 하고 있다. 몸 전체가 검은 사냥개나 자칼의 모습이다. 아누비스의 얼굴을 보면 개의 먼 친척인 자칼과도 많이 닮았지만, 바로 뒤의 페니키아 편에서 설명할 파라오 하운드(Pharaoh Hound)라는 사냥개와도 흡사하다.

아누비스 그림을 붙여 놓으면 이집트에서는 집안에 악운(惡運)이 들지 않는다고 한다. 우리나라 사람들이 집안에서 가장 잘 보이는 공간인 거실에 달마(達磨)나 호랑이 그림을 걸어 놓는 것과 비슷한 이치다. 필자의 아누비스 그림은 십여 년 전 이집트 출장을 다녀온 직장 선배가 관광지에서 10달러에 사서 선물한 것인데, 이를 마치 명화라도 되는 것처럼 생각하고 표구까지 하여서 거실에 걸어두고 있다.

그런데 아누비스 그림은 종이가 아닌 고대 이집트인들이 종이 대신 사용하

▶아누비스 : 필자의 아파트 거실에 걸려 있는 아누비스 그림

던 파피루스(papyrus)에 그려져 있다. 사실 이 그림이 없었다면 필자는 아마 죽을 때까지 파피루스를 구경하지 못했을 것 같다. 파피루스는 고대 이집트에서는 광범위하게 재배되었지만 지금은 나일 강 상류 지역에서만 재배되고 있다.

　한때 고대 이집트인들에게는 신화 속 고귀한 신이었던 존재가 아누비스였지만 이제 아누비스는 과거의 영화를 접고 이집트인들의 생계를 위해 관광지에서 외국인들에게 판매되고 있다. 그런 생각을 하니 왠지 묘하다. 죽음의 사자가 열심히 외화벌이에 나선 셈이다.

　　　　　　　　　　　　　　　　　개들이 있는 세계사 풍경

아누비스의 모델이 된
자칼

●

그런데 아누비스에 대한 글을 읽다 보면 왜 아누비스의 머리 모양이 자칼에 가까운지 의문이 들 수 있다. 그 이유를 알기 위해서는 자칼에 대한 간단한 지식이 필요하다. 자칼은 하이에나(Hyena)와 함께 아프리카의 대표적인 청소동물(scavenger)로 손꼽힌다. 자칼이 청소동물이라고 해서 매번 사체만 처리하는 것은 아니다. 자칼도 무리를 지어 사슴을 사냥하기도 하고, 자기 힘만으로 작은 설치류도 사냥한다.

자칼은 사람의 사체도 다른 동물의 사체와 같이 잘 처리한다. 자칼의 입장에서는 사람 사체나 다른 동물의 사체나 다를 것이 없기 때문이다. 여기서 처리한다는 표현은 먹어 치운다는 뜻이다. 하지만 눈치 빠른 자칼은 사람의 사체 주변에 사람들이 있을 경우에는 절대 처리하지 않는다. 대신 자칼은 사람들이 모두 사라질 때까지 계속 사람 사체의 주위를 맴돌고 있거나 가만히 앉아서 기다릴 뿐이다. 자칼은 사람들이 모두 사라지면 비로소 자신을 위한 만찬을 한다고 한다.

원래 자칼은 사자 같은 대형 고양잇과 동물들이 사냥에 성공하여 누나 얼룩말 같은 큰 먹이를 확보하게 되면, 그 주위에서 몇 시간 동안이나 계속 기다리며 뼈다귀라도 얻어 낸다. 그런 자칼의 대단한 인내심은 힘없는 작은 포식동물 자칼의 생존을 위한 필요 요소 중 하나이기도 하다.

그런데 고대 이집트 사람들은 자칼의 이런 모습을 보고 "자칼은 망자(亡者)를 지키기 위해 시신 주위를 맴돌고 있다"고 생각하고 죽음의 사자 아누비스를 만들어 냈다고 추정하는 이들도 있다. 물론 그런 얘기가 사실이 아닐 수도 있다. 만약 그럴 경우에는 이집트인들이 청소동물 자칼의 정체를 너무나 잘 알

▶ **검은등자칼** : 2012년 6월 어린이대공원에서 만난 검은등자칼

아서 아누비스의 머리 역할을 맡겼을 수도 있다.

　자칼은 크게 세 종류로 나눌 수 있다. 금빛자칼(golden jackal), 검은등자칼(black-backed jackal), 가로줄무늬자칼(side-striped jackal). 그런데 우리가 머릿속에 있는 자칼은 검은등자칼에 관한 것이다. 동물의 왕국 같은 다큐멘터리 프로그램이나 동물원에서 접한 자칼은 모두 검은등자칼이기 때문이다.

　참고로 자칼이라는 이름이 붙어 있지만 에티오피아가 고향인 멸종 위기 동물 시미엔 자칼(Simien jackal)은 자칼보다는 늑대와 혈연관계가 더 가깝다. 따라서 자칼 종류에는 시미엔 자칼은 일반적으로 포함시키지 않는다. 시미엔 자칼은 에티오피아 늑대(Ethiopian Wolf)라고 불린다.

　자칼은 개과에 속하는 개과 동물이다. 따라서 자칼도 개과 동물들만이 가지고 있는 공통점을 몇 가지 보유하고 있다. 먼저 울음소리에 대한 이야기다. 자

개들이 있는 세계사 풍경

칼도 늑대처럼 하울링(howling)을 한다. 그런데 자칼의 울음소리는 듣는 사람들을 매우 기분 나쁘게 한다는 독특한 특색이 있다. 어떤 사람들은 자칼의 울음소리가 하이에나의 울음소리보다 더 기분 나쁘다고 주장한다. 하이에나의 울음소리를 운 좋게 직접 들은 적이 있는 필자의 입장에서는 자칼의 울음소리는 비록 듣지는 못했지만 정말 듣기 싫을 것 같다는 생각이 든다.

자칼은 다른 개과 동물들과 마찬가지로 항문 주위에 분비샘이 있다. 그래서 개과 동물 특유의 불쾌한 냄새가 난다. 필자가 알기로는 개과 동물 중 개가 가장 냄새가 적게 나는 동물이다. 개의 가까운 친척 늑대만 해도 심한 냄새가 나지만 개가 냄새가 별로 나지 않는다는 것은 개가 사람과 같이 살기 위해 진화한 결과물인 것 같다. 만약 개가 자칼, 여우, 너구리 같은 다른 개과 동물들과 같이 강하고 심한 냄새가 난다면 사람들과 같은 공간에서 살기가 쉽지 않을 것이다.

개에게 자칼은 먼 친척,
늑대는 가까운 친척

자칼은 동물분류상 개과-개속에 속하는 동물이다. 따라서 자칼은 혈연관계가 가까운 개, 늑대, 코요테와 종간교미(種間交尾)를 통해서 새끼를 낳을 수도 있다. 필자가 예시로 든 동물들은 서로 종간 교미를 통해 새끼를 낳을 수 있다. 그래서 진화론의 대가인 찰스 다윈(Charles Darwin)과 저명한 동물심리학자 콘라드 로렌츠(Konrad Lorenz) 등은 한때 "자칼과 늑대가 교배하여 만들어진 존재가 현생 개의 조상이 되었다"는 주장을 하기도 했다.

하지만 그 과학자들의 주장은 미국 캘리포니아대학교의 로버트 웨인(Robert

Wayne) 교수 등 현대 과학자들의 미토콘드리아 DNA 연구 결과, 개의 직접적인 선조는 늑대라는 것이 밝혀지면서 과학적으로 설득력을 잃게 되었다.

웨인 교수의 미토콘드리아 DNA 연구 결과 코요테, 늑대, 자칼은 100만여 년 전 같은 조상에서 분리되었다고 한다. 그리고 개와 늑대는 그들 동물들보다 훨씬 뒤인 13만 5천 년 전에 서로 분리된 것으로 추정되고 있다. 이 연구를 개의 입장에서 보면 자칼은 먼 친척이며, 늑대는 가까운 친척이라는 결론이 나오게 된다.

세포 속 에너지 공장의 역할을 하는 미토콘드리아는 100% 모계유전(母系遺傳)만 된다는 특징이 있다. 이 말의 뜻은 "내 미토콘드리아는 부계가 아닌 모계에서만 물려받았다"는 의미다. 사람들의 성(姓)은 부계에서만 받지만 소중한 미토콘트리아는 모계에서만 받는다. 필자는 생물학적으로 확실한 증거인 미토콘드리아를 물려받는 것이 더욱 의미 있는 것 같이 느껴진다.

이러한 독특한 특징을 가진 미토콘드리아는 최근 생명체의 조상을 찾는 연구에 매우 유용하게 사용된다. 생물학자들은 이러한 미토콘드리아의 특징 때문에 "미토콘드리아는 유전학적 분석의 나침반 같은 역할을 한다"고 말하기도 한다. 매우 적절한 말이다.

개들이 있는 세계사 풍경

많은 개들을 지중해에 퍼트린 고대 페니키아인들의 업적

페니키아와 식민도시
카르타고

●

인류의 역사 발전에 큰 영향을 준 고대문명들이 있다. 이른바 세계 4대 문명이라고 손꼽히는 이집트, 메소포타미아, 황하, 인더스 문명이 그 대표적인 예라고할 수 있다. 그렇지만 거창하게 4대 문명에는 포함되지 않더라도 문명 발전에큰 영향을 미친 민족들도 있다. 그중 대표적인 존재가 페니키아(Phoenicia)다.

고대 페니키아인들은 지중해에서 활발한 해상무역을 하였던 민족으로 많은나라들의 문화가 서로 융합될 수 있는 기반을 마련하였고, 자신들이 개발한알파벳을 전파하여 오늘날의 유럽 문화가 출발하는 데 결정적인 기여도 한다.

그런데 이렇게 서구 문명 발전에 큰 기여를 하였다고 평가받는 페니키아인들은 많은 애견인들로부터 폭넓은 사랑을 받고 있는 다양한 종류의 개들을 유럽 전역에 보급하는 데 큰 역할을 수행한다. 그러면 페니키아인들은 수천 년 전 어떤 역할을 했기에 이런 평가를 받을 수 있는 것일까? 지금부터 페니키아인들과 관련된 흩어진 퍼즐 조각들을 맞춰보겠다.

페니키아인들은 약 4천여 년 전 현재 국경선으로는 레바논, 이스라엘, 팔레스타인 등의 해안가 지역에 정착하여 바블로스(Byblos), 시돈(Sydon), 티르(Tyre) 같은 도시국가들을 건설했다. 하지만 그들은 비록 당시로는 현대적인 도시국가를 건설했지만 앗시리아나 페르시아 같은 단일한 정치체제는 이루지 못했다.

페니키아인들은 여러 도시들이 연합하며 공동의 적을 경계하는 도시연합국가 비슷한 형태의 정치체제를 만든 것이다. 이러한 페니키아인들의 도시국가 위주의 생활은 티그리스와 유프라테스 강 사이에서 찬란한 문명의 꽃을 피웠던 고대 수메르(Sumer)나 서양 문명의 선구자인 그리스의 도시국가 위주의 생활과도 비슷하다.

그렇다고 해서 페니키아인들의 경제력이나 영향력이 약했던 것은 아니다. 그들은 줄곧 자신들에 지배력을 행사하려 한 이집트왕국의 지배력이 약화된 BC 12세기부터 약 400여 년 동안 전성기를 누리며 지중해의 제해권을 장악하고 해상무역을 통해 막대한 부를 축적한다.

페니키아인들은 해상무역과 함께 지중해 해안 지역과 도서 곳곳에 그들을 위한 식민도시들을 건설한다. 페니키아인들의 활동무대는 지금 국경선 기준으로는 이집트에서 모로코에 이르는 북아프리카 전역과 그리스에서 스페인에 이르는 남부 유럽 전역에 걸쳐 있었다. 당시 서구 문명권 전역이 페니키아인들의 활동무대였다고 볼 수 있다. 이뿐만 아니다. 페니키아인들은 지중해뿐만 아니라 흑해 연안에서도 통상을 하면서 이익을 창출하였다.

수천여 년 전 동서양 문명의 대부분 민족들은 농업과 목축을 통해 생존을 하였다. 하지만 고대 페니키아인들은 거센 파도를 극복하며 수천km에 걸친 해상무역을 하였다. 과연 어떻게 그럴 수가 있었을까? 여기에는 그들만이 아는 이야기가 하나 있다.

페니키아인들은 수천여 년 전 남유럽, 소아시아, 북아프리카를 통틀어 조선술이 가장 발전한 민족이었다. 그들은 자신들만의 독특한 배를 건조하여 원양(遠洋)으로 진출하여 무역을 하고 식민지를 건설하였다. 그 배는 바로 갤리선(galley)이다. 갤리선은 노와 돛을 사용하여 움직이는 선박으로 페니키아인들이 최초로 만든 선박이라는 얘기가 전해지고 있다.

갤리선은 평상시에는 돛을 이용하여 천천히 움직인다. 하지만 비상사태가 되면 이야기가 달라진다. 갤리선은 해상에서 전투가 벌어지거나 폭풍이 발생하는 등 위험한 상황이 생기면 속도를 높이기 위해 노잡이들이 노를 힘차게 저어 움직인다. 따라서 당시 이런 갤리선을 많이 보유한 나라는 제해권을 확보하고 많은 부를 쌓을 수 있었다.

페니키아인들은 BC 9세기 경 북아프리카의 튀니지에 식민도시 카르타고(Carthago)를 건설한다. 그런데 이 식민도시 카르타고는 후일 페니키아의 국력을 훨씬 뛰어넘게 된다. 그 결과 카르타고는 페니키아가 역사에서 소멸한 이후에도 수세기 동안 지중해의 제해권을 장악하고 북아프리카와 유럽에서 강대국으로 군림할 수 있었다.

카르타고가 한동안 지중해의 왕자라는 영화를 누릴 수 있었던 것은 당시로는 최첨단 선박이라고 할 수 있는 이런 갤리선들을 많이 보유하고 있었기 때문이다. 페니키아에 이어 지중해 무역을 장악하게 된 카르타고는 그리스 본토나 이탈리아 안에 있는 그리스 식민도시들이 보유하였던 3단 갤리선보다 월등히 크고, 속도도 빠른 5단 갤리선을 100여 척 이상 보유하였다고 한다.

따라서 신생국 로마와 페니키아인들이 건국한 카르타고가 지중해와 유럽의 운명을 걸고 싸웠던 포에니전쟁(BC 264년~BC 146년) 발발 전까지 대형 갤리선을 다수 보유하였던 카르타고의 해군력에 필적할 만한 나라는 당시 유럽, 북아프리카, 중동에서 아무도 없었다.

그 결과 카르타고는 지중해 동쪽 제해권을 완전히 장악하고 육군 중심의 편제를 한 로마와 이탈리아 해안가와 시칠리아에 위치하였던 그리스 식민도시를 압박하며 상당 기간 동안 전성기를 누릴 수 있었다.

카르타고는 모국 페니키아와 마찬가지로 해상무역을 중심으로 성장하였다. 하지만 카르타고와 페니키아는 국가의 경제체제가 크게 차이가 있었다. 대부분의 국부를 무역을 통해 얻었던 페니키아와는 달리 카르타고는 무역을 통한 경제가치 창출도 많았지만, 북아프리카의 넓은 영토에서 자급자족과 수출이 가능한 충분한 밀 재배를 통해서도 상당한 국부를 확보할 수 있었다.

그래서 카르타고의 국내 정치 세력들은 외국과의 적극적인 통상과 식민지 개척을 요구하는 해양세력과 농업을 중시하는 아프리카 중시파로 나뉘게 된다. 경제 이익을 만드는 과정에서 크게 차이가 나는 두 정파는 종종 옥신각신하는 양상을 빚어가며 카르타고 정정을 불안하게 만들었다. 로마와의 전쟁도 불사한다는 강경파들은 주로 해양세력들로 제2차 포에니전쟁의 영웅 한니발은 카르타고에서도 해양세력을 대표하는 가문의 장자였다.

카르타고와 페니키아는 분명히 서로 달랐다. 미국과 영국이 다르듯이 두 나라는 엄연히 달랐다. 하지만 내륙국가에서 출발하여 세계제국을 꿈꾸던 로마의 시각에서는 카르타고나 페니키아나 다 같은 페니키아였다. 지금으로 치면 영국과 영국의 식민지에서 출발한 미국을 구분하지 못한 것과 같은 것이다.

그래서 로마인들은 지중해의 오랜 숙적인 카르타고와 100년 넘게 진행하

개들이 있는 세계사 풍경

였던 전쟁의 이름도 페니키아인들과의 전쟁이라는 의미에서 포에니 전쟁(Punic Wars)이라고 명명하였다. 따라서 포에니 전쟁이라는 이름 하나만 보아도 당시 카르타고를 보는 로마인들의 시각을 알 수 있다.

포에니 전쟁에서는 육상에서 사는 가장 큰 동물이 전쟁에 동원되어 눈길을 끌기도 했다. 한니발은 아프리카에서 코끼리를 데리고 와서 전쟁에 사용하였다. 코끼리는 당시 현대전의 장갑차나 탱크와도 같은 역할을 하였다.

하지만 힘들게 아프리카에서 이탈리아로 데리고 왔던 코끼리들의 전투력은 카르타고군의 기대만큼 높지는 않았다. 다치지 않은 상태의 코끼리들은 카르타고 군인들의 통제를 잘 따랐지만 일단 로마군의 화살에 맞거나 창에 찔려 상처를 입게 되면, 거의 통제가 되지 않아 오히려 아군인 카르타고의 진영도 쑥대밭으로 만드는 경향이 있었다. 전쟁에 거의 도움이 되지 않았다는 얘기다.

다시 시각을 고대 페니키아인에게로 돌려보자. 페니키아인들은 과연 수천여 년 전 무엇을 가지고 거래하며 부를 축적했을까? 그들은 자신들의 고향인 중동 지역의 특산물인 아마포, 염료, 기타 특산물을 지중해를 돌면서 유럽, 북아프리카 등에 판매하기도 했다. 하지만 그런 식의 무역만 해서는 막대한 이윤을 창출하기 어렵다.

따라서 페니키아인들은 북아프리카, 남유럽, 중동 등의 특산물을 각각 구입하여 각기 다른 지역에 파는 중개무역을 하였다. 그런 무역형태를 보면 페니키아인들은 과거의 만물상과 비슷한 상인들이었다고 말할 수도 있다. 하지만 현대적인 의미에서 분석하면 없는 물건이 없을 정도로 다양한 물품을 판매하는 대형마트나 백화점과 같은 유통 대기업과도 비슷한 역할을 한 것 같다.

알파벳의 원형을 만든
페니키아인들과 애견 전파의 관계

●

페니키아인들이 설명한 것처럼 당시 무역을 통해 막대한 부를 창출하였다는 것에서 이야기가 끝나면 이들이 인류 문명에 큰 영향을 미쳤다고 보기는 어렵다. 페니키아인들은 이러한 경제적 활동 외에도 BC 15세기 경 엄청난 일을 벌인다.

페니키아인들은 이집트, 메소포타미아, 심지어 크레타에서 사용하던 각종 문자들을 참고하여 새로운 표음문자(表音文字)를 만들어 낸다. 페니키아인들의 표음문자가 나오기 전까지는 일명 쐐기문자라고 불리는 불편한 설형문자가 중동과 유럽에서 대세를 이루고 있었다. 하지만 편리한 페니키아식 표음문자의 등장으로 불편한 설형문자는 서서히 자취를 감추게 된다.

페니키아의 표음문자는 인접 국가이면서 주요 거래처인 그리스를 통해 전 유럽으로 광범위하게 확산된다. 그리스에 이어 세계 제국 로마까지 이 표음문자를 쓰면서 페니키아의 표음문자 알파벳은 오늘날 서구문명의 기초가 되어 버렸다.

고대 페니키아인의 자세한 자취를 역사를 통해서 찾기는 쉽지 않다. 하지만 그들이 남긴 문자는 계속 개량되어 후세에 길이길이 전해지고 있다. 어떻게 보면 고대 페니키아인들은 서양문명의 입장에서는 한글을 창제한 세종대왕과 유사한 역할을 했다고 볼 수 있다. 그런 의미에서 생각해보면 페니키아인들이 없었다면 과연 서구문명의 발전은 가능했을까? 아마 힘들지 않았을까 하는 생각을 해본다.

페니키아인들의 표음문자가 서구 사회의 대표적 문자가 된 것은 그들이 해상무역을 통해 수많은 사람들과 접촉을 하여 이를 보급시켰기 때문이라고 추

개들이 있는 세계사 풍경

정된다. 만약 페니키아인들이 산악지역에 고립하여 살았으면 그들의 문자가 아무리 우수하였어도 오늘날과 같은 글로벌한 문자로 성장하기는 어려웠을 것이다.

바로 이 점이 페니키아인들이 많은 개들을 유럽 전역에 퍼트리게 한 것과 밀접한 관련이 있다. 글로벌 상인 페니키아인들은 자신들이 의도하던 그렇지 않던 간에 그들이 키우거나 좋아하는 개들을 그들의 동선을 따라 전 세계로 퍼트리게 할 수밖에 없는 운명이었다.

페니키아인들이 보급한 애견의
대표작은 몰티즈

페니키아인들이 보급한 것으로 추정되는 가장 대표적인 개는 하얀 백색의 귀염둥이 몰티즈(Maltese)다. 몰티즈는 그 이름에서 알 수 있듯이 지중해의 작은 섬나라 몰타가 고향인 개다. 이 개는 페니키아 선원들이 원양 항해의 무료함을 달래기 위해 상선에 태우고 다닌 애완견들의 후손들이다.

그렇다고 몰티즈의 원래 고향이 페니키아라는 뜻은 아니다. 페니키아인들이 보급한 많은 개들의 원래 고향은 역시 그들의 주요한 거래처인 이집트인 경우가 많았다. 페니키아인들은 이집트에서 개를 가지고 와서 유럽 해안가에 산재해 있던 그들의 식민도시나 거래처에 그 개를 남겨 놓고 가기도 했다.

당시 이 개들이 페니키아인들의 영리행위의 수단이었는지, 아니면 그들의 주인이었던 페니키아 선원들을 따라 잠시 내렸다가 그곳에서 정착을 했는지는 확실치 않다. 하지만 분명한 사실은 고대 페니키아인들의 원양항해를 통해 많은 종류의 개들이 지중해 전역으로 퍼트려졌다는 것이다.

▶몰티즈 : 도그쇼에 출전하기 위해 꽃단장 중인 몰티즈

　유럽 원산 소형 애견 중 역사가 가장 길다고 정평이 나 있는 몰티즈의 경우
약 5천여 년 전 고대 이집트 고분에서 몰티즈와 비슷한 조각상이 발견되었다
고 한다. 이러한 사실은 몰티즈가 페니키아인들에 의해 몰타로 이사 오기 전
고향은 이집트였을 수 있다는 것을 짐작하게 만들어 준다.

　몰타는 페니키아인들의 무역 거점 역할을 하다가 후일 그들의 식민도시 카
르타고의 수중에 들어가게 된다. 하지만 1차 포에니전쟁 종전 협정에서 로마
집정관 카툴루스와 한니발의 부친이며 당시 카르타고의 시칠리아 원정군 총
사령관이었던 하밀카르 사이에 맺어진 강화조약에 따라 로마 영토로 귀속되게
된다. 그 결과 몰티즈는 페니키아인, 카르타고인에 이은 새로운 주인으로 로마
인들을 맞게 된다.

　몰타의 새로운 주인이 된 로마인들의 몰티즈 사랑도 전임 주인인 페니키아

　　　　　　　　　　　　　　　　　　　　개들이 있는 세계사 풍경

인들에 비해 못하지 않았던 것 같다. 당시 로마 제국의 몰타 총독이었던 푸불리우스의 몰티즈 사랑은 유명했다. 오죽하면 그의 스페인 출신 식객이었던 마르쿠스 발레리우스 마르티알리스가 헌시(獻詩)를 남겨 아직도 전해지고 있지 않은가?

한편 몰티즈는 후일 비숑 프리제(Bichon Frise) 같은 곱슬곱슬한 털을 가진 비숑 계열의 개들의 개량과 작은 테리어종 개량 작업에서도 많은 역할을 한 것으로 전해진다. 몰티즈는 역사가 워낙 오래되어서 많은 소형견종 개발에 참여할 수밖에 없는 처지였다.

마스티프 계열의 개도 보급했던
페니키아인들

페니키아인들은 몰티즈 같은 소형 애견 외에 마스티프 계열의 개도 유럽에 전파한 것으로 전해진다. 현재 영국의 국견(國犬)과도 같은 존재인 불도그(Bulldog)의 경우, 그 기원은 페니키아인들이 기원전 6세기경 영국에 전해준 마스티프 계열의 개로 추정된다.

마스티프 계열의 개들은 원래 티베트가 기원인데, 이 개들은 중동을 거쳐 유럽으로 전해진 것으로 보인다. 페니키아인들이 불도그의 조상인 마스티프 계열의 개들을 영국에 전파했다는 설은 페니키아인들의 활동 범주가 유럽의 내해인 지중해에 국한되지 않고 원양인 대서양까지 포함되었음을 의미하는 단서이기도 하다.

로마군이 영국을 침공할 때도 마스티프 계열의 개들이 유입되었다. 당시 영국으로 건너 온 마스티프 계열의 개들은 로마군의 군견 자격으로 영국에 왔

▶**버니즈 마운틴 도그** : 버니즈 마운틴 도그의 조상들은 로마군의 군견으로 활동하다가 현재 스위스의 영토에 해당하는 곳에 정착하게 되었다. _2012년 오사카의 한 공원에서 촬영

다. 고대 로마군들은 군대가 이동할 때면 덩치 큰 마스티프 계열의 개들도 데리고 다녔다. 이 개들은 소나 양 같은 가축 호위견의 역할을 했고 야간에는 경비견 등의 용도로도 사용되었다.

로마제국의 군견으로 사용되던 마스티프 계열의 개들의 후손은 지금도 몇 종류 유럽에 남아 있다. 스위스의 버니즈 마운틴 도그(Bernese mountain dog)와 독일의 로트바일러(Rottweiler) 등이 있다. 버니즈 마운틴 도그의 선조견들은 로마 제국이 이탈리아 반도를 통일하고 알프스를 넘어 지금의 스위스 지역을 정벌하러 갈 때 데리고 갔던 군견들이었다.

당시 이 개들의 용도는 로마군의 군수물자를 수송하고 식량이 되기도 하는 소들을 지키는 것이었다. 그 후 이 개들 중 일부는 스위스의 베른(Bern) 인근에

개들이 있는 세계사 풍경

정착하여 버니즈 마운틴 도그의 선조가 된다. 이후 현지의 개들과의 교배를 거쳐 현재와 같이 아름다운 대형견으로 거듭난다. 필자가 아는 범위 내에서는 대형견 중에서 가장 아름다운 외모를 가진 개는 버니즈 마운틴 도그다.

로트바일러의 경우, 로마군이 게르만족을 공격할 때 데리고 간 덩치 큰 군견들의 후손이다. 그 개들은 독일 남부에 위치한 로트바일러에 정착하였고 오랜 개량 과정을 거쳐 현재의 로트바일러의 선조가 되었다. 로트바일러는 히틀러가 총애하여 국내에는 히틀러 도그로도 알려진 개다.

그런데 현행 동물보호법에는 로트바일러를 도사견, 핏불 테리어 등과 함께 맹견으로 분류하고 있다. 따라서 이 개를 데리고 외출을 하려면 타인의 안전을 위해 반드시 입마개를 하여야 한다.

많은 사냥개들을 지중해 연안에
보급한 페니키아인들

페니키아인들은 이집트가 원산인 각종 사냥개들을 지중해 연안에 보급하는 역할을 하였다. 특히 페니키아인들은 약 5천여 년 전 이집트의 벽화에 등장하는 시각형 하운드(Sight Hound)들을 지중해 서부 연안 곳곳에 퍼트렸다.

시각형 하운드란 좋은 시력과 빠른 발로 사냥감을 잡는 사냥개로 빠른 속도를 내기에 적합하도록 꾸준히 개량되어 왔다. 이 개들은 마치 치타의 몸처럼 날씬한 체구와 긴 다리를 가지고 있다. 그레이 하운드, 살루키, 아프간 하운드 등이 대표적인 시각형 하운드다.

페니키아인들은 몰타에는 파라오 하운드(Pharaoh Hound), 시칠리아에는 시르네코 델레트나(Cirneco Dell'Eta), 스페인령 발레아레스 제도에는 이비썬 하운드(Ibizan Hound)라는 시각형 하운드들을 각각 퍼트렸다.

페니키아인들이 보급한 이 사냥개들은 전형적인 시각형 하운드의 날렵한 외모를 가지고 있는데 특이하게도 이들 개들은 시각 못지않게 예리한 청각을 가지고 있어서 사냥감들이 내는 작은 소리도 놓치지 않고 달려가서 잡아내는 능력도 있다.

또한 이 개들의 거주 지역을 보면 공통점이 몇 개 있다. 첫째는 원산지가 모두 섬이다. 누군가 배를 타고 들러 개들을 전해주었다는 이야기다. 그 누군가는 페니키아인들로 추정된다. 둘째는 개들의 원산지가 당시 해상국가였던 페니키아의 무역거점 또는 세력권에 포함되던 곳이었다. 페니키아인들의 식민도시나 중간 기착점 등으로 볼 수 있는 곳이라는 얘기다.

페니키아인들이 지중해에 전파한 시각형 하운드 중에서 상당히 거창한 이름을 가진 파라오 하운드의 경우, 이런 특이한 이름을 가지게 된 과정이 재미있다. 앞에서 설명하였듯이 고대 이집트 신화에는 죽음의 사자인 아누비스(Anubis)가 등장한다. 그런데 파라오 하운드의 경우, 이집트의 회화에 등장하는 아누비스신의 모습과 너무나 비슷하다.

이러한 점에 착안한 일부 유럽인들은 이 개의 이름에 고대 이집트의 절대 권력자이면서 상징이었던 파라오를 가져다 붙여 버렸다. 그 결과 이 개는 파라오 하운드라는 거창한 이름을 갖게 된다. 만약 이집트의 파라오들이 그들이 원했던 것처럼 영혼불멸 상태가 되어 지금도 그 영혼이 남아 있다면 이 개의 이름에 대해 정말 이상하다고 생각할 것 같다.

페니키아인들은 이런 날렵한 외모의 시각형 하운드 외에 예민한 후각으로 사냥감을 끈질기게 추격하는 후각형 하운드도 지중해 연안에 전파했다. 후각형 사냥개들의 출발점도 페니키아의 본토가 아닌 이집트로 추정된다. 페니키아인들은 이집트에서 데리고 온 후각형 하운드 계열 개들은 아드리아 해의 연안

도시들에 집중적으로 전파되었고, 아직도 독자적인 혈통을 유지하고 있다.

세르비언 하운드(Serbian Hound), 세르비언 트라이 칼라 하운드(Serbian Tricolour Hound), 포사바츠 하운드(Posavaz Hound), 몬테니그린 마운틴 하운드(Montenegrin Mountain Hound) 등이 페니키아인들이 퍼트린 사냥개들인데, 이 개들의 외모는 비글과 비슷하다.

참고로 후각형 하운드는 빼어난 후각과 체력을 바탕으로 지구력과 끈기를 가지고 굴을 파서 사는 여우, 토끼 같은 작은 사냥감들을 추격하여 잡는 사냥개다. 비글(Beagle)이 세계적으로 가장 널리 알려진 후각형 하운드라고 할 수 있다.

이슬람권에서 개를 경멸하는 이유

개의 발을 씻기는 것은
이슬람을 모독하는 행위

2013년 8월 인터넷에서 화제가 된 사건이 있었다. 이슬람 국가인 말레이시아의 마즈나 유소프라는 여성은 자신이 키우는 애완견의 발을 씻기는 동영상을 세계인들이 즐겨보는 유튜브(youtube)에 올렸고, 이를 본 현지 경찰은 그 여성을 선동과 종교 불화 조장 혐의로 체포하였기 때문이다.

이 사건은 이슬람국가인 말레이시아뿐 아니라 세계 각국에서 개의 발을 씻기는 행위가 신성모독에 해당되는지 여부에 대한 많은 논란을 일으켰다. 말레이시아의 한 이슬람단체에서는 "이슬람이 터부시하는 개의 발을 씻기는 동영상을 외부에 공개한 것은 이슬람을 심각하게 모독하는 행위"라며 강하게 비판하기도 했다.

그런데 이 사건을 살펴보면서 구미(歐美)에서는 가족과 같은 대우를 받고 있는 개가 왜 이슬람권에서는 천시를 받고 멸시의 대상이 되는지 의아할 수밖에 없다. 개는 기독교 문명권에서는 사람에 버금가는 대우를 받고 있지만, 이슬람권에서는 정반대의 대우를 받고 있다.

이슬람과 개의 관계에 대한 숨겨진 사연을 알기 위해서는 먼저 이슬람에 대한 간단한 공부부터 하고 넘어가는 게 좋다. 그러면 개가 왜 이슬람권에서 멸시를 받게 되었는지에 대한 이유를 알 수 있다.

예언자 마호메트를
곤경에 빠트렸던 개

●

이슬람교는 기독교, 불교와 더불어 세계 3대 종교에 속한다. 이슬람교는 중동과 북아프리카는 물론 중앙아시아, 동남아시아 일부 지역에서도 상당한 교세를 확보하고 있다. 이슬람의 불모지처럼 여겨졌던 유럽에서도 이슬람교를 믿는 신도의 비율은 점점 증가추세에 있다. 전 세계에서 이슬람을 믿는 교인은 13억 명으로 추산되며, 세계인구의 20%에 해당된다.

3대 종교 중에서 가장 늦게 시작되었지만 엄청난 교세를 가지고 있는 이슬람교를 창시한 인물은 예언자 마호메트(Mahomet)였다. 그는 서기 570년 현재 사우디아라비아에 있는 메카(Mecca)에서 태어났다. 몰락한 집안에서 태어나 어렵게 자랐던 그는 장성한 후, 자신보다 연상인 부유한 부인을 만나 결혼한다. 그는 결혼을 통해 안정되고 편안한 삶을 보장되었지만, 예언자의 운명을 타고 태어났던 그에게 그런 평범한 삶은 허용되지 않았다.

마호메트는 서기 611년 사우디아라비아에 있는 메카 인근 지역의 산에서 명상을 하다가 유일신인 알라(Allah)의 계시를 받게 된다. 이후 마호메트는 신의 계시에 따라서 새로운 종교를 개창하고 본격적으로 포교에 나선다. 마호메트의 포교 활동이 활발해지자 메카의 귀족들이나 권력자들은 심하게 반발하고, 그를 모질게 박해한다.

결국 마호메트는 메카의 권력자들의 박해를 피해 메카보다 훨씬 북쪽에 위치한 메디나(Medina)로 포교의 중심을 옮기고 활동하기 시작한다. 이슬람에서는 이렇게 예언자 마호메트가 메카에서 메디나로 활동 지역을 옮긴 것을 헤지라(Hegira)라고 부르며, 성스럽게 생각한다. 헤지라는 '성스러운 이동'이라는 뜻으로 한자로는 성천(聖遷)이라고 한다.

메디나로 옮긴 마호메트는 교세를 점차 넓히며 정치적 지도자로 거듭 태어나게 된다. 이후 마호메트는 주변 지역에 대한 포교전쟁에 돌입하게 되며, 630년 자신을 그토록 핍박하던 메카를 함락시키고 만다.

신흥종교인 이슬람교의 확산 속도는 정말 대단했다. 7세기 아라비아와 그 인근에 위치한 페르시아를, 8세기 들어서는 북아프리카 전역과 지금은 스페인과 포르투갈의 땅인 이베리아 반도까지 정복한다.

그런데 예언자 마호메트가 메카에서 지배층으로부터 극심한 탄압을 받을 때, 하마터면 개 때문에 큰 고초를 겪을 뻔했다고 한다. 그 당시 있었던 일은 지금도 설화(說話)로 전래되고 있는데 이 사건 때문에 이슬람교에서 개를 경원시한다는 말이 전해지고 있다.

이 사건이 있었던 정확한 시기는 알려지지 않고 있다. 마호메트는 자신에게 가해지는 박해를 피해 어느 동굴로 숨어들어 갔다. 그런데 개 한 마리가 계속 마호메트가 숨어 있던 동굴 주변에서 짖어댔다. 개가 짖는다는 것은 동굴 속

개들이 있는 세계사 풍경

에 누가 숨어 있다는 뜻이기도 하다.

　하지만 그 위기의 상황에서 예언자는 발각되지 않았다. 마호메트가 계속 살아남아 이슬람교를 더 많이 포교하라는 알라신의 뜻이 있을지도 모른다. 개 때문에 예언자를 잃을 뻔했던 사건이 있은 후 이슬람교도들은 개는 예언자를 위험에 빠트린 불길한 동물이라고 생각하고 천시했다고 한다.

이슬람권의 개 천시풍조,
그 원인 분석

이슬람에서의 개 천시 풍조는 뿌리가 깊다. 교인들은 개가 있는 집에는 천사가 문을 열고 들어오지 않는다고 믿는다. 만약 이런 말을 진짜로 믿는다면 집에서 개를 키우기는 쉽지 않을 것 같다. 또한 이슬람에서는 만약 개가 핥은 그릇을 사람이 다시 사용할 경우, 최소 7번 이상 씻어야 사용할 수 있다고 믿는다. 매일 아침 눈을 뜨면 자신의 개에게 뽀뽀하는 일부 애견인들의 입장에서는 이해하기가 쉽지 않은 풍습일 수도 있다.

　21세기를 살고 있는 이슬람교도들에게도 개는 여전히 경멸과 모욕의 대상이다. 2011년 4월 이란의 일부 국회의원들은 개를 데리고 공공장소 외출 금지, 아파트에서 개 사육 금지 등을 주요 내용으로 하는 법안을 발의하여 세상을 놀라게 했다. 사실상의 개 사육 금지 법안이나 마찬가지다.

　2012년 3월 이란 의회 대변인은 이란 핵시설에 대한 공습을 꾸준히 주장하고 있는 이스라엘 정부에 대해 "이스라엘은 짖기만 하고 공격을 하지 않는 개"라고 날선 비판을 하였다. 개를 많이 키우고 좋아하는 우리나라 사람들의 입장에서 보면 그렇게 강한 비판이 아니라고 생각할 수 있지만 이슬람교를 믿는 이란 사람들의 입장에서는 최고의 모욕을 이스라엘 정부에게 선물한 셈이다.

그러면 고대문명 시절 중동과 북아프리카인들은 개를 천시하였을까? 단언컨대 그건 아니다. 찬란한 고대문명을 꽃 피운 이집트에서 개는 상당한 존중을 받는 동물이었다. 그 좋은 예는 영혼불멸을 굳게 믿었던 고대 이집트인들의 사후 세계관과 관련이 있다.

고대 이집트인들은 영혼은 죽지 않는다는 영혼불멸설을 믿었다. 그래서 그들은 사람이 죽으면 미라로 만들어 내세(來世)에서 생활하는 데 불편함이 없도록 했다. 고대 이집트 신화에는 미라가 된 시신에 보관된 사자(死者)의 영혼을 사후 심판관 앞에 데리고 가는 역할을 하는 죽음의 신 아누비스가 있다.

아누비스는 자칼의 머리를 하기도 하지만, 개의 머리를 하고 있는 경우도 있다. 즉, 아누비스는 자칼과 개의 머리가 혼용된 신이라고 할 수 있다. 이것만 보아도 고대 이집트에는 개가 경멸의 대상이 아닌 친근하고 귀중한 대상이었음을 알 수 있다.

또한 고대 이집트의 절대자 파라오가 죽으면 그의 미라 옆에 생전에 키우던 사냥개를 죽여 순장하기도 했다. 이는 죽어서도 파라오가 계속 살루키(Saluki)와 함께 사냥을 하는 즐거움을 누리기 위한 목적이다. 만약 개를 경멸하였다면 절대군주 파라오의 옆에 개를 순장시키기는 어려웠을 것이다.

그런데 이슬람권에서 개를 천시하는 데는 종교적인 것 외에도 몇 가지 다른 이유도 있다. 일부 중앙아시아 지역에서 행해졌던 장례풍습과 관련된 것도 있고, 전염병 발병을 우려하는 보건적인 이유도 있다.

먼저 일부 중앙아시아 지역에서 행해진 장례풍습부터 살펴본다. 일부 중앙아시아 지역에서는 사람이 죽으면 그 영혼이 빨리 사후 세계로 갈 수 있도록 개에게 죽은 사람의 시신을 먹게 하는 풍습이 있었다고 한다.

따라서 이러한 풍습의 영향으로 중앙아시아 일부 지역에서는 개는 사람의

개들이 있는 세계사 풍경

시체를 청소하는 매우 불결한 동물로 여기게 되었다. 그런데 중앙아시아 지역은 이슬람교도들이 많아서 그런 영향이 개라는 동물을 천시하는 데 영향을 주었다고 보는 견해도 있다.

동물에게 사람의 사체를 먹여 장례를 치루는 것은 중앙아시아에서만 있었던 일은 아니다. 티베트나 몽골에서는 독수리 같은 대형 조류에게 사람의 시체를 먹여서 시체를 빨리 처리하기도 한다. 이러한 장례는 새를 이용한 장례라는 뜻의 조장(鳥葬)이라고 부른다. 조장을 할 때는 독수리들이 빨리 사체를 먹을 수 있도록 칼로 미리 사체를 잘게 썰어서 주기도 한다.

다음은 질병과 관련한 부분이다. 중앙아시아를 포함한 일부 중동 지역에는 개를 숙주(宿主)로 삼는 기생충들에 의한 질병이 발생하기도 한다. 따라서 일부 현지인들은 개 때문에 병이 생긴다고 생각하며 개를 멀리한다. 개 때문에 병이 생긴다고 생각하면 개를 키우기가 어렵고 개를 멀리하고 싶을 수밖에 없다. 그 지역에서 개는 쥐와 같이 질병을 옮기는 숙주에 불과한 취급을 받고 있는 것 같다. 중동 지역에서 발생하는 개를 매개로 하는 기생충 질병으로는 리슈마니아 편모충증, 단방조충증 등이 있다.

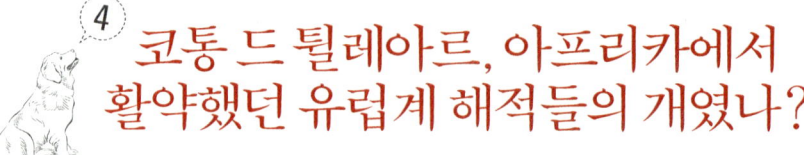

4 코통 드 튈레아르, 아프리카에서 활약했던 유럽계 해적들의 개였나?

코통 드 튈레아르의 고향,
마다가스카르 이야기

●

귀엽고 예쁜 개들을 보면 "개가 어떻게 이렇게 예쁠 수 있나"라는 생각이 저절로 든다. 요크셔 테리어, 포메라니안, 파피용, 비숑 프리제 등 귀엽고 아름다운 개들은 사람들의 정서를 강하게 자극하며 감탄사를 연발하게 만드는 대단한 외모의 개들이다. 하지만 이렇게 발군의 외모를 가진 개들도 코통 드 튈레아르 (Coton de Tulear)의 귀여움에는 감히 범접하기 어렵다.

귀여움만으로 따지면 이 개가 가지고 있는 수준은 가히 독보적이라고 할 수 있다. 특히 이 귀여운 개가 호기심에 가득 차서 고개를 약 5도 정도 각도로 기

개들이 있는 세계사 풍경

울여 짓는 표정은 너무 귀여워서 깨물어 주고 싶은 충동이 들게 만든다.

받아 적기도 힘든 코통 드 튈레아르(이하: 코통)의 의미는 무엇일까? 드(de)는 우리말로 ~의를 뜻하는 프랑스어로 영어로 옮기면 of에 해당된다. 코통(coton)은 철자가 거의 같은 영어 cotton(면화)과 같은 뜻이다. 즉, '튈레아르의 면화 한 송이'라고 보면 되는 이름이다. 이렇게 아름다운 이름을 가진 코통은 이름이 주는 의미대로 아름다운 외모를 가지고 있다. 개의 이름만 놓고 본다면 매우 적절한 작명을 한 것 같다.

그런데 튈레아르(Tulear)의 의미에 대해 의문이 생기기 마련이다. 튈레아르는 아프리카에 있는 낯선 도시 명으로 아프리카 남동부 인도양에 위치한 마다가스카르(Madagascar)의 항구도시다. 주로 남부 아프리카와 마다가스카르간의 농산물 교역을 담당한다.

마다가스카르라는 우리나라 성인들에게는 코통 드 튈레아르나 마찬가지로 매우 생소한 나라 이름이다. 하지만 우리나라 아이들을 비롯한 전 세계 아이들에게는 매우 익숙한 나라 이름이기도 하다. 꼬마들은 다 알지만 어른들은 잘 모르는 나라가 바로 마다가스카르다.

마다가스카르가 이렇게 어린이들에게 알려지게 된 계기는 세계적으로 큰 인기를 얻었던 애니메이션 영화로 개봉되었다가 나중에 TV 시리즈까지 제작된 '마다가스카의 펭귄' 덕분이다. 또한 앙투안 드 생텍쥐페리(Antoine de Saint-Exupéry)의 소설 어린왕자(Le Petit Princc)에 등장하는 거대한 바오밥 나무(baobob tree)의 고향이기도 하다. 여하튼 마다가스카르는 동심(童心)과 관련 깊은 나라다.

코통이라는 개를 알기 위해서는 먼저 이 개의 고향인 마다가스카르에 대한 정보를 알아두는 게 좋다. 마다가스카르가 섬나라라고 해서 작은 나라라고 생각하면 엄청난 오산이다. 이 섬나라의 면적은 58만 7천km^2로, 한반도 면적 22

만*km²*보다 2.7배나 되는 땅덩어리 대국이다.

그래도 마다가스카르의 크기가 언뜻 이해가 가지 않을 수 있으니 다른 나라들과 비교해 본다. 같은 섬나라인 일본(면적 37만 8천*km²*)보다 마다가스카르는 1.6배나 크며 세렝게티 국립공원(Serengeti National Park)을 보유한 케냐(Kenya)의 국토 면적과 거의 똑같다.

이렇게 큰 면적을 자랑하는 마다가스카르 섬은 덴마크령 그린란드(Greenland), 인도네시아령 이리안자야와 파푸아뉴기니가 함께 있는 뉴기니 섬(New Guinea), 인도네시아와 말레이시아가 공유하는 보르네오 섬(Borneo)에 이어 세계에서 네 번째로 큰 섬이다.

마다가사카르의 인구는 2천만 명을 조금 넘는 수준인데, 아프리카 대륙 안에 있는 나라들과는 인종 구성에서 차이가 난다. 마다가스카르의 다수 종족은 아프리카 대륙계 주민이 아닌 오래전 인도양을 건너 이 섬까지 이주한 말레이계 주민들이다. 따라서 아프리카 본토 주민들과는 외모에서도 큰 차이가 있다. 메리나(Merina)족이라 불리는 말레이계 이주민들은 마다가스카르 전체 국민의 26%를 차지하는 다수 민족으로, 마다가스카르의 현대사를 살펴보려면 이 메리나족과 프랑스와의 관계를 떼어 놓고 설명하기가 어렵다.

1860년대부터 마다가스카르 정복을 노리던 프랑스는 1895년 마다가스카르의 대부분을 차지하던 메리나 왕국(Royaume Merina)을 침공하여 왕국의 여왕 라나발로나 3세(Ranavalona III)를 폐위시키고 알제리로 추방하면서 왕국을 멸망시켜 버린다. 그녀는 1917년 머나먼 이국 알제리에서 고국을 그리워하다가 한많은 일생을 마감한다.

그 후 마다가스카르인들이 프랑스군에게 빼앗긴 나라를 되찾는 데는 상당한 시간이 걸린다. 민족자결주의가 들불처럼 번지던 제1차 세계대전 종전 직후 마다가스카르인들은 독립을 강하게 원했지만 뜻을 이루지는 못한다. 마다가스카르가 독립된 것은 메리나 왕국의 멸망 65년 후인 1960년이었다. 한번 나라를 잃기는 쉽지만 다시 찾기는 그렇게 어려운 법이다.

마다가스카르 해적들의 애견이
코통 드 튈레아르?

●

그런데 프랑스군이 마다가스카르를 정복하기 수백여 년 전에도 마다가스카르에는 많은 서양인들이 있었다. 서기 16~17세기경 마다가스카르 해안에는 포르투갈인들을 포함하여 수천여 명의 유럽 각국의 남성들이 거주하고 있었는데 그들의 정체는 정상적인 무역활동을 하며 생계를 꾸미는 그런 평범한 사람들이 아니었다.

당시 마다가스카르에 살던 유럽인들은 그곳 해안가를 근거로 아프리카 남단 희망봉을 지나 인도양으로 건너가던 상선들을 노략질하는 해적 행위를 하며 생계를 유지하였다. 유럽계 해적들 중 일부는 마다가스카르의 상트 마리(Saint Marie) 주변에 뙤리를 틀고 활동을 하였다. 일부 유럽계 해적들은 아예 마다가스카르에 정착하면서 현지 여인들을 아내로 삼고 가정을 이루기도 했다.

그런데 코통이라는 귀여운 개 이야기는 하지 않고, 왜 마다가스카르의 옛날 역사 이야기만 장황하게 늘어놓고 있을까? 먼저 언급한 프랑스군의 침략이나, 유럽계 해적들의 마다가스카르 활동 이야기는 뒤에 풀어 놓을 코통의 탄생과 깊은 관련이 있기 때문이다.

그러면 "코통은 마다가스카르에서 활약하였던 수백여 년 전 유럽계 해적의 애완견들이었다"는 주장부터 먼저 살펴보자. 마다가스카르가 위치한 인도양뿐 만 아니라 전 세계의 모든 해적들의 가장 큰 골칫거리는 배에 숨어 사는 쥐

▶**코통 드 튈레아르** : 코통 드 튈레아르 강아지들은 이렇게 고개를 5도 정도 각도로 살짝 기울일 때가 가장 귀엽다.
_2013년 필자의 지인이 촬영하여 제공

들이다.

쥐들은 해적들의 양식을 뺏어 먹고, 남은 양식에는 똥과 오줌을 지려서 먹지 못하게 만든다. 음식을 훔쳐 먹게 하고 상하게 만든다는 것 외에도 쥐는 해적들에게 무서운 질병을 옮길 수도 있다. 이는 쥐가 옮긴 전염병 때문에 해적들이 몰살될 수도 있다는 의미다. 또한 쥐들은 해적들의 집이면서 근무 장소이기도 한 배도 이빨로 계속 갉는다. 이렇게 쥐는 배의 안전에도 심각한 문제를 주는 해로운 동물이다.

이렇게 쥐라는 작은 동물은 남의 것을 뺏어 먹고 사는 해적 입장에서는 자신들의 귀중한 식량을 훔쳐가는 도둑이며, 생존을 위협하는 무서운 존재다. 그러니 해적들의 입장에서 쥐라는 동물은 얄미운 동물일 수밖에 없다. 아마 보이는 대로 다 죽여 없애야 할 동물일 것이다.

개들이 있는 세계사 풍경

따라서 마다가스카르의 해적들도 항해를 하면서 쥐를 잡을 목적으로 작은 개를 배에 태우고 다녔다고 한다. 그러면서 그 개들이 쥐를 잡게 하여 쥐의 개체 수를 줄여나갔다. 이는 마다가스카르의 해적뿐 만 아니라 뱃사람들이 자주 사용하던 구서(驅鼠) 방법이다.

고대 지중해에서 해상무역을 독점하던 페니키아인들도 몰티즈의 선조로 추정되는 작은 개들을 배에 태우고 다니면서 자신들의 배에 잠입한 작은 쥐들을 잡게 하였다. 카리브 해를 항해하던 해적들이나 선원들도 비숑(Bichon) 계열의 개들을 배에 태우고 다니면서, 쥐를 잡게 한 것으로 전해지고 있다. 어떻게 보면 오래전 뱃사람에게 작은 개들은 자신들의 생존을 위한 필수적인 존재였던 것 같다.

16~17세기 당시 마다가스카르에 똬리를 틀고 살던 유럽계 해적들이 배에 태우고 다녔던 개들은 프랑스나 스페인 등에서 데리고 온 비숑 프리제와 비슷한 작은 개들로 추정된다. 유럽에서 해적들과 함께 건너온 이 개들은 후일 마다가스카르 현지 작은 토착견들과 교배하였고, 귀여운 혼혈종이 나오게 된 것 같다. 그 후 어느 정도 시간이 흐르면서 마다가스카르라는 진출입이 어려운 섬이라는 특수성 때문에 작은 개의 혈통이 고정되었고, 현재와 같은 코통이 되었다는 것이 간략하게 살펴본 '해적 애완견설'의 주요 내용이다.

이런 주장과 비슷한 이야기는 카리브 해에서도 전해지고 있다. 코통과 같은 비숑 계열의 개로 분류되는 하바니즈(Havanese)가 바로 그 예다. 하바니즈도 유럽 선원들이 쿠바까지 항해하면서 때론 애완견으로 때론 배에 있는 쥐를 사냥하는 목적으로 데리고 온 유럽개의 후손이라는 이야기가 전해지고 있다. 일견 맥락이 비슷하게 느껴진다.

마다가스카르를 침략한 프랑스군이
코통 드 틸레아르의 주인이었나?

●

다음은 "프랑스군이 19세기 마다가스카르 침공 당시 코통의 선조들을 이 섬에 데리고 왔다"는 주장에 대해 살펴보자. 프랑스는 1895년 드디어 마다가스카르를 식민지로 만들었다. 프랑스가 마다가스카르를 정복하고 식민지로 만든 것은 프랑스와 영국 간의 암묵(暗黙)에 의한 결과다. 19세기 영국과 프랑스 양국은 아프리카 전역을 두고 치열한 각축전을 벌였다. 때론 전쟁으로 때론 타협으로 양국은 영역을 확장하며 자신들의 실리를 챙겨 나갔다.

마다가스카르를 놓고 영국과 프랑스는 다음과 같은 협상을 한 것으로 전해진다. 프랑스는 마다가스카르의 우선권, 영국은 잔지바르(Zanzibar)에 대한 우선권을 서로에게서 인정받는 협약이다. 해당 국가나 국민들의 입장에서 보면 억장이 무너지지만 제국주의의 전성기인 19세기에는 약소국들의 운명은 이렇게 제국주의자들의 이해관계에 의해 결정되었다. 참고로 잔지바르는 현재 국경선으로는 탄자니아(Tanzania)의 일부에 해당된다.

제국주의 열강인 영국과 프랑스가 잔지바르와 마다가스카르에서의 우선권을 놓고 서로 밀약을 체결한 것을 보면 1905년 일본과 미국이 조선과 필리핀에서의 우선권을 서로 인정한 '가쓰라-태프트 밀약(The Katsura-Taft Agreement)'을 연상시키게 하여 입맛이 씁쓸하다. 우리 민족의 역사를 암울하게 만든 가쓰라-태프트 밀약은 일본 총리 가쓰라 다로(桂太郎)와 미국 시어도어 루스벨트 대통령의 명을 받고 도쿄로 온 특사 육군장관 윌리엄 하워드 태프트에 의해 체결된 것이다.

다시 마다가스카르 얘기로 돌아간다. 마다가스카르를 정복하러 간 프랑스 군인들은 출발하기 전에 비숑 프리제 같은 귀엽고 작은 개들을 전함에 태우고

개들이 있는 세계사 풍경

출발했다고 한다. 그리고 이 개들은 마다가스카르 섬에 상륙한 프랑스 군인들을 따라 현지의 작은 개들과 코통이 되었다는 것이 '프랑스군 동반설'의 주요 내용이다.

'프랑스군 동반설'은 '해적 기원설'보다 좀 더 확실한 역사적 기반을 가지고 있다. 상당히 설득력 있어 보이는 이야기다. 더구나 프랑스는 비숑 프리제 같은 비숑 가문의 개들이 번성한 곳이며, 개량된 곳이기도 하다. 따라서 이 주장은 꽤 신빙성이 있게 느껴진다.

하지만 어느 주장이 맞는지 한마디로 단언하기는 어렵다. 필자는 코통의 기원에 관한 두 가지 주장이 모두 맞을 수 있다고 생각하는 사람 중의 하나다. 유럽계 해적들이 비숑 계열의 개들을 배에 태우고 다니다가 그 개들 중 일부를 마다가스카르에 정착하여 키웠고, 그 후 200~300여 년 후에 프랑스군이 또 다른 비숑 계열의 개를 유럽 본토에서 데리고 와서 교배를 하여 현재와 같은 귀여운 코통이 되었을 수도 있기 때문이다.

만약 이런 추측이 맞을 경우, 프랑스군이 상륙했을 당시 마다가스카르 현지에서 살고 있던 현지 소형견들은 몇 세기 전 유럽 해적들이 유럽에서 데리고 온 개들의 후손일 가능성이 높다. 하지만 이런 주장은 문헌적으로 증명된 것이 아니고, 개연성을 기초로 하여 정리한 것이므로 신뢰할 필요는 없다.

코통 드 튈레아르는
비숑 계열의 애견

●

코통의 유럽계 해적 애견설이나 프랑스군 동반설 등의 진위 여부를 떠나 이 개의 혈통에는 유럽 비숑 계열의 피가 흐르는 것은 사실인 것 같다. 특히 코통의 개량 과정에는 비숑 가문의 대표주자인 비숑 프리제(Bichon Frise)의 역할이 컸던 것으로 전해진다. 또한 비숑 계열의 또 다른 소형견인 하바니즈도 코통의 개량 과정에 참여했던 것으로 추정된다.

일부 애견 전문가들은 코통의 개량 과정에 몰티즈의 혈통도 포함되었다고 주장한다. 참고로 지중해의 몰타 섬이 고향인 몰티즈에 대해서 일부 애견 전문가들은 비숑 프리제와 같은 비숑 계열의 개라고 보기도 한다.

여러 논란의 여지가 있지만 몰티즈의 풍성한 털, 귀여운 외모와 같은 외모의 유사성과 원만한 성격 등을 두루 감안해 보면 비숑 계열의 개에 포함시키는 것이 맞는 것 같다.

최고의 실내견,
코통이 가지고 있는 4대 장점

코통이라는 개는 아직 국내에서는 진귀한 편이어서 특징이 많이 알려져 있지는 않다. 하지만 코통은 소형 애견 특히 실내견이 갖추어야 할 좋은 덕목들을 두루 갖추고 있는 개다. 그래서 구미 국가에서는 가정견으로 인기가 높은 편이다. 코통의 많은 장점 중 대표적인 장점을 간추려 보면 아래와 같다.

첫째, 코통은 털이 거의 잘 빠지지 않는다. 이는 실내에서 사육하는 개가 가져야 할 가장 필요한 조건이다. 만약 개털 알레르기가 있지만 개가 좋아서 꼭 키우고 싶은 분이 있다면 코통 사육을 생각해볼 만할 것이다.

둘째, 코통은 개 비린내라고 표현되는 개 특유의 냄새가 나지 않는다. 특히 비가 자주 오거나, 장마철이 되면 심해지는 개 비린내는 후각이 예민한 애견인에게는 큰 고통거리가 될 수밖에 없다. 하지만 코통의 이런 장점은 향후 이 개가 실

개들이 있는 세계사 풍경

내견으로 큰 인기를 얻을 수 있는 중요 장점 중 하나가 될 것으로 보인다.

셋째, 코통은 매우 순한 성격을 가지고 있다. 어떤 애견인들은 코통의 성격에 대해 대형견 중에서 가장 순둥이로 소문이 난 골든 리트리버, 래브라도 리트리버와 비교하기도 한다. 이렇게 코통이라는 개는 소형견들은 깐깐하고 시끄럽다는 평판을 불식시키는 개다. 특히 어린아이들이 있는 집에 코통이 적격이다.

넷째, 코통은 다른 개들과도 사이가 좋다. 만약 이미 개를 키우고 있는 사람이 또 다른 개를 키우고 싶을 경우 코통이 무난한 편이다. 또한 코통을 키우고 있는 경우, 다른 종류의 개를 데리고 와도 별다른 무리 없이 적응이 가능하다. 그만큼 코통이라는 개는 사람과의 관계는 물론 다른 종류의 개들과도 사회성이 좋다는 뜻이기도 하다.

이런 많은 장점을 가진 개가 코통 드 튈레아르다. 멀지 않은 미래 코통이 큰 인기를 얻을 것이라고 생각하지만 아직은 국내에서 구하기 어렵다는 현실적인 어려움이 있는 개이기도 하다. 이는 코통이 장밋빛 미래가 보이는 장래성 있는 견종이라는 뜻이다.

참고문헌

■ 국내 단행본

Dog 사람과 개가 함께 나눈 시간들, 이강원·송홍근·김선영, 이담북스, 2012.

개에 대하여, 스티븐 부디안스키 저, 이상원 역, 사이언스북, 2005.

거시중국사, 黃仁宇 저, 홍광훈·홍순도 역, 까치, 1997.

금사(金史), 윤명수, 완안출판사, 2006.

동물매개치료, 안제국 외 8인, 학지사, 2007.

로마인 이야기 한니발 전쟁, 시오노 나나미 저, 김석희 역, 한길사, 1995.

먼나라 이웃나라 일본 역사편, 이원복, 김영사, 2003.

먼나라 이웃나라 중국 근대편, 이원복, 김영사, 2010.

바다의 도시 이야기, 시오노 나나미 저, 정도영 역, 한길사, 1996.

산전수전 고려사, 박선식 저, 푸른나무, 2000.

삼국지, 나관중 저, 황석영 역, 창비, 2004.

서양사총론, 차하순, 탐구당, 1975.

세계의 명견들, 데이비드 테일러 저, 윤태영 역, 시공사, 1999.

세계 최고의 개 65, 토미자와 마사루 저, 신재원 역, 하서, 1994.

아문센과 스콧, 피에르 마르코 저, 배정희 역, 비룡소, 2005.

애견학개론, 신동욱·김정연, Pet Media, 2005.

오래된 지금, 서동철, 생각처럼펴냄, 2012.

이야기 미국사, 이구한 저, 청아출판사, 1993.

이야기 세계사 1, 김경묵·우종익, 청아출판사, 2003.

이야기 세계사 2, 구학서, 청아출판사, 2003.

개들이 있는 세계사 풍경

이야기 중국사, 조관희, 청아출판사, 1998.

일본의 역사, 민두기, 지식산업사, 1986.

조선과 일본의 7년 전쟁, 이이화, 한길사, 2000.

파피용, 베르나르 베르베르 저, 전미연 역, 2007.

하룻밤에 읽는 세계사, 미야자키 마사카츠 저, 이영주 역, 중앙 M&B, 2000.

하룻밤에 읽는 일본사, 카와이 아츠시 저, 원지연 역, 중앙 M&B, 2000.

하치이야기, 신도 카네토 저, 박순분 역, 책이있는마을, 2010.

한국의 개, 하지홍, 경북대학교출판부, 2003.

한국의 토종개, 하지홍·임인학, 대원사, 1993.

흠정만주원류고, 강희제 저, 남주성 역, 글모아, 2010.

히틀러, 홍사중, 한길사, 1997.

■ **외국 단행본**

Dogs, David Alderton, Dorling Kindersley Book, 1995.

Eyewitness guides, Juliet Clutton Brock, Dorling Kindersley Book, 1995.

Know your dog, Bruce Fogle, Dorling Kindersley Book, 1997.

■ **연구논문**

조선시대 능지형 집행의 문화사, 심재우, 전통한국학연구센터, 2013.

이강원

갈매기 소리가 잠을 깨우는 항도 부산의 바닷가에서 자란 저자는 살아 있는 모든 동물을 사랑하고 연구하는 취미를 가지고 있다. 동물에 대한 각별한 관심 때문에 건국대학교 축산경영학과에 입학하여 같은 대학에서 석사와 박사학위를 취득했다.

직접 집에서 키운 개를 모두 합치면 수천 마리에 달할 정도로 많이 키웠던 저자는 동물 중에서도 특히 개라는 존재에 대해 각별한 애정과 관심을 가지고 있다. 농촌진흥청 농업경영연구사로 공직에 처음 발걸음을 디딘 이후 국회와 청와대에서도 오랫동안 근무하였다. 2012년부터 농림수산식품교육문화정보원에서 가치확산본부장으로 재직하며 농촌과 농업의 가치와 우리 농식품에 대한 홍보에 열중하고 있다.

또한 바쁜 직장 생활 중에도 개와 동물에 대한 연구에 손을 놓지 않고 있다. 특히 동아닷컴에서 애견전문 블로그 kangsdogs를 운영하는 파워 블로거이기도 하다. 저서로는 2012년 8월 평소 절친한 지인들과 함께 펴낸 『Dog-사람과 개가 함께 나눈 시간들-』이 있으며, 이외에도 동물에 관한 글을 신동아 등 언론에 기고하는 동물저널리스트이다.

개에 대한 지난 수십여 년의 연구 결과라고 할 수 있는 이번 책에 대한 독자들의 호응이 좋아서, 조만간 속편으로 다시 만나기를 간절히 기원하고 있다.